이형문 인생교양 에세이

일본은
한국의 적(敵)인가
우방인가

이형문 지음

유나미디어

차 례

제2부 | 한국의 어제와 오늘

제 3부 | 한·미·일관계와 국제사회

처음 말

고요한 아침의 나라 대한민국은 반만년 유구한 역사 가운데 구한말 이후 오늘에 이르기까지 파란만장한 가시밭길인 일제의 수탈과 해방 이후 좌우익 대결의 혼돈 속에 6·25전쟁의 참화, 그리고 반복되는 정치적 소용돌이 속에서 불우했던 가난을 인내하며, 본성이 어진 백의민족으로 평화를 사랑했었다. 그래서 한마디로 표현해서 우리민족은 예로부터 한(恨)의 민족이요, 일본은 원(怨)의 민족이라 표현한다. 본시 순박하고 착한 우리 백의민족은 남의 나라를 넘보거나 침략해 본 일이 한 번도 없이 잘살기 위해 한에 맺힌 민족이며 정과 눈물이 많은 민족이다. 그러나 일본은 도쿠가와 이에야스(德川家康) 시대 자기들의 성주(城主)를 하늘같이 받들며 성을 지키고, 땅을 넓히기 위해 상대편을 죽이고 넘어서야 하는 원한의 복수로 살아온 민족이다.

필자가 초등학교 4년 때 해방을 맞는 날, 기무라 여자 담임선생이 교단에서 눈물을 흘리며 마지막 작별의 인사말을 기억한다. "50년 뒤에 부자 되어 다시 보자" 했던 그 말이 필자가 지금의 한국나이 90줄에 들어서서도 잊혀지지 않는 기억으로 남아 있다. 우리나라가 일본에 36간이나 지배받으며 과연, 얻은 게 무엇이고, 잃은 게 무엇인가를 곰곰이 되뇌어 본다. 이제라도 우리는 무조건 일본을 증오하고 미워하며 우리에게 적이고 우방이 아니라고만 할 때는 아닌 것 같다. 지리적으로나 역사적으로나 제일 가까운 이웃나라인데 원수 같은 적으로 여긴다면 그거야말로 못난 짓이다.

우리나라 속담에 이웃사촌이란 표현처럼 진정 일본이야말로 멀리해선 안 될 나라다. 우리는 일본의 좋은 점을 타산지석(他山之石)으로 삼아 이들과 경쟁하며 협력하여 선진국 일본을 배우는 힘을 키우는 것이 우선이며, 상호 우호적인 국력에서 경쟁협력하면서 내일을 향해 손잡고 나가야 할 중요한 파트너가 될 때 진정 일본을 이길 수 있는 길이 될 것이다.

지난 박정희 대통령 시절 겨우 국교가 정상으로 만들어 잘 살아가게 만들어 놨는데 문재인 정부 들어 위안부 문제로 양국관계를 급속도로 나쁘게 만들어버린 것을 다시 윤석열 정부 들어서 겨우 정상화시켜 놨다. 이제라도 우리는 과거에 연연치 말아야 한다. 그리고 일본이란 나라가 원자폭탄으로 완전 폐허가

된 히로시마와 나가사키에 본보기를 남겨놓은 현장의 전시장을 필자는 직접 답사했는데, 그 아픔의 인내를 극복하고 일어나 어떻게 세계 속의 강국이 되었으며 국제사회에서 존경받는 귀족나라로 인정받는지를 우리는 깊게 통찰해 보면서, 시기질투보다 그 인내심의 좋은 점이나 선진화된 정신적 모범의 본은 반드시 우리는 배워야 할 절실한 숙제이다.

그리고 양국의 미래 이익을 위해서라도 상호 무엇이 절실한지 찾아 다 함께 지향해야 할 동반자여야 한다. 특히나 우리나라는 동족까지 분단된 속에 이념의 차이로 적대관계에서 어려움을 겪으며 살아가야 하는 속에 윤 대통령은 최근 캠프 데이비드 한·미·일 정상회담에서 동반협력자로 거듭나게 확인하였고, 또한 한미혈맹을 더욱 공고히 다지는 강력한 안보위기를 구축했기 때문이다.

이제 우리 대한민국은 그 거친 격랑을 헤치고, 마침내 세계를 선도하는 대열에 함류했다. 이 얼마나 뿌듯한 일인가? 그러나 세계 유일하게 분단의 아픔을 아직도 지니고 살아가고 있다. 비극이지만 우리는 그 이념전쟁에서 기어이 승리할 것이다. 역사가 살아있는 양심이듯 정의로운 대한민국을 신께서 지켜주시리라 믿는다.

필자는 대한민국 격동기 현장 한가운데서 직접 체험한 산증인이다. 이제 살날도 얼마 남지 않았다. 과거 박정희 대통령 시절 무역 기자재 납품업을 하며 일본을 많이 왕래하면서 산업 발전에 일조해 뿌듯한 자부심을 갖고 있다.

아는 것도 능력도 부족하지만, 나름대로의 생각을 더듬어 나의 책이 보탬이 된다면 더없는 보람으로 여기겠다. 끝으로 이 책이 출간될 수 있도록 컴퓨터 여기저기를 보살펴주신 유나미디어 출판사 사장님과 끝까지 곁에서 건강을 챙겨준 나의 동반자 아내에게 고마움을 전한다.

2024년 1월 11일 결혼61주년 기념일을 맞으며.......

저자. 栗原 이 형 문(李 馨 汶) 이형문

제 1 부
일본을 바로 알자

1. 우린 세계 속의 강국 日本을 알아야 한다

일본이 국제사회에서 귀족의 나라로 인정받는 이유가 도대체 뭘까 냉정히 생각해보지 않을 수 없다. 대동아전쟁 패망국인 폐허의 나라를 일치단결해 새롭게 일으켜 세운 일본인들은 누가 가르쳐주지도 않았던 자신들을 알고 깨우쳐야 한다는 배움의 "독서"가 일상이 됐다. 남녀노소 없이 지금까지도 의무적이다시피 생활화 하고있다.

그러므로 진정 우리도 이젠 일본을 무조건 배척만 할 일이 아니라 이들에게서 배울 게 너무 많은 민족임을 알아야 한다. 또한 일본에서 생산되는 것은 세계 어느 나라에서나 품질에서 가장 신뢰받는 제품임을 알아야 한다. 그 이유가 뭘까? 일본에서 생산된 제품에 대하여는 끝까지 하자가 없도록 애프터서비스로 책임을 진다.

또한 일본인은 국가를 위해서는 자기 목숨을 초개처럼 희생한다. 그런데 우리나라국민은 그렇지 못하다. 일본은 정치나 그 모든 것이 나라가 최우선임을 가진 단합된 민족이다. 그 전통이 벚꽃같이 일시에 피었다 일시에 지는 무사도 사무라이정신이다.

일본은 천하 통일 하겠다고 꿈꾸던 오다 노부나가(織田信長)가 천하통일을 목전에 두었지만 수족처럼 믿었던 부하의 배신으로 혼노지에서 피살된 후 불과 8년 만에 일본 전국을 통일한 도요토미 히데요시의 단합 무사정신이 지금까지도 이어져 자기가 몸담았던 조직에는 끝까지 배신하지 않는 무사도 충성심이 이어지고 있다.

또한, 자기보다 훌륭한 사람 앞에선 무조건 고개 숙이고 서슴없이 무릎 꿇어 배운다. 미국이 자기나라에 원자폭탄을 터뜨려 이기자 미국에 납작 엎드려 고개 숙여 배웠고, 미국의 깊이를 캐고 기어이 이겨 경제적으로 세계 제2의 나라를 만들었었다.

이들이 당시 원수 같은 미국을 배워서 미국을 기어이 이기려 했던 그 정신을 우리도 그게 뭔지를 이제라도 알아야 한다. 상대를 증오하고 무조건 미워하고 시기하는 우리들끼리에 무슨 도움이 되고 이득이 있었던가? 손익계산을 해야 할 때가 이젠 너무 지났다. 우리는 나라를 위하는 일이라면 무조건 그런 일본인의 단합정신을 반드시 배워야 한다. 지금 우리는 좌파 공산주의와 이념전쟁을 하고 있다. 만일 패하면 자유의 나라를 잃는 공산주의 세상이 된다. 정말 정신 똑바로 차려야 한다.

1900년대 초만 해도 유럽이나 강대국들이 날뛰는 약육강식의 시대였다. 그 당시의 일본은 서양문물을 처음 받아들여 강국이 되었는데, 그때 우리조상들은 무엇을 하였는가? 노론소론, 양반쌍놈, 날만 새면 당파싸움질로 날이 저물었다. 말이 났으니 한마디 더한다. 조선말기 역사의 기록으로 우리나라는 극도로 부패하였다. 조정은 날만 새면 뿌리 깊은 당파싸움과 세도정치 속에서 매관매직이 성행했고 서민은 족보를 위조해서라도 양반이 되려 했다. 일제는 그 틈새를 휘젓고 들어와 국론을 분열시키고 1895년 10월 8일 새벽 2시 명성황후를 시해한 을미사변, 1905년 11월 17일 을사늑약, 마침내 1910년 8월 29일 경술국치 강제합병으로 우리나라의 주권을 송두리째 빼앗지 않았던가? 졸지에 부모 잃은 고아처럼 가련한 신세가 된 우리민족은 1919년 3월 1일 독립운동 이후 허탈감에 빠진 상태에서 공산주의 사상에 매료되었으며, 이때 확산되기 시작한 공산주의는 마침내 6·25전쟁이라는 엄청난 비극을 가져와 온 나라를 잿더미로 초토화시켰다.

이런 참혹했던 비극의 역사가 1946년 10월 1일 대구폭동사건으로부터 시작, 1948년 제주 4·3사건에 이어 1948년 여순 14연대 반란과 1950년 6월 25일 잊을 수 없는 북한의 남침으로까지 나라가 초토화되었던 일들을 다 잊었는가?

일본은 나라를 위하는 일이라면 모든 문호를 개방하고 과학을 도입하고 실용주의 철학을 익혔다. 그러나 우리나라는 관념주의로 조상 때부터 지금까지 당파싸움질을 하는 그 버릇을 그대로 이어가는 못난 국가관만을 키우며 이어지고 있다.

그리고 6·25를 상기해 보았는가? 오히려 남쪽이 북한을 먼저 침략했다고 역사책에까지도 거짓말을 실으려 하는 좌파들, 참으로 구제불능이다.

그리고 지난 수천 년간 우리 민족이 동족상호간에 저질렀던 만행 중에 일제만행 이상으로 가혹했던 사례들이 과연 없었던

가? 일본이 우리보다 야만적이냐? 아니냐? 잘났느냐? 못났느냐? 지금의 일본인과 우리 한국인을 냉정하게 비교해 들여다보면 그 모습에서 생생히 답이 나온다.

　일본은 지금도 우리보다 모든 면에서 앞서있다. 내가 잘났다고 절대 자만하지 않는다. 정신무장부터가 다르다. 증오로는 절대 창의력이 나오지 않는다. 일본을 이길 수 없다. 오죽 못났으면 약육강식 시대에 일본에 먹혔을까? 한번쯤 깊이 반성해 봤는가? 우리는 진정으로 참회할 줄 모르는 민족이다. 증오에서는 창의력이 나올 수 없기에 일본을 이길 수 없다.
　미국이 원자폭탄을 히로시마에 터뜨렸을 때 히로히토 천황이 백성과 나라 장래를 위해 무조건 납작 엎드려 항복했을 때의 TV 음성을 필자는 두 귀로 분명히 들었다. 일본인들은 그 모습을 보며 TV앞에서 모두가 통곡하고 울었다. 그런 핵 방사능이 무엇인가? 그런 방사능을 대물림해주고 있는 북한의 김일성 3대까지가 백성을 굶겨 죽여가면서도 핵무기로 남한동족에게 공갈협박하고 있다. 그것이 좋다고 손뼉 쳐 주는 일당들이 있으니 참으로 기가 차고, 치가 떨리는 일이 아닐 수 없다.

　일본인들은 자기나라에서 생산되는 자동차 닛산, 도요타 등이 미국에 첫 진출했으나 미국에선 콧방귀도 뀌지 않고 멸시했었으나 얼마후 도요타자동차가 미국 포드자동차를 물리치기도

했다. 첫째 고장이 없고 값싸고 애프터서비스가 완벽하다. 그런 일본이 노벨상을 무려 27개나 따냈다. 우리민족이 일본인보다 머리가 모자라서가 아니다. 우리나라 사람들 머리는 세계에서 최고 인정받는 나라다. 그런데 왜 우리 젊은이들은 국가를 위해 뭉칠 줄을 모르는가? 그리고 나라사랑 국가관이 없는가? 공산주의 사상은 독재정치만을 하는 이 시대 있어서는 안 될 사상이다. 우리 젊은이는 6 · 25의 아픈 상처를 모르고 자랐다. 진정 깨우쳐 일어나라.

일본은 미국을 추월하려고 온 정열을 짜내고 지혜를 다해 왔다. 그리하여 1980년대에는 드디어 일본이 생산기술과 품질관리에서 미국에 앞섰다. 그때 미국은 일본을 조롱하던 댈러스 국무장관이 1982년 승용차시장에 대한 미국인의 고객만족도 조사에서 일본 승용차가 1,2,3위를 휩쓸어버린 사실을 솔직히 시인했다. 반면 미국 차는 겨우 7위를 차지했었다. 미국인이 가장 좋아하는 차는 바로 일본차였다.

일본인들은 한마디로 개미같이 부지런하다. 필자가 무역업을 할 당시(1982년) 오사카(大阪)에서 플렉시블 익스펜션 조인트(신축관 이음쇠 종류) 제작공장 마지막 수공업과정을 직접 견학할 때 일손이 모자라 60,70대 노인들까지 일하는 모습에 놀란 적이 있다.

일본은 금형공장에서부터 모든 중소기업의 부품 제작 소규모

기업들까지 대 회사와 거미줄같이 연결돼 세계에서 가장 잘된 중소기업이라 구하지 못하는 부품 없이 공장이 문 닫는 일이 없는 산업의 기초가 튼튼한 나라다. 심지어 미국에서 하늘에 쏴 올리는 우주 발사위성에서까지도 일제 부품이 없으면 안 될 정도다.

중소기업이 잘되던 박정희 정권 때 잘나가던 우리나라 중소기업이 문제인 정부 들어 52시간제를 하면서 아나운서였던 여인을 중소기업 장관에 발탁해 기업을 쑥대밭으로 만들었으니 참으로 기가 찰 노릇이다. 오죽하면 우리나라 중견기업체들이 더 이상 견딜 수 없어 베트남, 중국, 동남아 등지로 나가버려 윤석열 정부에서 이 기업체들을 다시 돌아오도록 하고 있지만 그게 쉽지 않아 부품생산에 크나큰 애로를 겪고 있다.

우리나라 사람들은 남 잘되는 것을 죽어도 못 봐 주는 증오심이 도대체 무엇을 가져다주는가? 더불어 살아가야 한다는 생각이 아직도 까마득하다. 유유상종(類類相從)이듯 못난 사람끼리 어울리면 모두가 못난 인간이 된다. 정말로 무서운 사람은 증오심에 불타는 북한사람이 아니라 증오심을 고개 숙여 배움으로 승화시켜 미국과 어깨를 나란히 한 일본사람들이다. 얼마나 부럽고 값진 대가의 승리인가!

젊음이란 당신의 미래를 위해 쓰라고 주어진 것이지 증오심만을 키우고 무조건 반기를 들며 혈기를 부리라고 주어진 것이 아니다. 젊은이들이 우선 먼저 국가관부터 뚜렷이 가져야 한다. 나라를 사랑하지 않는 정신에서 어찌 내일을 바라겠는가? 우리 젊은이는 뭉쳐야 하고 일어서야 한다. 이제라도 절대 늦지 않다.

잘나가는 일본인, 잘나가는 미국을 왜 증오해야 하는가? 공산당이 무조건 좋다는 북한은 동족이지만 어떻게 살고 있는가? 불쌍해서? 아니면 동족이니까? 천만에 말씀이다. 분단된 지 100년이 다 된 오늘에 어쩐 동정심으로 사상이 다른 공산주의를 신봉해야 하는가? 정말로 깨우친다면 젊은이들이 이 나라에서 정의롭게 국가관을 뚜렷이 가져야 할 시급한 때다. 이젠 공산주의 사상은 진절머리 난다. 그만 속아야 한다.

지구상에 이젠 독재주의 정권은 푸틴의 러시아와 중국 북한뿐이다. 고르바초프 러시아 대통령이 오죽했으면 당시 구 소련 위성국 폴란드와 우크라이나 등 18개국 전부를 해체, 자유국가로 해방시켜버렸는가? 공산주의로는 못산다는 결론을 얻었기 때문이다.

이젠 공산주의는 지구상에서 사라져 가고 있다. 한번 빨갛게 물들면 쉽게 색깔을 바꿀 수 없는 게 공산주의다. 우리는 6·25 때 나라가 공산군들에 짓밟혀 그 얼마나 많은 목숨을 잃었는가를 생각해보자. 이제라도 나라가 잘살려면 자유민주주의 경쟁 사회로 개개인을 존중하는 개방된 나라 국가건설이어야 한다.

우리의 미래는 젊은이 당신들의 몫이다. 깨우쳐 일어나라! 필자는 그 어려운 시절 한가운데서 모진 수난을 다 겪으며 여순 반란사건 당시 시가행진에 가담했다고 잡혀가 차례로 총살 직전에 "너 몇 학년이야?" "예, 1학년입니다" "나가!" 하여 간신히 죽음을 면하고 중앙동 집에 돌아오니 어머니는 여수 시가지가 전소되고 있던 당시 집 앞에 퍼질어 앉아 통곡하고 계셨다. "어머니" 하니, "아이고 내 새끼 살아왔구나?" 라며 붙잡고 함께 울었던 그 때의 모습을 지금까지도 지울 수 없는 이 늙은이의 산 증언이다.

2. 일본은 이길 수 없는 우리의 절대강자인가
일본을 알기 위해 일본에 갔다가 실컷 얻어맞고 돌아온 느낌이 든 한국인

우리는 일본이라면 무조건 싫고 미운오리새끼로만 인식하고 그렇게 알고 있다. 최근 우리나라도 세계 10대 경제 강국이 되면서 일본 엔화가치가 내리면서 누가 시킨 일도 아닌데 자진해서 너나없이 제일 가까운 이웃나라 일본을 알기 위해 중국도 아닌 일본으로 2023년 초에만 엄청난 수인 300만 명이 넘게 관광을 다녀왔다는 뉴스다.

그 일본을 단 며칠간 다녀오며 눈으로 보고 느끼면서 한 가지 더 고약한 감정과 무서움이 추가되었다. 그건 즉 "영원히 원수가 될 필요야 없지만, 역시 우리가 쉽게 이길 수 없는 우방으로 남아있다는 것은 국가적 문제가 아닐 수 없다."라는 느낌이었다는 사실이다.

그렇다고 빌딩이 우리나라보다 더 높다거나, 사람들이 더 잘생겼다거나, 옷이 더 사치하다거나, 차가 더 많고 좋거나, 기후가 다르거나 그런 것도 아닌 엇비슷한 것 같은데 일본 여기저기를 다 둘러본 이후에 일본인들이야말로 대하는 사람들마다 참 친절했고, 깨끗하고 질서 있게 살맛나게 살아가는 나라로구나 하는 여운을 남겼다.

필자가 본 일본인들의 가치를 결정해 주는 몇 가지 구체적인 사례를 알리고자 하면서 필자는 박정희 대통령 시절 한창 국가재건 건설시기에 몸담았던 교직생활을 그만두고, 1982년 무역업으로 전환하며 일본을 많이 왕래하면서 공단기자재 납품업을 했던 기억을 참고로 말해본다. 한일국교가 잘 이어오던 때 문제인 정부가 들어서면서 더더욱 일본에 대한 극단적인 증오심이 커졌다는 사실이다.

그러나 이번은 다르다. 윤석열 정부 들어 한국인들이 스스로가 일본을 알기 위해 너나없이 흥미삼아 몰려가 일본이 과연 어떤 나라인지 직접 체험하고 돌아온 한 젊은이의 마음깊이 심어진 아래의 솔직한 하소연이었다.

"가랑잎 하나도 광장에서 볼 수 없고, 담배꽁초 한 개도 길거리에서 볼 수 없다. 작은 비닐봉지를 주머니에 넣고 다니며, 길에 떨어진 휴지 같은 쓰레기들과 씹고 난 껌을 싸서 버리는 휴지도 비닐봉지에 같이 들어 있었다. 5일 동안 주택가와 관광지를 돌아다녀본 길거리에서, 도심에서, 고속도로에서, 아직은 괜찮은 시력으로 일부러 찾아보았지만, 수입한 외제차량이라곤 거의 볼 수가 없음을 보고 소름이 서서히 돋는 것을 느꼈다. 그리고 우리나라보다 높은 아파트 건물이 드물고 개인주택들인 곳에는 울타리 대신 꽃밭이 경계였고, 좌측통행에 익숙하지 못해서 그런 줄 알고 오른쪽 눈에 힘을 주어도 마찬가지라 드디어 양쪽 눈에서 뿔이 나고 있었다. 내가 사는 우리나라에서 보이는 차 중에는 수입차가 과반인데, 이들에 비하면 자유무역협정이 무색하도록 철저한 배타주의적인 이 나라 민족성이 소름끼치도록 무서워졌다.

등굣길에 횡단보도를 건너는 시골 초등학교 어린이들의 모습을 보았다. 고학년의 큰 학생들이 횡단보도 양쪽에서 깃발을 들어 차를 세운다. 길 양쪽에서 저학년의 어린 학생들이 줄지어 서있는 차량을 향해 동시에 고개를 숙여 감사의 인사를 하고 고사리 손을 흔들며 차례를 지켜 질서정연하게 길을 건넌다. 아이들이 길을 다 건넌 것을 확인한 후 차량 속의 어른들도 웃으며 경적으로 답례한다. 이 얼마나 인간의 가치를 극대화하는, 아름다운 시민사회 정신인가? "

일본 가정에서 자라고 있는 어린이들의 사회교육에 관한 일부분을 예로 든 것이다.

일본인들은 길을 가다가도 자주 뒤를 돌아본다고 한다. 혹시 자신이 뒷사람에게 방해가 되지 않을까 배려하는 마음에서라고 한다. 이렇게 남을 배려하는 마음이 투철하고 또한 친절, 정직, 질서를 잘 지키기는 그야말로 세계에서 으뜸가는 나라가 아닌가? 그런 걸 보니 증오심이 사라져버렸다는 사실이다.

과거 2011년 3월 11일 오후 2시 46분 일본열도를 덮친 9.0의 강진으로 일본 동북부 간토 지역에 쓰나미가 발생했을 때 순식간에 3만 명 이상의 인명피해와 15만 명의 이재민이 생기고 나라가 쑥대밭이 되었으나 이들은 그런 위급한 상황에서도 절대로 눈물을 흘리지 않았고, 묵묵히 대처하는 질서와 인내심을 TV로 세계인들이 보면서 일본인들의 소름 끼칠 정도의 강한 의지의 인내심을 지금도 기억해보지 않을 수 없다.

동방예의지국이라 자칭하던 우리나라가 경제적인 면보다 일본인의 인성만을 이길 수 있는 길은 없을까? 그 길은 오직 겸손한 자세로 먼저 일본인의 남을 배려하는 정신을 배워서 가정과 학교에서 교육을 제대로 실시하도록 내용을 바꿔야 할 일이다. 무엇보다 인성에 대한 교육을 어릴 때부터 철저히 가르쳐서 몸에 배도록 하는 길밖에 없을 거라고 생각했다. 한 젊은 분이 쓴 이상의 간단한 일본 방문 소감에 대해 그게 정답이라는 느낌임을 필자가 아래에 다시 정리하며 쓰다 보니 필자도 마치 친일파가 다 된 솔직한 느낌이 든다.

과거 1982년 초는 필자가 처음 무역업을 시작할 당시 외교관과 비즈니스맨만 일본출입이 자유로울 때였다. 처음 도쿄 하네다공항에 내린 소감은 한국보다 당시 20여년 정도 경제가 앞서 있음을 감지했다. 일본 첫 행보에 택시기사의 안내로 도쿄 중심가에서 약간 벗어난 조용한 곳인 훼야몬드 호텔에 여장을 풀자마자 TV를 먼저 켜 봤다. 당시 한국에서는 흑백TV였으나 밤새도록 채널을 다 돌려봐도 지금의 우리나라 처럼 컬러 화면이 나왔고, 찻길은 우리와 반대운전으로 자동차 홍수였고, 빌딩이나 지상전철과 지하철시설과 긴자 거리나 유라쿠조 밤의 화려한 불빛에 눈이 휘둥그레져 무작정 걷다보니 초행길이라 호텔 가는 길을 잃어 마침 지나던 한 젊은이에게 물으니 자기 집도 그 근방이라며 30여분을 함께 걸으며 안내받은 기억이 난다. 그런 친절이 어느 곳에서나 있었고, 웬만한 야산 높이까지도 전동차가 거미줄같이 연결돼 있어 편리한 것을 느꼈으며, 사람들은 누구나 검소하게 입고 다니며 개미같이 작업복차림으로 활기차게 일하는 모습에 놀라지 않을 수 없었다.

엔화가 당시 한국과 3대 1일 때다. 그게 점점 올라 한때 2020년에는 한화와의 차가 14대 1 까지 치솟았으나 이후 지금은 9

대 1정도로 하락해 일본관광이 다소 쉬워졌다. 그러나 엔화의 가치는 세계에서 제일로 인정받아 각 나라들에서 돈을 많이 빌리는 이유가 이자가 제일 저렴해서이다. 한마디로 일본이 돈을 외국에 싼 이자로 벌어들이는 수익이 무역수출로 벌어들이는 돈에 버금갈 정도란다. 그만치 일본사람들은 개미같이 부지런히 벌어 절약하는 생활비 외는 은행을 신뢰하고, 전액 넣어두니 정부에서는 그 돈이 넘쳐 외국에 싼 이자로 빌려준다는 결론이다.

우리나라는 그 반대로 은행을 믿을 수 없어 금붙이를 사두거나 부정으로 축재했거나 불로소득으로 재산을 축적해 두면 세금이 많이 나올 걱정과 재산을 추적당할까 봐 돈을 집안 장독 속에 숨겨두거나 부동산에 투자하는 등 은행에 저축하지 않고 고리대금업이나 장기저축이 없는 낭비와 해외광광으로 흥청망청 쓴다. 우리나라 국세청 조사에 따르면 최근 4년간 악질 세금 미납액이 무려 6조 4천억 원이나 된다고 한다.

그러나 일본인들은 나라에 내는 세금을 떼먹다 발각되면 집안 망하는 줄 알고 납부하며, 공과 사가 분명해 생활안정이 돼 있는 나라다. 남을 먼저 배려하고 남에게 피해를 줘서는 절대 안 된다는 교육을 어릴 때부터 철저하게 받기 때문이다. 말 그대로 세 살 버릇 여든까지 간다는 정신을 심어두기 위함이다.

그 예로 필자가 직접 겪었던 세 가지를 밝혀본다. 당시 서울

김포공항에서 오사카(대판)공항까지 1시간 40분 정도 걸렸다. 1982년 그때 당시는 공항이 새로 바다를 메워 건설한 간사이공항이 생기기 전인 오사카 동북쪽 끝자락에 위치해 있어 공항소음 관계로 데모가 심했을 때다. 그래서 오사카 시내까지 엔화로 택시비가 덴노지까지 7천, 8천 엔 정도였다. 그때가 마침 아침 출근 시간이라 전철이 만원이었다. 무거운 짐 둘을 끌고 난바라는 번화가 지하철에서 쓰루하시라는 곳으로 가기 위해 전철 안을 헤집고 들어갔는데 전철이 움직이자 꽉 들어찬 전철 속에서 곁에 선 한 분의 신발을 밟았다. 이분에게 미안하다(스미마센)며 절을 했더니 이분이 자기가 곁에 없었으면 당신이 내 발을 안 밟았을 것이 아닌가라면서 오히려 내게 죄송하다는 말을 했다. 참으로 그런 예절에 놀랐다. 또 전철 근방 공터에는 우산이나 열쇠를 채워두지 않은 자전거주차장이 많은데 필요시 갑자기 비가 와 우산을 쓰거나 자전거를 이용하고는 그 자리에 정연하게 가져다 두는 것을 많이 봤다.

두 번째는 전철 종점이었던 나라현 덴리(天理)역이라는 곳 공중전화박스에 전화를 걸고 난 뒤 중요한 수첩을 그대로 두고 전철을 타고 가던 중 수첩 생각이 나 사이다이지라는 곳에서 다시 되돌아가는 1시간 반 정도 뒤 공중전화박스에 혹시나 하고 갔더니 그곳에 수첩이 그대로 있었고 수첩 속에 비상금 3만 엔을 넣어뒀는데 그 돈도 있어 감복했다.

마지막으로 도쿄 쓰키지에 제일고주파(주)배관회사(세계 3대 메이커 중 하나)에 가 나가이(長而)소장과 함께 지바켄 공장 견학차 거길 가기 위해 회사차를 이용치 않고, 도큐센 급행열차로 1시간 거리를 전철을 이용했다. 마침 공장장 하나모토(花本)씨의 마중으로 공장견학을 마치고 저녁식사시간이라 식당이 아닌 공장장의 사택으로 가게 됐다. 신발을 벗고 거실로 들어서니 딸인 듯 여겨지는 어린이가 깍듯이 인사를 마치더니 현관으로 가 신발을 가지런히 하고 들어가는 것을 봤다. 그때 필자가 착하다며(가쓰꼬이) 머리를 쓰다듬어주면서 엔화동전 100엔을 줬더니 절대 받지 않았다. 그러면서 공장장의 말이 지금 초등학교 2년생이라 수신 공부 때라서 집에 와서도 실습을 한다는 말이었다. 초등학교 1,2학년까지는 다른 공부는 않고 전부가 수신시간만으로 줄서기, 부모와 선생님 존경하기, 아침 일찍 일어나기, 정직성, 공중도덕 질서 지키기, 남에게 절대 폐끼치지 말기 등등을 귀에 못이 박히도록 가르친다는 말이었다. 1,2학년 담임선생은 학교에서 모범선생으로 선정하기 때문에 이력에까지도 올린다고 했다. 특이한 것은 일본에서는 어릴 때는 유치원보다 가정의 부모슬하에서 사랑의 정을 듬뿍 준다고 했다.

그 수신시간에 이렇게 배운 공부는 어른이 되어도 그대로 실행한다는 것이다. 필자는 이 말에 우리나라 어린이와 비교가 됐다. 우리나라 어린이는 유치원에서부터 1등 공부와 혀 꼬부라지는 영어공부부터 시키나 인성교육은 전혀 시키지 않는다는 사실이다. 이제부터서라도 어린이교육정책만은 바꿔야 할 절실한 때다.

2023년 7월초에 서울 강남의 서이초등학교 1학년 24세 담임 선생님이 교실에서 스스로 목숨을 끊는 사건이 일어났다. 왜 그랬을까? 스승을 존경하고 높이던 풍조가 학교에서 사라져 버렸기 때문이다. 이게 제일 큰일이다. 늦었지만 윤 대통령이 "교권확립"을 하라는 지시를 내렸다. 우리나라의 교권과 학부모의 선생에 대한 태도가 완전히 땅에 떨어져 버렸다. 정말 큰 걱정이다.

3. 일본인에게 배워야 할 인내심과 질서의식

우리나라는 지리적 조건에서 일본에 비해 태평양의 방어벽이 형성돼 참 복 받은 나라인 금수강산이다. 이에 비해 일본은 화산 지대로 수많은 크고 작은 지진으로 인하여 가슴 조이며 하루도 편할 날 없이 긴장돼 살아간다. 크고 작은 지진이 끊일 날이 없어 일본에 장기간 체류하는 동안 하루도 편할 날이 없었다. 그래서 일본에는 대나무를 많이 심는 편이고 고층 아파트나 대형건물을 피하고 개인주택이 많은 편이다. 특히 일본 전역에는 화산 층 온천이 많다. 닛코 아타미, 도고온천 등 일본전역이 유명한 온천지역이다.

2011년 3월11일 오후 2시 46분경 일본열도 동북부에 발생한 진도 9.0의 엄청난 지진이 일본 열도를 덮쳤다. 15~20여 미터 높이의 쓰나미가 순식간에 몰려와 도시와 마을 공장과 자동차 할 것 없이 수많은 사람과 집까지 일시에 바다로 끌고 가 생매장시키고 시가지를 초토화시켜 버린 것을 TV로 똑똑히 보았다. 쓰나미로 인한 6만 명 이상의 인명과 17만 명 이상의 이재민을 내면서 일본열도를 쑥대밭으로 만들고 더 무서운 후쿠시마 원자력발전소 방사능 누출로 200여 킬로미터나 떨어진 도쿄에까지 낙진이 확인돼 수돗물과 채소, 생선 할 것 없이 먹을 수 없는 총비상사태가 벌어졌다.

그러나 그 현장에서 묵묵히 대처하는 인내심을 TV로 실시간을 지켜보면서 일본인들의 기본적인 의식수준을 느꼈으며 과연 1등 국가의 모범을 세계인들에게 보여준 질서의식에 탄복했었다.

우리나라 세월호 침몰사건은 학생들이 제주도여행가는 때 일어난 해난사고였는데, 어찌 박근혜 대통령의 책임인가? 이를 이용, 죄 없는 대통령을 감옥에 보내지 않았던가? 냉정히 생각해 보라!

참으로 일본인 이들의 인내심에 놀라지 않을 수 없다. 그때 당시 엄청난 재난과 참상을 보도하는 NHK앵커의 목소리는 여느 때처럼 조용조용하였다. 또 시뻘건 불길이나 가족을 잃고 슬퍼하는 사람들의 처절한 모습은 비춰지지도 않았다. 대신 수도, 전기, 가스, 교통, 병원정리와 주민대피에 필요한 것들은 몇 번씩이나 반복해 내보냈다. 과연 우리나라가 이런 엄청난 재난이 닥쳤더라면 어떻게 대처했을까? 많이 비교되는 일본인들의 모습이었다.

일본인들은 어렸을 적부터 인성교육이 철두철미하여 공중생활에서 절대 남에게 폐를 끼쳐서는 안 된다는 것을 알고 절제된 시민의식을 보며 어떤 사람은 언론에 '인류정신의 진화'라고까지 표현한 기억이 생각난다.

그러나 일본인들의 그런 어려운 고난의 현장을 보면서 "힘내라. 포기하지마라"고 외치는 플래카드를 보면서 한국민들도 성금을 모아 구호품을 보내고, 과거에 정신대로 끌려갔던 할머니들까지 나서서 추모의 집회까지 열었던 기억이 난다. 일본인들은 끝까지 눈물을 보이지 않았고, 인내하는 모습들을 보면서 "차라리 괜찮으니 우세요. 같이 슬픔을 나눌게요."라고 위로하는 하고 싶었던 장면들이었다. 그처럼 이들은 우리나라 국민들의 정과 눈물이 많은 감정의 밑바탕까지 흔들어 놨던 그때 당시였다.

당시 일본의 대지진을 보면서 김대중 대통령의 부인 이희호 여사는 삶의 터전이 무너지고 실종된 부모형제의 안타까운 참화 속에서도 눈물을 보이지 않고 견디는 이들을 보며, "일본 국민 여러분! 힘내시고 희망을 가지십시오. 대한민국 국민도 마음과 정성을 다하고 있습니다."라고 했던 말을 기억한다.

1945년 8월 15일 해방되던 날 초등학생이던 당시 담임 선생님이 가르쳐주신 교훈을 지금까지도 머릿속에 생생하게 남아 잊혀지지 않는다.

1)정직한 사람은 마지막엔 반드시 승리한다.

2)멍청한 사람 셋 합하면 영리한 한 사람을 이길 수 있다.

3) 빨리 자고 빨리 일어나는 것이 건강에 제1이다.

4)일렬로 줄서기

5)우리는 일렬형제

6)거짓말은 절대 나쁜 사람이다.

7)어른들에게 언제나 공경

8)남에게 폐를 끼치지 말라

마지막 교단을 떠나면서 하신 말씀 중에 필자를 부르며 조선말 많이 쓴다며 벌준 것에 미안했다며 일본 이름 오야마 지로(大山 次郎)를 부르면서 마지막 말을 남겼던 기억이 떠오른다.

4. 동아시아 침략사 비극과 일본인의 단합정신

1591년 도요토미 히데요시는 전국을 통일하고 섬나라의 아픔을 한탄하며 육지로 진출해 대아시아 제국건설의 과대 망상적 꿈을 현실로 나타내며 우선 제일 먼저 조선에 그 길을 비켜달라는 구실로 동아시아 침략을 시작했다.

일본은 제일 먼저 현해탄을 건너 군사 3000명으로 일제히 함성을 지르며 부산성에 집결, 사다리를 놓고 성벽을 기어오르며 생전 보지도 못한 조총으로 콩 볶듯 마구 쏘아대는 이총에 맞아 즉사하니 조선군의 사기는 떨어지고 결국 고니시는 부산성을 함락시켰다. 이후 일본군은 계속 진격, 제1군은 평양까지 함락하고, 제2군은 함흥을 거쳐 회령(會寧)까지 진출해 조선의 두 왕자를 포로로 삼았고, 호남을 제외한 조선 전 지역을 말발굽으로 짓밟았다. 이때 조선의 선조는 의주로까지 피신, 명나라에 원군을 청하게 이르렀으니 청사에 길이 남을 부끄러운 비극의 모습이었다. 한마디로 육지에서는 연전연승 조선 땅을 모조리 농락하며 파죽지세로 밀어붙였으나 육군에 비해 수군은 삼도수군통제사 이순신의 뛰어난 전략으로 해전에서 일본은 연전연패, 한 번도 승리하지 못했다. 이 해전 사에 거북선이야말로 세계사에 으뜸의 철갑선으로 길이길이 기록될 연전연승의 승전보를 남긴 실증이다.

이런 일본은 에도 바쿠후 시대로 접어들면서 도요토미 가문의 몰락으로 멸망하며 메이지(明治)유신시대로 넘어간다. 이들에게 배울 점은 단합정신이다. 일단 한 성주가 정해지면 그 성주 한 사람을 위하고 나라의 장래를 위해 자신의 목숨을 초개같이 버리고 똘똘 뭉쳐 충성심을 보인다는 것이다. 그런 전통이 오늘날까지도 이어져 내려오는 사무라이 무사도 정신이다.

그 일본인의 단합정신은 일본 경제성장의 대들보가 되었으며 1960~1970년 고도경제성장정책을 펴 대기업을 주축으로 중화학 공업을 강력히 추진해 에너지원으로 전환되면서 석유화학분야가 급속도로 발전되면서 조선 수주량은 세계 제1위였으며 자동차생산도 미국에 이어 2위를 차지했다. 수출은 무려 10년 동안 5배로 늘어나 경기상승으로 국민생활 수준이 향상되고 생활의식도 커다란 변화를 가져왔다.

그런 일본은 국내외적 어려움을 극복하고 단합하여 노조도 나라의 장래를 위해 개인을 희생하는 극기로 데모가 없는 나라로 자리 잡았다. 아시아의 작은 섬나라 변방이던 일본이 제2차 세계대전에서 미국에 패전했던 나라에서 깊은 상처를 딛고 일어나 세계사의 주역인 선진국 경제대국으로 오뚝이처럼 우뚝 서기까지 한 제일 큰 국민의 힘은 단합정신에서 왔음을 우리는 기억해야 할 일이다.

우리와 가장 가까우면서도 가장 멀어야 했던 그 아픔을 딛고 이제라도 융합하는 좋은 이웃나라로 성장해 나가기를 기원할 뿐이다.

5. 일본에는 자살자, 노숙자, 고독사가 많다

필자가 무역업을 계속하던 때 일본을 많이 왕래하다 보니 이들에게도 빈틈이나 허점이나 어두운 후면들이 많이 엿보였다. 이들이 다종교국가라서인지 그 종류만도 수만 종으로 심지어 도시 한 언덕에도 가족묘나 크고 작은 신사들이 전국 어딜 가나 즐비했고, 1년 내내 단합정신의 축제행사가 지자체에 따라 특색 있는 마쓰리가 365일 하루도 빠지지 않는다. 제일 많은 축제로는 바다에 관계되는 지역풍어제나 종교적 귀신놀이축제가 많았다.

그래서인지 일본에서는 불교적인 미신을 많이 믿어 숭상하는 신도(神道)종교로 신께 제사지내며 개인 집에서부터 신(神)을 모시고 크게는 이세신궁(伊勢神宮)을 비롯해 1868년 메이지유신(明治維新)때부터 전통적인 크고 작은 신궁(神宮)들이 일본 전역에 20여만 개소에 이른다고 했다.

대표적인 야스쿠니(靖國)신사로 태평양전쟁의 A급 전범자 14명을 합사해 모셔놓고 추도 참배하는 곳도 있다. 그래서 불교 형태의 믿음에서 죽어 다시 좋은 사람으로 태어난다하여 쉽게 자살해버린다. 만일 지금의 생활에 불만이 많다거나 자신의 생각과 목적이 다른 삶을 살아가는 경우라든지, 현실에 적응하지 못해 비관한다거나, 절박한 현실에서 자기 자신의 비애를 느끼는 충격, 불만 등등의 욕구를 감당하지 못할 때나 우울하고 고

독을 견디지 못해 자살을 하거나 독신생활로 외로워 고독사하는 사람이 의외로 많아 사회적문제로 나타나고 있다.

또한, 직장의 갑작스러운 도산이나 혹독한 일들로 인한 스트레스에서도 오는 이지메가 심해 상대편의 약점 같은 이상한 폭력, 음모나 '건방지다'는 하찮은 따돌림으로 거리를 둬 비관하거나 외톨이 같은 노숙자수가 수만 명으로 주로 하천의 교량 밑이나 외딴 도로나 공원과 야산들에 많이 산재해 쉽게 볼 수 있는데, 심하면 이부자리까지 버젓이 깔아두고 노숙하는 사람들도 있다. 이런 이들의 생태계를 살펴보니 폐품수집이나 빠찡꼬 주변을 주로 맴돌며 시간을 보내거나 독서를 하거나 지방에서 올라와 노숙하는 기혼자들이 많았고, 가족이나 부부 사이의 갈등 등으로 신문광고로 수소문하는 문의 관계가 많았다.

일본의 종교형태는 엄청나 800만 가지 이상의 신(神)이 있으며 여타의 천주교나 기독교도 있으나 좋은 일일 땐 신도(神道) 의식이고, 결혼식은 기독교식이며 죽으면 불교의식을 행하는 이상한 생활습관을 가진 나라다.

특히 필자가 일본 출입이 많았던 1982~2000년 사이에 자살자가 5만 명을 훌쩍 넘었다는 통계였는데 남자가 3분의 2를 차지하고, 연령별로는 30~60사이가 3분의 2에 달했다. 직업별로는 무직이 많았고 다음으로는 샐러리맨 공무원이나 자영업자나 피고용자, 주부나 독신주의자가 많은 편이었다. 경제적

생활문제나 한창 열심히 살아가려는 청소년기의 가정 갈등불
만이나 남녀 간에 얽힌 비애들도 상당수였다.

특히 일본 청소년들의 비행은 신문이나 TV 매스컴들에서 많
은 영향을 받는 듯했다. 한때 우리나라 김영삼 정부 때 1997년
IMF에 의한 경제침체의 치욕적인 사태를 겪었던 때와 비슷하
게 세계 제2의 선진경제대국임을 자랑하던 일본에서도 2000
년을 전후해 장기간 불경기로 잃어버린 10여년이 있어 자살지
수가 엄청 증가했었다.

또한, 초중고학생들에게서도 빈번히 발생하는 이유로 건방지
다, 힘이 약하다. 공부 못한다, 태도가 불순하다 등등으로 문제
삼아 왕따시켜 학교나 부모들의 고심이 많다. 한편 우리나라
초중고들에서도 최근에는 빈부 차에서 오는 반항적 심리에서
나 왕따나 사제 간에 빚어지는 사례들이 많아 사회적으로 큰
이슈가 되고 있다.

그와 비슷한 우리나라에서는 과거 박정희 대통령시절 자식출
세를 위해 부모들이 남보다 더 잘 가르칠 목적으로 외국으로
유학 보내느라 한창 재미있게 살아야 할 시기에 어머니는 자식
과 함께 떠나고 홀로 기러기아빠 신세가 돼 등록금 부쳐주느라
나중엔 모자란 돈을 사채까지 내 보내주다 보니 못 갚아 도망
다니는 노숙자나 큰 기업체 중역으로 근무했던 이들도 있었다.
을지로3가 지하도나 서울역 지하도에 신문을 깔고 밤을 새우

는 이분들과 우연한 날 필자가 밤새도록 오징어안주에 소주를 사들고 가 이야기를 나눠본 적도 있다.

일본인들의 직장에서는 종신고용제를 많이 하는 편인데 강자와 약자가 공존하며 연공서열제 대신 성과급으로 거듭되는 직장 내 차별적 압력이 늘어나면서 젊은 층들에서 불만이 많아지며 마음의 병 즉 우울증세가 많이 늘어난다는 것이다. 이런 어쩔 수 없는 상황까지 겹치다 보니 정신적 피로와 삶에 회의가 쌓이며 과로사나 인내의 한계를 느껴 우울증이 심해지면서 급기야 자살까지 하는 숫자가 상당수였다.

한편으로 일본은 물리, 화학, 의학, 문학 분야까지 모두 12명의 노벨수상자를 배출했으며 이 중에 물리화학상과 화학상 수상자도 4명이나 기록할 정도다.

이처럼 일본의 과학입국을 뒷받침한 배후에는 장인정신(匠人情神)을 천직으로 5대, 10대까지 이어가기 때문이다. 무슨 일이건 한 가지에 매달리며 평생을 천직으로 알고 노력하는 이들의 의식구조에서 생겨났다. 우리나라에서도 최근에는 그런 전문 직업인가족들이 많이 생겨나 좋은 현상이다.

한 예로 필자가 일본 도쿄 백화점거리로 유명한 긴자거리를 저녁에 구경하고 가던 중 3정목쯤에 한 백화점 한쪽구석(7~8평 정도) 자리에서 앙꼬빵 만들어 파는 곳인데, 사람들이 100

여 미터나 줄을 서 기다리고 있어 필자도 뒤로 가 따라가며 앞분에게 물어보니 "앙꼬빵 하나로 저 높은 빌딩(18층)을 지었다."는 대답이었다. 6대째 내려오면서 손주까지 나와 가업을 이어간다는 말에 한국인 같으면 부끄러워서라도 그 사실을 감춰버릴 터인데 당당하고 자랑스럽게 파는 이들의 직업의식인 장인정신에 감복했다. 내 차례가 돼 빵 둘을 사 먹어봤더니 말 그대로 입에서 살살 녹아 내렸다. 무슨 일이건 한번 그곳에 매달리면 평생을 끝을 보는 것으로 알고, 일본인들은 항상 자기 마음속의 칼이 녹슬지 않도록 연마하며 갈고 닦는 강점의 노력의 의식구조를 지니고 있으며, 타인과의 의리(義理)를 존중하며 상대와 약속은 칼같이 지킨다. 한국의 경주 같은 교토(京都)에는 칼 만드는 곳(에도시대 때부터 대대로 이어오고 있는)장인들이 즐비한데 필자가 한국에서 도검회사(刀劍會社) 전무 재직시절 부평공장장을 일본 교토에 데리고 가 야키(불에 달궈 두드려 칼날을 세우는 기술)를 한 달간 연마시켜 귀국 후 청와대 장군도 하사품으로 납품했던 경력도 있다. 또한 이들은 어떤 어려운 고난의 지진이나 재난을 당해도 절대 당황치 않고 소동을 벌이지 않고 자신이 해결하려거나 정 어려울 때는 평소에 존경하는 분을 찾아가 도움을 청한다.

또한 일본에서는 자식이 성장해 성인식을 마치면 어른으로 인정돼 자립심을 길러 자신이 장래의 길을 개척해가며 부모로부터 단돈 1000엔 한 장을 빌려도 반드시 갚아야한다. 그리고 일본인들은 식당에서도 먹은 음식 값을 다 똑같이 낸다는 더치페이식으로 한국같이 혼자 계산하는 일이 없다. 그리고 백화점에 가더라도 거의가 자가용을 이용치 않고 자전거를 이용하는 주부들이 대부분이다. 자전거 도로가 너무 잘돼 있고 일용 자전거는 참 편하고 주차장에 열쇠를 대부분 채워 두질 않는다. 아파트나 맨션 등 공동주거지에는 반드시 자전거 전용주차시설을 따로 설치해 놓고 있다. 그만큼 자전거나 우산 도둑질을 하지 않는다.

부모에게서 자립하여 돈을 저축해서 그 돈으로 결혼을 하나, 경우에 따라 부모와 타협 후 부모가 돕는 경우도 있다. 재산이나 상속은 거의 해주질 않아 부모들이 죽을 때 모아진 많은 돈을 자선단체에 기부하거나 그냥 쓰레기통에 버리는 돈만도 한해 수천만 엔으로 엄청나다는 신문기사를 종종 봤다.

6. 일본인은 남에게 폐 끼치는 것을 절대 싫어한다

일본인들에겐 나쁜 점도 있으나 우리가 배워야 할 좋은 점이 더 많은 것 같다. 이들의 친절성과 예절이나 가정사의 인간교육은 어릴 때부터 철저하다 못해 참으로 본받아야 할 모범적인 생활습관이 몸에 배어있다. 특히 남에게 폐를 끼쳐서는 안 된다는 것과 상대와의 절대적인 철칙인 약속을 중시한다.

인간관계의 만남이란 참으로 중요하다. 세상이 혼자만 사는 것이 아니라 남과 더불어 사는 세상임을 인식시키며 누구에게나 누를 끼치지 않을까 미리 조심하려는 가운데 예(禮)의 근본인 겸손(謙遜)이 따른다. 겸손이란 남을 높이고 제 몸을 낮추는 태도인데 그러기 위한 낮춤이란 하루아침에 나타나는 것이 아니라 오랫동안 몸에 배도록 습관화된 일상의 교양이 쌓인 모습에서 나타난다. 그런 기본은 어릴 때 이미 철저하게 수신(修身) 시간에 교육받기 때문이다. 그래서 세 살 적 버릇이 여든까지 간다는 사실을 익힌다. 실상은 과거 우리 조상들이 유교적 예절법인 가정교육으로 어른 공경이 철저했는데 그 습관을 일본에서 그대로 도입, 실천에 옮겨 성인이 되어서까지도 그 예절을 실천에 옮겨온 일본가장교육의 전통을 면면히 나타내고 있다. 그래서 일본인들은 어디서나 최소한 상대에게 서너 번 인사를 해야 직성이 풀릴 정도로 인사법에 철저하며 자신을 먼저 낮춘다. 그러면서 상대에게 혹 누를 끼치지 않을까 주위를 조심스럽게 살피는 예절은 참으로 존경스럽다 못해 많이 배울 점이다.

그들은 어디서나 아는 체 잘난 체 먼저 나서지 않고, 남을 시기질투하거나 상대를 깔보며 깎아내리려는 그런 못된 습성은 이들에게서 찾아보기가 어렵다. 그러나 우리나라 사람들은 그 반대다. 남이 잘돼 있으면 괜히 배를 앓고 시기질투하며 못 먹는 밥에 재나 뿌려버려야 속 시원해하는 못된 짓만은 이제 우리도 고쳐할 때다.

　일본의 어린이들은 추운 한겨울 엄동설한에도 반바지를 입히고 학교에 보내며 추위에 견뎌내는 인내의 습관을 가르쳐 익혀두듯 어른이 되어서도 세상사 어려운 고비에서 많은 고난을 견뎌내게 하는 극기의 훈련을 몸에 배도록 익히고 배워왔기 때문이다. 그리고 일본인들은 자연을 즐기며 꽃을 참 좋아하고 사랑한다.

　예절교육이야말로 성인으로 다 성장해 사회생활을 하는 가운데서도 그런 습관의 예절을 철저히 가르치기에 자기도 모르게 익숙해져 대인관계에서 가장 잘 나타나는 양보의 미덕으로 전통을 이어가고 있다. '시즈께'는 말로 가정의 아동교육형태다. 그중에 인사법은 일본인들이 상대를 존중하는 가장 예의바른 기본태도다.

　특히 일본의 주택들이 목조건물이 많아 가능하면 소음을 내지 않으려고 주의를 기울이며 이웃에 폐를 끼치지 않도록 무척 노력한다. 그리고 이웃끼리는 담장이 없고 대문도 없으며 문 근방에 꽃 화분을 많이 둔다. 긴급을 요하는 도시의 지하공사인 경우 복잡한 낮엔 피하고, 일부러 늦은 밤 10시경에 시작, 새벽 4시경에 종치는 현장에서 필자가 지하하수구현장에서 일용직으로 30여일을 직접체험하며 일부러 이들과 숙식을 같이하면서 지내본 경험이 있다. 그곳에는 반드시 "폐를 끼쳐드려 정말 죄송합니다."라고 쓴 입간판이 서 있다. 그만큼 공중질서 의식에 철저하다.

일본인들의 생활방식은 아무리 경제적 여유가 있어도 겉으로 드러내지 않으며, 직장이나 사회적 지위를 가지고 있어도 절대로 으스대거나 표내지 않고 거드름 피우지 않는다. 일반적으로 사는 모습은 지위가 높고 낮음에 연연치 않고 평균 20평 내외의 주택에 만족하며 검소하고 순수하게 사는 편이다. 항상 수수한 옷차림에 자신을 표내지 않고 소탈한 인품으로 평온한 일상에 만족하며 결혼식장에까지도 작업복차림으로 가도 스스럼없이 대하는 일상으로 살아가는 사람들의 모습이 대부분이다. 그리고 일본에는 중고품점이나 헌책방, 운동구점 가구, 전자제품들 외 심지어 일류백화점에서까지도 연말에는 80~90% 완전정리 파격 세일 상품들이 일본전역에서 쏟아져 나와 가장이나 주부들은 그때까지 구입을 미뤄 뒀다가 사는 알뜰한 절약정신이 몸에 배어있다.

연말이 되면 일본 전역이 집집마다 대청소를 하며 대문 앞에 잡신이 들어오지 못하도록 새끼줄에 깨끗한 종이를 문 앞에 달아둔다. 그리고 신년새날을 맞으며 복을 달라고 조상님에게 절하고 차례 음식을 가족들이 모여 먹으며 놀다가 잠들어 깨지 않고 오래도록 자는 사람이 복을 많이 받는다고 여긴다. 일본에는 신년 초엔 한 보름 정도 가게들이 문을 거의 달아 그것을 모르던 필자가 오사카 비즈니스호텔에서 나중엔 덴노지 아침 시장 식당을 이용하며 고통스러운 날을 보냈던 기억을 지울 수 없다.

　필자가 한번은 도쿄 쓰키지에 있는 제일고주파회사(배관계통 메이커 회사) 중역인 히라야마 회장, 나가이 소장, 하나모토 공장장과 함께 저녁식사 겸해서 도쿄 긴자7정목 주점에서 식사를 마치고 바로 그 장소 곁에 시설돼 있던 가라오케(한국에는 당시 가요방이 없을 때)주점으로 옮겨 한 곡씩 부르는 중에 조용필의 '후산꼬 가에루'(돌아와요 부산항)노래가 일본어 가사로 흘러나와 함께 불렀던 기억을 한다.

　함께 어울려 놀던 늦은 저녁이라 내가 거처했던 도쿄 외곽지역 에도가와를 지나 긴시조에까지 영업용택시를 태워 보내줬다. 깜짝 놀랐던 사실은 필자의 택시비를 회사에서 부담한다며 사인 받아 가면 뒷날 회사에서 돈을 받는다는 말과, 또 하나는 아무리 회장분이라지만 일과 후에는 회사차를 이용할 수 없고 영업용을 이용한다는 것이다. 그만큼 공과 사를 구분하고 기름 값 하나까지도 근검절약하는 이들 모습에 감복하지 않을 수 없었다. 또한 높은 질서의식과 남을 배려하는 정신이 오늘의 일본을 선진국으로 만든 큰 요인이라 해도 지나침이 아님을 알게 됐다.

　일본에 그런 훌륭한 대표적인 분들 중에는 마쓰시타 고노스

케(松下幸之助)라는 사람을 들지 않을 수 없다. 일본인의 정신적 지주로 이분의 기념관까지 있다. 이분이 쓴 책 '인간을 생각한다' 는 내용 중에 몇 가지를 밝혀보면 1)나쁜 마음을 갖지 마라 2)선의 마음으로 살아라 3)언제나 타인을 선으로 대하라 4)검은 곳에는 절대로 가까이 말라 5)남을 울리면 자기 눈에서 피눈물이 날 것이다 6)남에게 받은 은혜를 곱빼기로 갚아라 7)악한 자의 말로는 비참하다.

이 우주에 존재하는 모든 것은 항시 생성(生成)하고 끊임없이 발전한다. 만물이 하루가 다르게 생성발전한다는 것은 자연의 이치이기도 하다. 그러기에 인간이야말로 어떤 삶에도 존경받을 가치가 있으며, 참으로 "숭고(崇高)하고 위대한 존재다."라고 표현했다. 이같은 인간의 현실모습이야말로 스스로 부여받은 천명(天命)을 깨닫지 못하고 개개인의 지나친 이해득실이나 지혜, 재주에 사로잡혀 고난의 길을 걸으려는 결과밖에는 되지 않는다는 것이다.

인간은 자신에게 주어진 본질이 무엇이며 어떤 천명(天命)이 인간에게 주어졌는가에 대해 생각해 봐야 한다고 했다. 인생의 보람이라는 것은 자기라는 인간의 가치를 캐내고 자신의 인생관을 분명히 파악하는 데서 시작하지 않으면 안 된다는 것이다. 매일매일 눈앞의 이해득실에 눈을 빼앗겨 자신의 몸과 마음을 혹사하며 살고 있는 인간처럼 어리석은 존재는 없기에 그러지 않기 위해서는 남을 돌봐야 한다는 평범한 생각이 언제나 마음속에 깊이 박혀 있으면 실행에 옮겨진다고 했다.

인간의 사명은 인간 자신의 우수한 본질을 자각하는 중지를 모아 그 위대한 천명을 널리 공동생활에서 실시해 나가는 것이라 했다. 그러므로 사업에나 다른 모든 일에도 신용(信用)이 생명이라면서 신뢰를 잃으면 모든 거래는 끝난다고 말했다. 그 이유는 인간이기에 사람이란 완전무결할 수 없기 때문이다. 가정에서의 부모도, 학교에서의 교사도, 사회에서의 성인들도 모두가 정직, 성실해야 한다. 정직한 마음은 가정, 사회, 국가, 국제 간 어느 곳에서도 통용되는 언어다. 한 국가가 거짓 외교를 한다면 곧 국제무대에서 따돌림을 당하고 만다. 오늘날 글로벌 시대에 살아가기에 특히 우리는 정직한 마음, 성실한 태도가 근본적인 바탕이기에 정직한 마음가짐은 자신뿐만 아니라 국가발전에 원동력이 되고 세계평화와 질서유지에 기여할 것이라고 말했다.

7. 전통문화를 소중히 이어가는 민족정신
야마토 시대부터 도요토미 히데요시의 과대망상으로 벌인 동아시아의 비극

일본은 한마디로 야마토 정권이다. 기원전 660년 일본의 제1대 진무(神武)천황이 가시와라를 수도로 정하고 제1대 천황이 되었다. 일본 최고 고사기(古事紀)기록에 진무천황의 동방정벌기가 나와 있다. 이 사료는 일본의 중요한 사료임에는 틀림없으나 편찬자들이 1370여 년을 소급해서 기술한 것이다.

이 야마토족이 숭배하는 태양의 여신 아마테라스 소오미카미의 자손으로 하늘에서 내려와 제1대 천황이 되었다. 엄밀하게 말하면 기록된 신화는 지나치게 미화되었고, 때로는 유치하기까지 하다. 문헌으로 확인된 것은 6세기 말에서 7세기 초이며 난토쿠(仁德) 천황 능으로 전해지는 거대한 능과 많은 부장품이 이를 뒷받침해 준다.

벼농사는 금석 병용기에 당시 한반도에서 전파된 것임이 확실시된다. 특히 백제와 문화교류를 하며 대륙문화를 수입했다. 아직기(阿直岐)는 태자의 스승이 되었고, 전라도 영암 출신인 왕인(王人)박사는 백제와 일본의 문화교류를 추진했는데, 중국 대륙문화를 수입해 전파했다. 왕인박사는 논어(論語)와 천자문(千字文)을 전해 유학을 보급하는 데 큰 역할을 했다.

595년에는 고구려 승려 혜자(惠慈)가 황자에게 불교를 가르쳤고, 같은 해 백제에서도 혜총(慧聰)이 건너갔다. 602년에는 백제승려 관륵(觀勒)이 달력과 천문, 지리에 관한 책을 전했다.

일본으로 건너간 한국인들은 백제촌, 고구려촌, 신라촌을 건설하며 특색 있는 문화를 발전시키는 역할을 했다.

이후 일본은 12세기 중반 교토에서는 조정의 내분을 둘러싸고 큰 사건들이 발생하며 무사정권 다이라 가문의 성장과 헤이지와 헤이안이 합치면서 싸움이 벌어져 헤이지 난이 일어나더니 다이라 가문의 몰락으로 가마쿠라 바쿠후 정치가 시작, 구 불교에서 예술과 신불교로 발전됐다. 특히 송나라로부터 전해진 새로운 건축양식은 도다이지와 선종의 새 사원에 적용되었다. 이후 가마쿠라 바쿠후가 몰락하고, 고다이고 천황의 2년 천하와 아시카가 가문의 내분까지 겹치다 무로마치 바쿠후시대마저 몰락하며 대망을 품은 오다 노부나가가 등장하며 그 뒤를 이은 도요토미 히데요시가 천하통일에 성공한다.

히데요시는 두 차례에 걸쳐 조선을 침략했으나 아무 소득 없이 실패로 막을 내렸다. 대망을 품은 오다 노부나가는 1579년 공사 3년 만에 아쓰치 성을 완성하여 자신의 능력을 만방에 과시했다. 그러나 일본 전역의 통일을 눈앞에 둔 일세의 영웅 노부나가는 수족처럼 믿었던 부하의 배신으로 일생을 마치고 말았다. 그리하여 히데요시는 노부나가가 혼노지에서 피살된 후 불과 8년 만에 일본 천하통일을 이룩했다.

이후 히데요시를 말릴 수 있는 사람은 아무도 없었다. 1592년 4월 12일 고니시 유키나가와 소 요시토시가 거느린 16만 대군이 부산포를 향해 돌진했다. 일본군의 침공이다. 당시 조선군은 일본의 조총에 맞아 죽으며 그 위력 앞에 사기가 땅바닥에 떨어졌다. 명나라를 칠 터이니 길을 터달라, 만약 불응하면 모조리 도륙하겠다며 침공했다. 이렇게 동래성을 점령하고 한양까지 함락시킨후 계속 진격, 파죽지세로 평양 함흥까지 점령하고 말았다.

일본인들의 정신사상을 한마디로 표현하자면, 평범하고 소시민적으로 낮은 자세로 남 앞에 거드름 피우지 않고, 순수한 마음들이 서로를 믿고, 의지하는 가운데 겸양한 정신에서 나온 뭉침의 미덕이 아닐까? 거기에서 양보가 나오고 고개 숙이는 생활습성이 오랜 옛날 에도시대 조상들로부터 이어온 끼리끼리 똘똘 뭉친 가슴에 원한(怨恨)의 실타래를 복수로 풀듯 살아 숨 쉬고 있는 저마다의 민족정신일 것이다. 다시 말해 끼리끼리 하나로 뭉쳐 내 삶의 정신이 너와 내가 살아갈 영역을 넓히는 원한의 정신으로 너를 꺾어 이기려 한다면 먼저 한 영주를 받들며, 내 한 몸 초개같이 불태워 복수의 칼로 승리해야 한다는 구국의 정신이 아닐까라고 결론지어 본다.

그 한 예로, 초봄부터 가을에 이르기까지 바다에서 전어를 잡는 방식을 들수 있다. 그믐 밤 어두운 때, 배 둘이 한 조가 되어 그물을 바다에 풀어뒀다가 돌을 줄로 감아 배 옆구리를 퉁퉁 치면 칠수록 그 울림이 바다 안에까지 퍼지고 그 소리에 전어가 한데로 똘똘 뭉쳐 잡히게 된다. 일본말로 "이시후리"(돌로 후려친다)가 한국말로는 "이시구리"로 바뀌어 지금도 쓰는 용어다.

필자가 젊은 시절 선친께서 해산물 위탁업을 하시던 때 전어잡이 배를 따라 현장에 나가 캄캄한 밤에 돌을 줄에 뭉겨뒀다가 어로장이 먼 곳에서 흰 깃대를 흔들 때를 맞춰 일제히 배 옆 구리를 탕탕 두드리면 바닷속의 전어 떼가 한곳으로 뭉치고 그 때 그물을 싸잡아 올리는 현장을 직접 목격했다. 그와 같이 일 본인들도 한 고을 성주(城主)가 자기지역을 넓히려 할 때 남녀 할 것 없이 똘똘 뭉쳐 목숨을 초개같이 불사른다.

그런 이후 도요토미 히데요시가 오사카를 무대로 해서 1590 년 천하통일을 이룬 다음, 조선을 침략하여 임진왜란과 정유재 란을 일으켰으나 모두 실패하자 이때까지 축성했던 오사카성 (大坂城)을 비롯하여 히메지성(姬路城)과 이즈치성들중 그대로 간직되고 있는 성은 세계문화유산으로 1993년에 지정된 히메 지성 하나 뿐이다. 거기에 다시 에도에 막부를 설치하고 1603 년 도쿠가와 이에야쓰(德川家康) 다이묘가 세력을 확장하자 도 요토미 히데요시가 죽은 후 260년 가까이 에도막부시대가 열 렸다.

토요토미가 천하를 통일하고 다시 조선을 침범하자 일본에는 남자를 구경하기 어려웠고 과부들만 많이 생겨나면서 사람이 귀해지자 천황의 하명으로 여잔 아무 남자에게나 반항 말고 무조건 몸을 바쳐 자손을 만들라는 명령을 내려 기모노(쓰무 기)가 생겨나기까지 했는데, 기모노 입을 때는 팬티를 입지 않 은 그대로 등 뒤에 담요를 반드시 갖고 다니다가 어느 곳 어디 서나 어떤 남자가 요구하든 반항 않고 몸을 바쳐 그 후손의 씨를 받았는데, 그 때 태어난 아이의 성은 그 장소를 기억해두기 위해 나무 아래서 일을 벌였으면 일본어로 "기노시다"(木下)가 되고, 집안에서면 우에노(家內), 대밭에서면 다케시타(竹下) 등 등으로 일본에는 성이 수천 가지가 생겨났다고 한다. "쓰무기" 란 이름은 일본 도쿄근처 작은 섬에서 최초로 만들어 짠 옷천 (쓰무기)을 지금까지도 이어오는 그 섬의 이름을 기념키 위해 전해오는 명칭이다.

8. 실속 있는 알뜰한 일본 여행을 즐기려면

여행을 왜 하는가? 이 질문에 여행은 놀라움을 즐기는 것이라고 말한다. 다시 말해 예상치도 않았던 새로운 것을 보며 알게 되면서 일종의 흥미로움을 즐기는 것이기에 여행이야말로 삶을 다시 보고 새롭게 느끼고 깨닫는 기쁨이 된다.

유럽인들은 왜 사는가라는 질문에 젊을 때 열심히 일하고, 노력해 모아둔 돈으로 노년인생을 여행으로 즐기기 위해서라고 들었다. 그러나 우리나라 사람은 헐벗고 못 먹고 살아왔기에 배고파 살기 위해 살았기에 여행을 몰랐다. 그러나 삶의 여유가 생겨나면서 생활 패턴도 많이 바뀌어 지금은 생각도 많이 달라졌다.

필자는 과거 1947년 해군사관학교 입학시험에 응시했으나 영어실력이 달려 불합격된 이후 젊을 때의 꿈이 좌절되자, 이후 동국대학을 거쳐 중고교직생활을 하다 이마져 한일 국교가 정상화된 이후 무역업으로 전환해 제일 먼저 일본 여행으로부터 시작, 10여 개국 이상을 돌아다녔다.

그 이유는 고2 청소년시절 여수 신항 부두에서 큰 상선을 몰고나가는 하얀 금테 두른 모자에 선글라스를 쓴 데다 마도로스 파이프를 문 외국인 선장의 그 황홀함에 한참이나 멍해진 일을 지울 수 없어 이후 나도 마도로스 선장이 꿈이었으나 실패 이후 기어이 외국 여행 실천에 옮긴 일을 되돌아본다. 그 시절 김찬삼 씨가 '세계일주 자전거여행'라는 책으로 센세이션을 일으켰는데, 이 분의 책까지 구입해 읽고 더욱 내 자신을 독려했다.

필자가 한때 이민 갔던 남태평양 피지(FIJI)라는 곳에 싱가토카 요트정박지가 있는데, 그곳에 가 여행객들과 어울려 보면 한 노부부가 바캉스 차림으로 손잡고 겨우겨우 걷는 모습이 너무 황홀해 보여 감명을 받았던 기억도 떠오른다.

그러다 보면 이 지구상에는 여행을 즐기기엔 너무나 새롭고 좋은 곳들이 널려 있고, 가는 곳마다 그곳만의 특성이 있게 마련이다. 필자도 인생을 오래 살아가다 보니 그런 추억을 간직하고 있다. 무역업을 오래하면서 일본과 중국에 머무는 때가 많아져 특히 기억에 남는 곳들이 많다.

우리나라와 가장 가까운 일본을 실속 있는 알뜰한 여행을 즐기려 한다면 1차로 오사카(大阪)(조선족이 제일 많이 거주하는)

덴노지나 쓰루하시 지역이나 교토(京都) 나라(奈良) 규슈(九州) 등 한국과 가장 가까운 곳으로 가는게 좋다. 부산에서 출발하는 바닷길 부관 페리호가 저녁 7시경에 출발해 일본 시모노세키 모지 항에 밤 11시경 도착 후 아침 9시경부터 입항수속을 한다. 그곳에서 가까운 규슈근방 도서에서부터 오사카, 교토, 나고야 등지로 갈 수 있는 신칸센 열차나 버스길도 많아 온천지역이나 나가사키, 벳푸, 후쿠오카, 미야자키, 구마모토 등지에 4박 5일 정도면 알뜰하게 관광을 즐길 수 있다. 비행기 직항노선도 오사카까지 바로 가서 그곳 간사이 지역의 관광을 즐길 수 있다.

난공불락이라고 과시하는 구마모토성은 일본 3대성의 하나로 꼽힌다. 우리나라 제주도 말고기 요리와 엇비슷한 구마모토의 유명한 먹거리 말고기 회 우미사시와 정종은 정평이 나 오래도록 기억에 남았고, 전통 일본식 정원 스이젠지 공원이나 사쿠라지마(벚꽃 섬)의 활화산은 그 신비와 위용이 관광객을 압도한다. 일본은 지방자치제라서 어딜 가나 구경거리가 넘쳐 흐른다.

필자가 1982년경에 일본을 처음 출입할 땐 도쿄 하네다공항을 오갔으나 이후부터는 새로 건설한 나리타공항을 이용했다. 도쿄까지 전철이나 택시로 50여분이 걸린다. 주로 제일 번화한 중심지역은 도쿄역을 중심으로 천황이 거주한다는 니주바시를 지나 아키하바라(秋葉原) 우에노를 거쳐 이케부쿠로(池袋)를 지나 밤의 환락가인 신주쿠 긴자 시부야 시나가와(品川) 유라쿠초 등 도쿄 중심가를 한 바퀴 도는 지상전철 1호선에서부터 근교 유명지역을 관광할 수 있는 하도(비둘기) 버스로 단체여행을 즐길 수도 있다. 웬만한 곳은 이 둘만으로도 구경가능하며 1시간 거리의 곳은 지하전철을 이용하면 편하다. 기타 먼 곳은 JR선의 이용이 가장 편하여 이 지역들은 볼거리가 많은 번화가들이다.

필자는 도쿄국립박물관 동양관으로 우리나라와 중국 등 동양 각국의 유물 중에 우리나라 것들을 보면 그 출처가 아리송한 임금님금동불상 등 궁중귀중품이 즐비했다. 그런 도시 속 우에노(上野) 공원을 구경하고 그곳 역에서 바로 출발하는 급행열차(도큐센)으로 우리나라 태백산맥 같이 높은 곳을 3시간 정도 열차로 넘어가는 고갯길에 온 산천이 4월경인데도 눈이 많이 쌓여 장관이고, 니가타 항에 가서는 북한으로 출항하는 북송선 만경봉호가 정박해 있는 부두에 가 구경한 일도 있고, 도쿄에서 1시간 거리의 요코하마는 바다를 메워서 넓힌 공단지역이나 먹거리로 유명한 시장 횟집들이 즐비하고, 도쿄에서 출발하는 지바켄쪽은 도큐센(급행열차)으로 1시간 정도 소요되는 곳의 아타미온센(온천)에서의 하룻밤은 참 기억에 남는다. 앞에는 망망대해 태평양이 내려다보이고 뒤로는 눈 덮인 후지산이 바라보이는 그곳 절벽의 대나무숲속에서의 온천욕은 지금도 잊혀지지 않는 꿈길만 같다.

규슈는 우리나라와 지리적으로도 제일 가까워 역사적으로 밀접한 관계가 많다. 특히 우리나라에서 청자도공들이 강진에서 끌려간 그곳에서는 에메랄드빛 청자도자기를 빚지 않고, 일부러 백자도자기를 빚어내 인연이 깊은 곳이다. 북규슈지역은 옛 노국(奴國)땅 고구려 대무신왕 3대가 지배하던 곳으로 진한(신라) 유리왕이 죽은 후 진한을 찬탈하고 그 여세로 북규슈를 장악, 노국을 건국하여 2국의 왕이 되었던 곳이다.

또한, 일본에는 유명한 온천들이 가는 곳마다 널려 있다. 지옥온천으로 유명한 벳푸는 잘 알려진 곳으로 진한 커피색 온천수에 몸을 담갔다 나오기만 하면 피부살결이 매끄러워져 천혜의 온천관광지로 이름나 있다.

필자는 일본이나 중국 여기저기 많은 곳들을 1982년부터 10년 이상을 다니며 느꼈던 사실은 음식을 너무 싱겁게 먹고 대부분 식용유에 달달 볶아 찬거리가 너무 느끼해 져 일부러 우리나라 김치나 천일염을 챙겨 다니기도 했다. 나중엔 한국에서 한국김치 담그는 걸 배워가 이들에게 담가주면 굉장히 좋아해 그로 인해 더욱 친숙해져 비용도 절감되는 때가 있었다. 동남아나 유럽들에 나들이하는 경우엔 그런 여행요령도 참고해 두는 것도 좋다. 중국의 최남단 쪽 푸젠성 푸저우(福州)에서 1시간 거리에 있는 푸칭(福淸)에 선어수출관계로 반년을 넘게 머문 적이 있는데 달달한 볶음 음식에 질려 시장에서 배추를 직접 사다 김치를 담가 먹었는데, 중국 일본 사람들이 내가 담근 김치 맛에 반해 김치 담그는 법을 가르쳐주기도 했다. 당시 중국은 교통수단이 주로 오토바이였다.

한때는 가을 추석 무렵 오사카에 갔을 때 서울 동대문 경동시장에서 새벽 일찍 가 구입한 송이를 10kg를 갖고 간 일이 있는데, 도착하자마자 오사카 닛폰바시(日本橋) 시장에 가 팔았더니 다섯 배나 비싸게 팔아 왕복 비행기료와 체류경비에 보탬이 되기도 했다. 여행을 즐기려면 최소한 경비를 절약할 수 있는 그런 요령도 필요하다.

우선 현지의 지도를 구해서 갈 곳을 미리 체크해 보고, 여행에서 제일 중요한 시즌을 잘 선택하면 여행길이 훨씬 알뜰해진다. 가령, 후쿠오카와 하카타 돈타쿠, 나가사키 군치 축제(5월과 10월 등)에 맞추어 관람하는 것도 좋은 볼거리다. 필자는 그 지역 서민들의 시장 상권 밑바탕을 특별하게 관찰했던 일이 많다. 오사카 덴노지나 쓰루하시에는 한국교민들이 많이 살고 있어 김치 가게와 한국 상품들이 즐비하다.

교통은 JR열차레일 패스는 필수 휴대품이다. 일본 전국의 여행을 전문적으로 안내하는 하도 버스를 편리하게 이용할 수 있다. 일본여행을 잘 알고 보면 편리하게 잘 이용할 수 있다.

그러나 중국여행 때는 일부러 한국인에게 접근하여 여권이나 중요물건을 탐내는 자들을 조심해야 한다. 필자도 대만에서 가까운 푸저우(福州)라는 곳에서 1시간 거리에 푸칭(福淸)의 4성

급 호텔에 투숙 중 자리를 잠깐 비운 사이 가방을 도둑맞아 여
권과 카메라 중요서류 일체를 잃어버려 베이징대사관에까지
가 임시여권을 발급받아 한국에 나온 적도 있다. 푸저우에서
기차로 당시 초가을 같았던 날씨라 별 준비 없이 10월 말경에
출발해 베이징을 지나 장장 밤낮 4일간을(한 칸 침대 6인) 달려
헤이룽장성 치치하얼시라는 곳에 도착하였는데, 영하 30도가
넘어 깜짝 놀랐다. 입을 옷이 얇아 다시 외투 등을 구입, 혼쭐
이 난 일이 있다. 서서 오줌을 누니 그 자리에서 얼어버렸다.
중국인들은 자식이 죽었을 경우 아버지가 도둑질이나 한번 해
보고 죽었는가라는 유머도 있다. 중국인은 처음 사귀기가 어려
우나 한번 믿음이 가면 많은 도움이 되기도 한다. 특히 중국인
은 현금을 제일 많이 가지고 다니는 한국인들을 노리는 자들이
많아 조심해야 하고, 특히 제일 중요한 여권을 잃으면 큰일이
니 잘 챙겨야 한다. 동남아 등지의 여행인 경우 말레이시아나
인도네시아나 티베트, 베트남 관광은 비교적 나은 편이나, 필
리핀, 태국 등지에서 한국인을 노리는 자들이 많고, 인도 사람
들은 상거래에 거짓이나 사기가 반 이상이니 꼬임에 조심하여
깊은 거래는 않는 것이 좋다.

9. 일본인은 순진한 바보일까
국내 정치용으로 날조된 괴담은 국경을 넘지 못한다

우리나라에서는 일본의 후쿠시마 처리수 방류를 전후해 첨예하게 찬반양론이 대립하고 '핵폐수' '핵오염수 테러' 등 자극적인 용어와 과학이 아닌 정파의 거짓 선동으로 수산물 소비가 급격하게 줄어들고, 느닷없는 소금 사재기가 난무하는 등 다른 어떤 나라에서도 벌어지지 않는 한심한 일들이 나타나고 있다. 무엇보다 과학적 수치인 국제권위기구의 통계발표도 믿지 않고, 거짓자료들이 온 나라를 뒤덮었다.

심지어 우모의원은 국회 기자회견장에서 단식하며 "우리나라가 일본이 공해상에 핵처리수 투기 선례를 남기는 데 동의해준 불명예를 안게 되고, IAEA의 중립성과 객관성이 상실된 검증"이라는 생떼 주장을 펼쳤다.

오염처리수가 방류되는 최초 도달지인 캐나다와 미국은 2021년 4월 일본의 해양방류 결정 직후에 이미 동의했고, 히로시마G7정상회의는 공동성명에서 '후쿠시마에 대한 IAEA의 안전성 검증이 됐다고 했고, 일본에서 방류해도 그 해류 따라 한국에 돌아오는 기간만도 4년이 걸린다는 사실조차도 일부 정파는 무시해버렸다.

IAEA(국제원자력기구)는 1957년에 창립된 회원 176개국의 유엔 산하기구로 평화적인 핵 확산방지 임무를 수행하는 NPT(핵확산금지조약) 집행기관 역할로 핵물질 위험성에 대한 가장 권위 있는 판단과 의견을 제시할 수 있는 유일한 국제적 조직이다. 그런 IAEA를 못 믿는다면 믿을 조직은 이 세상에는 없다.

　또한 우리 국무총리실에서도 처리수 방류가 안전하다고 미리 판단한 적도, 방류에 동의한 적도 없고 과학적 안전성을 철저히 검증하기 위해 필요한 조치를 해오고 있으며 충족하지 못하면 방류에 반대할 것이다."라고 발표까지 했다. 아울러 "후쿠시마 인근 해역이 과학적으로 문제가 없다는 것이 국제적으로 공인되고 국민들께서 이를 인정할 때까지 후쿠시마산 수산물 수입 금지를 해제하지 않을 것"이라고까지 했다.

　일본은 과학적 증거에 의한 국제사회의 지지와 IAEA 최종보고서를 토대로 해양방류를 다른 나라들에서 그것을 막을 어떠한 방법도 없다. 무책임하고 대책 없는 야당의 대국민 선동만 할 것이 아니라 보다 투명하고 안전하게 처리되고 있는 과학적인 증거를 믿어야 한다. 노량진 수산시장에 대통령까지 직접 가서 우럭탕에다 생선회까지 먹는 모습을 보고 난 다음 전국적으로 횟집경기가 엄청 달라졌다는 뉴스도 있다.

　'괴담은 국경을 넘지 못한다'는 사실을 확인시켜준 것이 2008년 광우병 사태로 국민들이 그대로 속아 너나없이 밖으로 달려 나가 촛불집회에 참가하며 나라가 금방 난리라도 날 지경에까지 이르렀던 적이 있다. 미국 소고기가 위험하다는데 정작 미국 사람들은 꿈쩍도 않더라는 것이었다. '뇌 송송 구멍이

탁'이 될 수 있다는데 미국인은 왜 들고일어나지 않았을까? 미국인은 자기네 고기니까 그렇다 치고, 수백만 재미교포와 한국인 유학생, 주재원들은 왜 가만 있었나? 미국에 다녀오는 그 많은 여행객들은 햄버거, 스테이크로 끼니를 때우기 위해 목숨이라도 걸고 먹었단 말인가?

당시 일부 야당 의원들이 국정 감사차 미국 워싱턴 한국대사관에 가서 갈비, 육개장으로 만찬을 한 사실까지 알려졌다. 물론 미국 소고기였지만, 이들이 식사를 거부했다는 말은 없었다. 머리에 구멍이 송송 뚫리지도 않았다. 미국산 소고기를 먹느니 "차라리 청산가리를 먹겠다"던 여배우는 LA에서 촬영 중 햄버거를 즐기는 사진까지 공개됐다. 같은 쇠고기가 미국에선 괜찮고 한국에만 오면 위험해지는가?

국내 정치목적으로 날조된 괴담이니 국경을 넘는 순간 먹혀들지 않는 것이 당연했다. 이들 괴담을 날조한 자들을 이젠 세상에 낱낱이 공개해 역사 앞에 심판받도록 해야 한다.

그때와 똑같은 극렬단체들이 광우병 사태로 재미를 보더니 이번에도 같은 수법으로 후쿠시마 문제에 달려들었다. "핵 폐수" "독극물" "방사선 테러"라며 공포심을 조장했지만, 15년 전과같이 되지 않자 당황함이 역력해지며 딜레마에 빠졌다. 정작 일본은 아주 조용하다.

후쿠시마 문제의 핵심은 처리수가 다른 곳 아닌 일본 영해에 방류된다는 것이다. 이 물이 한반도 해역에 도착하려면 해류를 타고 태평양을 한 바퀴 돌아 4년이 걸린다. 반면 일본 주변 바다엔 바로 섞인다. 수도 도쿄는 방류지점에서 불과 200여km 떨어져 있다. 홋카이도(북해도)를 비롯한 태평양쪽 연근해는 다 영향권에 들어간다. 그런데 지금 일본에서 처리수 방류는 이슈조차 아니다. 한국에서 '독극물'이 퍼진다고 난리인데 당사자인 일본은 어째서 전혀 동요조차도 없는 것일까?

일본 국민은 안전문제에 신경 쓰지 않는 순진한 바보들일까? 관(官)의 방침을 잘 따르는 국민성 탓도 있을 것이다. 그렇다면 일본 정부는 자기 영해에 '독극물'을 뿌리는 미친 집단일까? 일본 과학자들은 다 겁쟁이들일까? 세계 5대 노벨상수상국인 일본 과학계가 양심을 버리고 은폐하겠다는 건가?

우리나라 좌파 정당이 주장하는 '콘크리트 고체화' 방식은 기술적으로 불안정한 데다 방사능의 대기 전파를 막을 수 없다고 여기는 소치일까? 그들 논리에 따르면 미국 역시 이상한 나라다. 후쿠시마 방류수는 해류를 타고 동북방향으로 이동해 미국 서해안에 제일 먼저 도달하게 된다. 그런데도 말 한마디도 언급이 없다.

2011년 대지진 때도 후쿠시마에서 떠내려간 부표, 어선, 냉장고 등의 잔해가 캐나다, 캘포니아, 오리건, 알래스카 해변에서 발견됐다. 그런데도 미국은 처리수 방류를 찬성한다고 했다. 미국도 정신 나간 후진국인가?

이 질문에 한국 거짓말 괴담진영은 대답하지 못하는 꿀 먹은

벙어리다. 심지어는 지방자치단체들에서 플래카드를 곳곳에
붙여놓고 반대선동 사인까지 받고 있다. 허구와 거짓의 난장판
에서 눈을 돌려 밖을 보면 무엇이 진실이고 무엇이 아닌지 분
명해진다. 우리 국민은 그런 거짓선동에 이젠 더 이상 시달리
지 말아야 한다.

10. 후쿠시마 생선 100년 먹어도 평생 문제 없다
피폭 량 X-RAY 1번 찍는 꼴(정용훈 교수)

　정용훈 카이스트 원자력 및 양자공학과 교수는 일본 후쿠시
마 원자력발전소의 처리수 방류 논란과 관련해 "처리수 괴담으
로 인해 수산업 및 요식업 수요가 감소하는 등 사회적 피해가
엄청 커지고 있다"고 우려하며 "후쿠시마 생선 100번을 먹어
도 피폭량은 X-RAY 1번 찍는 꼴인 만큼 평생 먹어도 문제가
없다"고 주장했다. 정 교수는 　데일리안과의 인터뷰에서 이같
이 밝히고 "일본이 여과 작업 없이 방류한다면 문제가 될 수도
있겠지만, 여과 작업을 하고 방류하기에 반대할 명분이 없다."
고 전했다. 그는 특히 야당을 비롯한 일부 시민들이 국제원자
력기구(IAEA)의 검증결과를 불신하는 것에 대해 "우리가 검증
에 참여해 직접 시료를 측정한 결과를 내놓았는데도, 결과를
믿을 수 없다면 한국만 국제사회에서 고립되는 것"이라고 지적

했다.

#삼중수소 농도 방류 지점에서 수km 지나면 강물 수준으로 희석, 우리 해역에 영향 안 줘......

#국제검증결과를 불신하면, 한국만 고립되고 "비과학적 결정했다"며 외면 받을 것.

#IAEA검증, 일본이 350억 부담해 객관성 낮다?

700억 분담 중국은 입김 2배 더 강한가?

#처리수 괴담으로 수산업, 요식업이 감소하며 사회적 피해 커져 우리만 피해보는 형국

다음은 데일리안과 정용훈 카이스트 원자력 및 양자공학과 교수와의 인터뷰 전문이다.

--지난 20일 국회에서 열린 특강에서 후쿠시마 처리수 방류의 장기적 영향과 관련해 말했다. 처리수 방류가 '안전하다' 라는 근거를 말해 달라

"2011년 사고 시 방출된 방사성 물질의 양이 현재 저장된 양의 1000배에 이르지만, 현재까지 우리 해역에서 농도 변화가 없었다. 따라서 1/1000 방류로 인한 영향은 전혀 기대할 수 없다. 또한 3중수소의 농도는 방류 지점 수km 지나면 강물 수준인 리터당 1Bq(베크렐)로 회석된다. 그 이후는 강물이하로 떨어져서 우리 해역에는 전혀 영향을 주지 못한다. 방류지점 수km 외곽에 강물을 방류하는 것과 같은 것이다."

--교수님 주장대로면 생선 등 한반도 주변에서 포획된 수산물은 안심하고 먹어도 괜찮은 건가요?

"일본산이건 국내산이건 생선을 섭취하는 것은 안전하다. 이번 문제는 안전과 위험에 대한 문제가 아니다. 적어도 안전상의 문제는 문제가 될 수가 없다. 의도적인 방류이므로 이를 허용할 수 있는지가 중요하다.

--인체에 무해한 수준이라면, 평생 먹어도 이상이 없을 것이라는 주장인가?

"평생 먹어도 문제없다, 후쿠시마 앞바다 생선만 섭취하는 경우에도 연간 피폭 량이 1/100 마이크로시버트 수준이다. 엑스레이 1회 촬영 시 노출되는 방사선량이 50~100이다. 태평양에서 원양어선이 잡은 생선을 우리가 섭취하는 경우에는 1나노시버트에도 크게 미달한다. 그렇기에 평생을 먹어도 악영향을 전혀 기대할 수 없다."

--일본 정부가 IAEA에 상당한 금액(350억원)을 부담하고 있어 검증결과가 객관성이 떨어진다는 주장이 있다. 이 점은 어떻게 보는가?

"중국은 그 두 배를 분담하고 있는데 그럼 중국 입김은 더 강한 것인가? 중국이 일본을 비난하고 있는 마당에 중국의 입김이 작용한다면 후쿠시마 검증결과는 불합격이 나와야 하는 건가?"

--후쿠시마 처리수 방류가 정치적 이슈로 번지면서 야당에서 광우병, 사드 사태처럼 괴담을 퍼뜨리는 우려도 나온다. 이에 대한 생각은 어떤가?

"일본은 방류할 것으로 예상하고 방류를 했다. 만약 위험성이 있다면 위험성을 근거로 반대할 수 있으나, 방류로 인한 위험성이 없는 상황에서 반대할 수 없다. 일본이 국제규범과 자국기준에 따라서 알아서 할 일이다."

일본 오염처리수 7800t 1차 방류 종료. 삼중수소 기준치보다 훨씬 낮아(3주간 설비 점검 후 2차 방류 계획)

일본 도쿄전력이 후쿠시마 제1원자력 발전소 오염 처리수 1차 방류 분 7800t을 11일 바다로 모두 흘려보냈다고 교토통신 등 일본 언론들이 보도했다.

지난 8월 24일 오후 1시쯤 시작됐던 오염 수 1차 방류는 방류 19일째인 이날 낮 12시 15분쯤 종료됐다. 탱크에 저장돼 있던 오염처리수 방류는 10일 끝났으며, 11일엔 배관 안에 있는 오염수를 담수로 밀어내는 작업이 이뤄졌다. 1차 방류 기간에 설비와 운영측면에서 큰 문제가 없었고, 삼중수소 농도에서도 이상이 확인되지 않았다고 보도했다.

일본은 2024년 3월까지 오염처리수 31,200t을 방류한다는 구상을 하고 있다. 후쿠시마 원전에 보관된 오염수의 약 23%

에 해당하는 양이다. 우리 정부도 "도쿄전력의 오염수 1차 방류가 종료됐다"면서 "이상 상황은 없었다."고 밝혔다. 우리 정부는 현장사무소에 2차로 전문가들을 파견할 예정이다. 다만 1차 파견 전문가들을 다시 보낼지, 구체적으로 어떤 장소를 방문할지 등은 확정되지 않았다고 말했다.

11. 용적률 규제 푼 도쿄, 실리콘밸리로 거듭난다
1500만 관광객 빨아들일 개발 제2, 제3의 "롯폰기"...
도쿄 미나토구의 아자부다이에 330m 초고층 복합단지 34년 만에 완공

2023년 우리 대한민국 윤석열 정부 들며 꽉 막혔던 한일 간 국교가 정상화가 되면서 일본경제가 30년 불황을 탈출할 좋은 기회다. 세계에서 오는 관광객 1500만 명 이상 유치를 목표로 본격적인 규제를 풀면서 24시간 휘황찬란하게 불야성을 이루는 긴자, 우에노, 유라쿠조, 신주쿠, 시부야미야시다 공원 등 도쿄도심을 중심으로 재개발바람이 불기 시작했다, 고도제한에 걸렸던 건물에 용적률을 과감히 풀어 30~40층이 넘는 고층빌딩규제도 풀며 복합단지 등 과거 도쿄역 근처 문화재 규제완화로 근처 건물(31m)을 철폐시켜버리고, 철도노선 9개가 지나는 시부야역 일대를 고층빌딩으로 잇는 공중 보행교 공사까지

하고 그 자리에 40층 안팎의 복합건물을 짓기 시작했다는 뉴스들까지 쏟아지고 있다.

특히 도쿄의 미나토구(港口)에 있는 한 지역인 아자부다이에 지어진 초고층 건물과 녹지는 물론, 콤팩트 도시(도시 속 도시)로 1989년부터 재개발조합이 시작된 이래 34년 만인 2023년 11월 24일에 완공했다. 이들이 말하길 "일본은 미국을 못 이겨도, 도쿄는 뉴욕을 누를 수 있다."고까지 자부할 정도란다. 힐스 높이 330m 도쿄 최고층 복합단지라 했다. 이 프로젝트는 전체면적이 8만 1000㎡이며 이 중 녹지가 2만 4000㎡에 달한다고 한다. 정말 엄청난 사업을 추진한 CEO는 창업자인 모리 미노루 민간 주도형이라 했다.

최근 대형복합 건물이 들어서는 곳에는 2027년이면 전체 단지가 완성된다고 한다. 복합건물이 들어서는 곳에 IT기업과 스타트업 회사들이 시부야로 돌아오고 롯폰기에 밀렸던 시부야가 재개발을 통해 다시 도쿄의 "실리콘밸리"로 관심을 모으며 거듭난다는 것이다. 과거 필자가 전자상가 집합체인 "아키하바라"를 많이 출입해 IC부품이나 오락기기판 구입처를 오갔을 때와 그 계통 '닌텐도'나 세가, 다이토 회사들과 많은 거래관계를 가졌던 일이 기억난다.

시부야역 근처 유명했던 낡은 공원은 2020년 입체공원으로 거듭나고, 그곳 전체를 3층 높이 옥상에다 공원을 만들고, 명품

브랜드 루이뷔통 등 세계에서 하나뿐인 이 공원에 매장을 내고, 1층 맛집 거리에는 우리 서울의 홍대입구처럼 젊은이들로 북적이게 한다는 것이다. 도쿄역 앞 마루노우치에 금융 글로벌 회사들과 국가중요문화재인 도쿄역 주변의 복합단지와, 젊은이들의 극장가로 유명한 신주쿠 가부키초역을 중심으로 2046년까지 재개발을 추진한다는 발표다. 번화가 속에도 서민시장이 밤이면 불야성으로 곳곳을 더 활기가 넘치게 만든다는 것이다.

마루노우치와 시부야에 이어 신주쿠로 이어지는 도쿄의 스카이라인이 바뀌고 있다는 내용이고, 만일의 대지진에 대비해 고층 건축을 제한했으나 앞으론 건축용적률을 무제한으로 늘리고 도심공간을 입체적으로 활용키 위해 고속도로 위에 학교운동장을 만들고 꼭대기에는 5성급호텔을 짓는다는 것이다. 1층에는 초등학교 운동장을 만드는데 시부야에는 아오야마 중·고등학교 운동장도 만들고 그 아래로는 고속도로가 지나가도록 만들어놨다는 것이다.

그러나 일본은 지형적인 조건의 영향으로 지진이나 화산활동의 핸디캡을 지니고 있고 산사태나 태풍이나 홍수 등 적지 않은 불편한 기후조건 속에서 살아야 한다. 필자는 일본에 오래 머물 때면 한여름 무더운 더위 때는 태평양에서 불어오는 고온다습한 해풍으로 한국과 다르게 사람들 몸이 끈끈해져 하루도 목욕을 안 하고는 견딜 수 없는 불쾌한 기후조건을 체험했다. 그래서 크고 작은 지진의 불안 속에서 나날을 견뎌야 하는 때가 많았다. 우리나라에서 3~4도 지진이 발생하면 큰 난리가 나지만, 일본에 머물 때 작은 지진 3~4도 정도는 보통으로 집 안에 그릇이나 책장이 쓰러지는 때가 많아 겁을 덜컥 느낄 때가 한두 번이 아니었다.

코로나 사태로 도쿄올림픽도 무관중으로 치른 이후지만, 도쿄를 찾은 외국인은 2019년에만도 1500여만 명으로 역대 최고를 기록했고, 코로나 종결 이후부터는 일본 전체가 급속히 회복되는 추세라고 한국에서 일본을 다녀온 사람들이 주장하고 뉴스로도 전해지고 있다.

일본 정부에서는 외국인 가수에게 까다로웠던 흥행비자 발급조건을 2023년 8월부터 대폭 완화한다고 요미우리신문이 전했다. 거기에다 또 일본에서는 우리나라 가요계에 일본비자 정책변화로 한일 간 윈윈(Win Win)이 될 것으로 전망하는 이유로 세계 제2위 음악시장인 일본이 K팝을 겨냥, 공연비자 대폭완화로 톱스타 아닌 신인도 공연이 가능해 한국 아이돌이 최대 수혜자가 될 듯하다. 1억 2천만 명에 달하는 일본시장에 우리나라 한류가 완전 개방될 때 공연에 소비하는 돈이 많은 일본시장에 한국 예술인들이 적극적으로 진출할 기회가 늘어나고 새로운 차원의 한류(韓流)로 이어질 것이라는 전망이 나온다.

신문발표에 의하면, 일본의 공연시장은 지난해 3984억 엔(약 1조 285억 원)의 3배 이상으로 크고, 연간 공연 관객 수가

4831만 명에 달하는 거대 문화시장인 건 분명하다. 한국은 지난해 일본공연 시장에서 243만 명을 돌파해 북미(88만 명)와 유럽(17만 명)을 월등하게 넘어선 압도적 1위국이다.

문재인 정부 때 꽉 막혔던 한일관계가 윤석열 정부 들면서 완전히 풀린 이번 규제완화는 북미유럽의 신인가수들에게도 똑같이 적용되지만, 항공료 등 비용을 감안할 때 사실상 한국 신인 가수들이 혜택을 가장 많이 누릴 전망이다. 요미우리(출입관리청 등)는 일본 정부가 일본에서 활동하고 싶어 하는 한국 아이돌을 지원하는 조치가 될 것이라는 견해가 나오고 있다고 전했다.

우리로 치면 '홍대' '이태원' '미사리' 같은 중소형 라이브 무대에 무명 외국인 가수가 설 기회를 대폭 늘렸다는 뜻이기도 하다. 일본에는 특히 500석,1000석, 5000석, 1만석 등 다양한 좌석수의 라이브 하우스 무대가 우리나라보다 많다. 이번 조치로 k팝보다 관객동원력이 약했던 홍대, 인디 밴드나 발라드 가수 등에게도 일본진출 기회가 열릴 수 있다. 일본 입장에서도 코로나 팬데믹으로 수익이 주춤했던 일본 내 중소형 무대 활성화에 K팝 공연을 수혈하는 게 도움이 될 것이라는 분석이 나온다.

일본 음악계는 특히 공연이 주수입원이라 해도 과언이 아니다. 전국 라이브 투어 공연만 3~4개월씩 반복하는 현지 팀도 많다며 K팝을 일본 내에서 다양한 분야에서 수요가 계속 높아지고 있다. 지난해 유명한 시부야에서 국내 신인 뮤지션 5팀을 모아 개최한 코리아 스포트라이트 재팬 공연에서 현지 관객 1천5백여명이 환호했던 일도 있다. 앞으로 우리나라 K팝 전용 공연장 건설 등 한류 팬을 계속 끌어올 대안이 일본, 한류 본거지를 자처할 수도 있는 대안도 절실히 필요하다.

일본은 1876년 메이지유신(明治維新)으로 700년가량 유지되던 봉건 제도를 과감하게 무너뜨리고 현대화의 쿠데타를 이룬 나라라 할 수 있다. 우리나라는 당시 노론 소론 양반 쌍놈하며 당파싸움질만 할 당시, 일본은 메이지유신을 통해 비로소 근대국가의 기틀을 먼저 다지기 시작하면서 구주제국들로부터 각종 선진문물과 기법을 도입하고 정부가 직접 나서서 이들의 발달된 기계, 소총과 포 등 병기기술들을 도입해 근대산업의 발전으로 부국강병의 길을 일찍 열었다.

그러나 일본에도 "잃어버린 10년, 30년"이라는 장기간 불경기로 하여금 구조조정 등 개혁 작업의 과정을 거치며 다시 경제재건에 나서는 동안, 이에 따른 일본인들 특유의 우울 증세나 자살자수가 엄청나게 늘어났고, 청소년 범죄가 우려스러울 정도로 증가했었던 때도 있었다. 이런 때 부동산 가격폭락과 자산가치의 대폭감소에 이어 개인 소득의 감소로 은행과 기업들은 보유부동산 폭락으로 어두운 그림자가 드리워졌다. 일본 스스로가 바뀌어야 한다고 체감하며 이런 수난의 시기를 견뎌야 했던 암울한 때도 있었다.

다시 일본 경제의 초고속성장에는 노동자들의 단합정신인 자기희생적인 작업 서비스 수당도 받지 않고 무보수로 회사부터 살려야 한다는 기업정신과 업무 할당제를 뒷받침한 기업 내 노조의존의 밑바탕이 컸다. 한마디로 우리나라 근로자와 달리 일본회사는 철저히 직원을 위하고, 직원은 또 철저하게 회사를 아끼는 상생의 노사문화가 이를 가능케 했고, 그 중심에는 회사부터 살려놓고 보자는 철저한 자립협동정신이 많았다는 사실이다. 그러나 우리나라는 노동판을 좌파들이 장악, 정부를 농락하고 있다.

12. 일본의 부활카드는 반도체 공급기지에 있다
방현철 경제학 박사의 경제로 세상읽기 참조
일본 경제 35년 전문가 이지평이 본 부활 전략

23년 일본 증시가 뜨거웠다. 일본 대표주가지수인 닛케이225는 지난달 33년 만에 처음으로 3만3천선을 넘어서기도 했다. 1990년대 초 버블(거품)경제 붕괴 후 시작된 '잃어버린 30년'이 드디어 막을 내리는 것 아니냐는 말이 나온다.

그러나 일본 증시 10년 주기설도 나온다. 신자유주의적 개혁을 추진했던 고이즈미 준이치로(2001~2006년 재임)총리 때나 케인스주의식 경제 살리기에 나섰던 아베 신조(2012~2020년

2차 재임) 총리 시기에도 한때 증시가 뜨거웠고, '일본경제 부활'이라는 말이 나왔다. 하지만 그때마다 뒷심이 부족했다.

이번엔 정말 일본 경제가 30년 불황을 탈출해 활력을 되찾을 수 있을지? 35년간이나 일본 경제를 분석해온 이지평 외대교수는 일본의 장기불황 탈출전략과 한국 경제에 주는 교훈을 짚어 봤다.

"바닥 다진 고이즈미, 절반의 성공 아베 신조"

지금 일본 경제에 부활 신호가 있나? 일본 경제 전문가들은 우선 올해 1%대 성장을 내다보는데, 이는 0.5~0.7%로 추정되는 잠재성장률보다 취업자 1인당 GDP(국내총생산) 성장률이 다른 선진국보다 높다는 것이다. 작년 취업자 1인당 GDP성장률은 미국이 1.4%, 독일은 0.7%, 프랑스는 0.3%였는데 일본이 0.9%였다. 다만 2025년엔 성장률이 다시 0%대로 떨어질 수 있다고 보는 전문가도 적지 않다.

고이즈미는 부실채권문제를 해결하고, 규제를 완화했다. 신자유주의에 입각한 개혁이었다. 기업구조조정을 통해 일본기업들의 수익성을 회복하는 계기를 마련했다.

아베는 2% 성장 2% 물가를 목표로 했지만, 1% 성장 1% 물가를 만들었다. 절반의 성공이라 할 수 있다. 엔저의 재정풀기, 그리고 구조개혁이란 '세 화살'로 디플레이션 탈출을 모색했고, 침체에서 벗어날 수 있다는 뉴케인지언에 바탕을 뒀다. 하지만 디플레이션에서 완전히 벗어나지 못해 '아베노믹스' 구조개혁은 성장을 멈추게 했다.

 # 기시다의 '새로운 자본주의' 전략 구체화
"2021년 집권한 기시다 후미오 총리의 새로운 자본주의 전략은 구체화되는 중이다. 핵심은 중산층을 직접 지원해 두껍게 하고, 산업정책도 동원한다는 것이다. 공급경쟁력을 강화하자는 '현대 공급측 경제학'(Modern supply-side economics)과 연결된다. 고이즈미는 규제 완화, 아베는 기업 감세를 하면 투자가 늘어날 것으로 기대했는데, 소비와 시장이 없으니 기업들이 투자를 하지 않았다. 기시다의 전략은 물가가 올라가면 임금상승으로 이어지고, 이는 소비를 자극해 기업들이 일본 국내에 대한 투자를 확대할 것이란 그림이다. 현재로선 글로벌 인플레이션 영향으로 물가가 올랐고, 임금상승으로 이어지는 정도까지 진행됐다.

 과거 일본은 반도체나 디스플레이를 부흥시키려고 일본기업들끼리 '올 재팬(all Japan) 전술로 통합했다. NEC, 히타치, 미쓰비시의 메모리 반도체부분을 통합해 엘피다를 만든 게 대표적이었다. 그러나 이젠 대만 TSMC나 미국 인텔을 일본에 유치하겠다고 나선다. 미국처럼 외국기업도 활용하자는 식으로 바뀌었다."

 # 미·중 틈새 첨단산업 공급기지로

일본은 미·중 갈등 속 기회도 찾는 것 같다. "2차 대전 패전국인 일본은 앞서 미·소냉전시대에 기회를 잡았다. 미국의 첨단 기술을 받아서, 아시아의 공급기지 역할을 했다. 미·중 마찰 속에서 미국은 중국을 견제하고 동맹국 공급중심망을 강화하는 전략을 펴고 있다. 일본은 이에 호응하며 반도체 부활 등의 부활전략에 주력하는 모습이다. 예컨대, IBM이 개발한 2나노급 차세대 반도체기술을 일본기업연합으로 설립한 반도체기업 라피더스에서 이전받고 있다. 미·일 반도체, 베터리 등 첨단기술제품 공급 망에서 중국 의존도를 낮추려 하고 있다. 일본은 그 기회를 노려 중국을 대체하는 '첨단 기술 하드웨어 공급기지'가 되겠다는 것이다. 미·중 갈등 사이에서 어부지리(漁父之利) 기회를 탐색하고 있다.

일본 디지털, 그린화로 혁신 추진

일본은 내수가 큰데, 수출전략이 의미 있나? 일본은 GDP 대비 수출비율이 19,8% 가까운 중심경제 구조다. 이제 일본으로선 기존수출 주력이었던 전기, 전자, 자동차, 기계 화학 등을 어떻게 부활시킬까 중요해 졌다. 디지털화, 그린화로 혁신을 만들어 활로를 찾겠다는 전략이다.

한국은 수출비율이 크다. 일본 부활전략을 참고하기 어렵지 않을까? 일본은 내수가 크다보니 고령화 충격이 컸다.

일본은 수출만으로 침체방어가 쉽지 않다. 반면 한국의 GDP 대비 수출비율은 작년43,3%를 기록할 정도로 크기 때문에 제대로 된 수출전략을 짠다면 고령화 충격을 완화할 수 있을 가능성이 있다. 다만, 지금은 경제 안보시대다. 과거 중국에 중간재를 공급하는 것 위주의 수출전략은 재검토해야 한다. 글로벌 공급망 재편에 대응하면서 한국제품의 경쟁력을 강화 할 필요가 있다.

#주식과 연계한 중산층 살리기 주목
일본의 중산층 살리기는 한국에 참고가 될까?

중산층 재산 형성과 주식투자를 연결한 건 주목할 만하다. 주식 소액투자에 대해 비과세하는 NISA(개인저축계좌)를 2014년 도입했다. 부동산이 아니라 주식으로 재산은 형성하게 도와준다는 것이다. 증시상승이 소비증가 그리고 기업투자 증가로 선순환 될 수 있다. 다만 한·일 두 나라 상황이 다른 것도 있다.

일본에선 "70세 현역시대"라고 한다. 앞으로 "75세까지 일하고 소비하자"로 바뀔 것이다. 고령화는 소비와 투자를 늘리는데 걸림돌이 되고 있다. 고령화 때문에 실패한 사례가 없는지 파악하면서 일본의 실패를 반복하지 않는 것도 중요하다,

13. 법복(法服) 벗고 앞치마 두른 '은발의 요리사'

고등법원장 출신 오카모토 겐씨 선술집 차려 제2인생
(판사 때보다 더 만족)

일본어 '사바쿠' 라는 단어는 (죄인을)재판한다와 (생선 등을) 자른다는 두 가지 뜻이 있는데 단어는 똑같지만, 사람을 '사바쿠' 하는 일보다 생선을 '사바쿠' 하는 일이 훨씬 재미있고 보람 있다 말하는 사람이 있다.

전직 일본고등법원장, 현직 선술집 주인 겸 요리사. 일본 오사가(大阪)고등법원 앞에 있는 선술집 '파루' 주인 오카모도 겐(岡本健 .69)의 두 가지 이력이다. 그가 제2의 인생으로 요리사의 길을 선택한 것은 8년 전의 일이다. 오사카고등법원장을 끝으로 판사직을 그만두면서 조리사학교에 입학하자 주변에서 반신반의했다.

그러나 평소 집에서도 요리를 즐겨 해온 그로서는 새로운 인생에 대한 두려움보다 설렘이 더 컸다. 아들 둘을 둔 그는 평소 집에서 식사준비를 해왔고 아이들 소풍 때마다 주먹밥을 만들어주는 등 요리를 통해 부자간의 정을 다져왔다.

그는 "법정에서 판결을 내릴 때 고심하던 것에 비하면 정성껏 만든 음식으로 많은 사람들을 기쁘게 할 수 있다는 것이 얼마나 즐거운지 모른다."며 새로운 인생에 만족해 했다.

조리사 학교에서는 고등학교를 막 졸업한 젊은이들과 함께 1년간 요리를 배웠다. 스스로 우월감도 열등감도 모두 버리고 젊은이들과 똑같은 마음으로 공부했다. 덕분에 졸업할 때는 400명 중에 최우수학생으로 선발돼 골드 아카데미상을 받기도 했다. "거의 40년 만에 학교생활을 다시 시작해 젊은이들에게 새로운 것을 많이 배웠습니다. 우선 차림부터 전혀 달랐지요. 헐렁한 T셔츠에 엉덩이까지 바자를 내려 입는 기묘한 차림을 한번 흉내 내 보았더니 생각보다 편하더군요. 일할 때 셔츠가 빠져나오지도 않고요. 젊은이들은 그렇게 실용적인 면이 많지요."

조리사 학교를 졸업한 후 지인의 도움으로 다른 가게에서 4개월간 실무를 익힌 다음 지금의 가게를 열었다. 가게 간판은 '일품주방(一品酒房) 파루', 무엇보다 요리를 정성껏 만든다는 의미에서 '제일주방'이라는 네 글자를 택했고, 영어로 친구(pal)라는 뜻의 '파루'를 넣어 이름을 지었다.

가게 면적은 12평 남짓, 좌석은 카운터를 포함해 20여석에 불과한 작은 규모다. 일하는 사람이래야 부인과 종업원 1명이 전부다. 영업은 오후 5시에 시작하지만, 생선이나 채소를 직접 손질하며 준비해야 하기 때문에 아침 10시부터 이튿날 새벽 1시까지 눈코 뜰 새 없이 바쁘다. 그는 "맛있는 요리 한 접시를 만들기 위해서는 보이지 않는 곳에서 얼마나 오랫동안 힘들어 준비해야하는지 알아 달라"고 덧붙인다.

이 가게의 메뉴는 40여 가지. 처음에는 회나 생선조림, 굴튀김 등 술안주 중심 메뉴로 시작했지만, 주먹밥 등 간단한 요깃

거리를 원하는 손님이 많아져 메뉴가 점점 늘어나고 있다. 그가 자랑하는 솜씨는 도미머리조림, 연어구이 등 생선요리, 간장이나 각종 소스는 전부 그가 직접 담근 것만 사용한다. 또 재료는 항상 신선한 것으로 사용하기 때문에 음식 값이 조금 비싼 편이다.

가장 어려워하는 요리는 튀김요리.

"기름온도를 160~200 ˚c까지 10˚ c씩 나누어 조절합니다. 예를 들면 닭튀김은 160 ˚c의 낮은 온도에서 천천히 튀기지만 채소튀김은 190˚ c에서 시작해 야채를 넣으면서 180 ˚C로 낮춘 뒤 빠르게 튀겨내지요."

이 가게의 인기 메뉴인 굴튀김도 까다롭기는 마찬가지다. 처음엔 200 ˚C에서 굴을 넣고 튀김옷을 재빨리 튀기고 굴에서 수분이 나오기 시작할 때 건져내야 겉은 파삭파삭하고 굴은 입안에서 녹을 듯이 부드러워진다. 이 모든 것이 그가 수많은 시행착오를 거치면서 몸으로 익힌 조리법이다.

그의 요리하는 모습을 보면 대단한 정열이 저절로 느껴진다. 그는 조리사 학교에 입학했을 때 어린 동급생들에게 이렇게 말했다. "앞으로 여든 살까지 열심히 일하고 싶다. 여러분에게는 조리사학교에서 공부하는 1년 동안의 시간이 지금부터 요리사로서 살아갈 40년간의 기초를 닦는 중요한 시기다. 나는 20년밖에 남지 않았다. 20년 가운데 1년을 소중히 하고 싶다"고. 그러기 위해서는 젊은 사람들이 10년 걸리는 것을 자신은 가능한 한 단시간 내에 익히지 않으면 안 된다는 것이다.

그의 가게는 전 직장인 오사카고등법원에서 가깝다 보니 판사 등 동료 후배들이 많이 찾는다. 하지만 그보다는 그의 요리 솜씨에 이끌려 찾아오는 일반손님이 훨씬 많다. 판사에서 요리사로 변신한 그의 전력이 알려지면서 전직(轉職)이 희망이며 상담하러 오는 장년층 손님도 적지 않다.

"얼마 전 사업에 실패하고 실의에 빠진 손님이 가게에 찾아왔습니다. 한참 얘기를 나누고는 새로운 인생을 다시 시작할 수 있는 용기가 생겼다며 돌아갔지요. 그 후 그의 가족들에게 감사 인사를 받았습니다. 그가 이곳에 다녀간 뒤 활력을 되찾아 새 일을 시작했다고요."

요리사가 되기 이전 판사로서의 그의 모습은 어떠했을까? "36년간의 판사생활에 후회는 없다"는 그는 오사카고등법원 내에서 인간적인 판사로 유명했다. 한번은 이런 일이 있었다. 피고인의 부모가 법정에 방청객으로 참석한 가운데 피고인에게 집행유예 선고를 내릴 때였다. 그가 재판진행과 관계없이 갑자기 피고인에게 "지금까지 부모님에게 불효를 저질렀다고 생각하지 않느냐?"고 물었다. 피고인이 "정말 죄송하게 생각한다. 다시는 이런 일이 없도록 하겠다."고 대답하자 그는 "부모님께 그런 각오를 다시 한번 말씀드리라"고 요구했다. 피고인과 부모는 서로 눈물을 흘리며 대화를 주고 받았고, 법정 내 다른 방청객들까지 감동으로 말을 잊지 못했다고 한다.

그러나 판결이 모든 사람을 만족시킬 수는 없는 것, 피고인이 도와달라고 호소하는데도 공소를 기각하지 않으면 안 되는 재판도 있었다. 판사 초년시절에는 중요한 판결을 내릴 때마다 복통으로 고생하기도 했다.

"육체적으로 바쁘게 움직이는 지금의 생활과 비교해 보면 판사 시절이 더 여유가 있었던 같습니다. 그래도 판사 때 보다는 요리사로서의 제2 인생이 더욱 만족스럽습니다. 판결 때마다 겪는 심리적 고통도 없잖아요. 물론 가게를 운영하다보면 경제적으로 어려운 점도 있지만, 역시 충실히 인생을 살고 있다는 느낌에 뿌듯하지요. 다만 앞으로 일 할 수 있는 시간이 그리 길지 않다는 것이 안타깝습니다만……."

오카모드 켄 일본 오사카 고등법원장의 글을 읽으며 필자가 깊이 느낀 소감 하나가 있어 뎃글 하나를 남겨본다.

"인간이란 누구나가 미완성"이란 존재다. 필자도 하잘 것 없는 한 티끌로 쌓인 존재지만 만고풍상 90평생을 살아온 인생선배로서 법조인 세분(김명수 대법원장, 권순일 대법관, 유창훈 판사)님들께 꼭 한마디 알려드리고 싶은 아래의 글 하나가 생각난다.

인간이란 신(神)이 아닌 이상 실수도 할 수 있고, 아무리 공부하고 공부해도 그 진리의 끝을 모르고 살아가는 "미완성인 존재"가 인간이란 사실이다. 이 세분은 명석한 두뇌로 높은 자리에 올라 인간 자체의 인생사 사람을 놓고 판결하는 권한을 지닌 분들이다. 그러니 참으로 이 세분들이야말로 하늘이 내린 "양심 있는 직업인"들이라야 한다. 그러나 지난날 이 세분이 재직 시의 판결이 과연 양심 있고, 올바르고 정의로웠는가? 는 훗날 역사가 말할 것이나, 그 전에 이 세분들이 국민들과 온 나라에 결정적인 누(累)를 끼친 사실에 대해서는 반드시 훗날 심판받아야 할 꼬리표가 붙어 있을 것이란 사실을 느꼈다.

필자가 대학시절 배운 불교의 인연설에 의하면 '인연'이란 뿌린 대로 거둔다 하여 자업자득(自業自得)이라 하는데 인(因), 연(緣), 업(業), 과(果) 네 가지는 삼세윤회(三世輪回) 연기(緣起)법칙으로 톱니바퀴처럼 물려 돌고 도는 가운데 그게 업(業)으로 남는다는 사실이다.

나의 몸이 전생에서 이은 연(緣)의 업(業)을 금생에서 쓰다가 남긴 업(業)이 후손에 이어진다하여 불가에서는 인과응보(因果應報)라 하는데, 금생에서 선업(善業)을 많이 쌓아두면 후손이 편하나 악업(惡業)을 쌓아두면 후손의 삶이 고단해진다는 의미다. 그래서 덕(德)이란 갑자기 생겨나는 것이 아니라 살아가는 동안 전생에서부터 쌓아둔 산물로 먼 훗날에 나타나는 인품이기에 까먹지 말고, 더 채워가는 인생이어야 한다.

우리 인간들 속에는 양심(良心)인 인간 내부의 눈(眼)이 있다. 그 눈 속에 감시병 즉 형리(刑吏)가 있어 선악(善惡)을 구분하는 재판관 역할을 한다. 그러나 이 재판관 세분은 이권 카르텔에 휘말려 말과 행동이 다른 괴리(乖離)로 언행일치가 안 돼 자기들 스스로가 세치 혀를 잘라야하는 훗날 업(業)의 후회를 알게 될는지도 모를 일이다. 그 결과의 업은 오직 하나님만이 심판하는 사항이기 때문이다. 만일 형리가 없는 인간세상이라면 선, 악의 양심도 없는 동물의 세계와 다를 바 없다. 그래서 하나님은 우리 인간에게만 양심을 담아둬 그 양심 속에 쓸개가 쓴맛, 단맛을 구분하나 짐승에게는 양심이 없기에 오염되지 않고 깨끗하다.

인간이 간(肝)경화로 사경을 헤맬 때 곰의 쓸개로 만든 우황청심환인 웅담(熊膽)을 먹이면 구원투수역할로 죽어가는 생명을 구하듯, 짐승 쓸개는 인간에 만병통치약이 된다. 가령, 우리나라 속담에 간(肝) 빼 놓고 다니는 사람이라거나 쓸개 빠진 인간이라고 비꼬는 표현은 인간답지 못할 때 그냥 쓰는 말이다.

제 2 부
한국의 어제와 오늘

1. 반세기 전의 우리나라를 뒤돌아본다

7월 19일은 초대 대한민국 대통령이셨던 이승만 전 대통령이 미국 하와이의 한 요양원에서 1965년 91세로 생을 마감하신 날이다.

이 장례식에 박정희 대통령은 아래와 같은 조사를 전했다.

당신은 일흔 살이 된 노구를 이끌고 광복된 조국 땅에 돌아오셔서 좌우 이념 갈등과 미국, 소련 사이의 알력을 극복하고 새 나라를 세우셨습니다. 당신이 이루신 무수한 업적 중에는 대한민국의 주권과 국격을 전 세계에 알린 쾌거로서 독도를 포함하는 평화선을 선포하고 반공포로를 석방한 일도 포함되어 있습니다.

비록 정권말기에 간신배 이기붕 일당을 잘못 기용하시어 실각하셨지만, 이는 당신 평생의 공적을 가릴 수 있는 일이 결코 아닙니다. 당신은 조국을 위한 어린 양으로 희생되었습니다. 대통령을 맡고 있는 제가 부족하여 당신으로 하여금 조국에서 임종토록 하지 못한 점, 용서해 주십시오. 당신이 직접 만든 군대의 젊은이들이 묻힌, 당신이 만든 묘역인 국립묘지 그중에서도 가장 좋은 길지를 골라, 이제 당신의 땅에 묻습니다. 공산침략을 무찌르다 숨진 국군장병들의 혼령을 거느린 막강한 호국신이 되어 이 땅을 지켜주소서. 대한민국 대통령 박정희 그 옛날 한 세기 전 인도의 시성 타고르가 한국을 가리켜 "조용한 아침의 나라 예의(禮儀) 바른 동방의 등불"이라고 칭송했고, 소설 '대지'의 저자 펄벅 여사가 "한국 사람들은 정이 철철 넘치는 서정적인 사람들"이라고까지 평가했던 말도 이젠 물 건너 간 시대의 이야기가 돼 버렸다. 한마디로 과거 우리나라 사람을 가리켜 정과 눈물이 넘치는 한(恨)의 나라(심청전 춘향전 장화홍련전)로 표현했고, 일본을 원(怨)의 나라(성주들이 자기들 영역을 넓히기 위해 죽이고 죽이는 에도막부 때 복수의 부족싸움)라며 도쿠가와 이에야스(德川家康) 시절의 표현이 전래돼 왔다.

그런 지금의 우리나라를 무어라고 딱 꼬집어 한마디로 말할 수야 없지만, 한국 사람들을 표현하자면, "부지런한 국민성으로 큰 전쟁을 치르고도 나라를 경제대국으로까지 이룩해 놓은 대단한 민족"이라고 했던 말이 불과 반세기 전의 말이 되고 말았다. 지금의 우리나라를 표현하자면 "상하구별도 없이 돼버린 개판사회 나라"라고 말해도 과언이 아닐 정도다. 그 산증인이 바로 오늘의 나라 현실을 직접 겪어보고 느껴지는 한국나이로 90줄에 들어선 필자의 한(恨)스러운 솔직한 심정이다.

무질서와 이기심, 무례와 폭력, 사기, 조작의 천국으로 진실이 죽어가는 시대요, 거짓이 판치는 세상으로 넘쳐흐르는 "3류국가"로 전락한 듯 안타깝기 그지없다. 세계경제 10대국에 들어가면 뭐하나? 나라가 썩어가고 있으니 말이다. 국민들은 남을 음해(陰害)하고, 예사롭게 속이고 사기 치며, 말에 욕(慾)을 양념으로 섞지 않으면 안 되고, 상대방을 비방 조롱하는 정치판이 밥 먹듯 해 신뢰(confidence)라는 단어가 어색해져버린 게 한국사회 현실이다. 정치판은 구역질 날 정도로 나라의 앞날은 뒷전이고 다수당을 앞세워 "탈원전, 탈핵중단"으로 나라 살림까지 발목 잡는, 그런 꼴을 현실로 필자가 보면서 덤으로 살아가는 이 나이에 나라 앞날이 한없이 걱정된다.

그간 일본이 UN 세계 공용어 6대국 안에 공식 채택되려고 부단히 노력했음에도 불구하고 2023년 6월 한국어가 UN 언어 6대국 공용어로 채택된 것에 대해 기쁨을 감출 수 없다. 또한, 현재 한류열풍으로 공식적 한국어사용자가 자국민 외에 7700만 명에 육박해서 기존 공식 언어인 프랑스어보다 사용자가 더 많았기에 UN에서 만장일치로 한국어가 공식 언어가 되었다. 앞으로라도 우리나라 언어가 세계 제1의 공용어로 성장하려면 우선 욕지거리부터 없애버려야 하기에 좋은 말 쓰기의 정책적인 국가적 바른 언어 구사의 결단이 시급하고 절실하다.

법조계의 경우 우리나라에서 1년이면 무고죄로 고발되는 건수만도 일본 인구 1억 3000만 명에 비례 감안할 때 무려 500배가 넘는다. 남을 잘 속이는 사기가 세계 제1의 국가로 낙인찍혀 버렸다. 보이스 피싱 피해 하나만도 아시아에서 가장 많아 잘 속이니 또 잘 속는다는 나라다. 무고죄, 폭력, 사기, 성폭력,

살인, 부동산 사기 등등 법원 마당이 장터를 방불케 한다. 2011년에 사기 범죄만도 22만 건이고, 2020년도에는 35만 건이라 하니 가히 짐작이 간다. 차라리 경찰서 법원청사 입구 앞마당에 만원사례라는 플래카드를 걸어놓음직도 하다.

이게 조용한 아침의 나라이고, GNP 3만5천달러 선진국가라고 말할 수 있으며, 품격과 질서를 지키는 국가란 말인가? 세계경제 강국이라느니 BTS, K팝, K음식, 문화 등을 들먹이며 교만에 빠져 모두가 간이 부은 것인가? 마치 그런 품격은 쓰레기 수준이라고 말하면 지나친 말일까? 오늘의 사회는 돈 벌기 위해서는 수단방법을 가리지 않고 공직자나 개인이나 사업자나 생산업자들까지도 부정한 방법으로 사기나 눈속임, 가짜 제품을 만들어 돈만 벌어놓고 보자는 세상으로 변질돼 버렸다.

한마디로 표현하길, 대한민국 5대 죄악집단으로 1)정치는 국회가 망쳤고 2)경제는 노조가 망치고 3)사회는 언론이 망치고 4)교육은 전교조가 망치고 5)선거는 선관위가 망쳤다들 한다 이 모두 극좌파들이 판을 치며 대한민국 사회를 혼란시키고 있기 때문이 아니겠는가.

과거 박정희 대통령 시절 필자는 교직생활을 접고 무역업으로 일본을 많이 드나들면서 공단에 기자재를 납품하고 국가재건에 일조하며 동분서주 그저 부지런히 노력하면 나라에 보탬이 되고, 돈 번다는 정신 하나로 살아왔다. 반세기 전 노인들은 그래도 새마을정신으로 살맛났다. 진보와 보수가 뭔지도 모르고 오직 잘살아보자는 정신 하나로 허리끈 졸라매고 똘똘 뭉쳤다. 이런 나라를 문재인 정권이 들어섰던 5년간은 나라를 송두리째 북한에 바치려 했던 아슬아슬한 암흑기가 아니였나 생각된다.

동족상전의 6·25전쟁을 겪어보지 않은 젊은이들은 공산주의가 그 얼마나 잔인했는지를 모른다. 필자는 여순반란사건과 6·25전쟁을 직접 체험한 산증인으로 14연대여순반란사건 당시 공산당 지하조직원들이 여수에서 고무신공장을 운영하던 김영준 사장을 돈 많이 가진 악질반동분자라는 이유로 여수 중앙동 로터리 앞 광장에서 인민재판을 열어 우익인사 등 10여명을 대창으로 찔러 죽이는 잔인한 광경을 중학 1학년 때(국군이 수복하기 3일전) 직접 목격하며 공산주의 빨갱이가 그 얼마나 잔악한 자들인가를 눈으로 똑똑히 기억한다.

그 한 예로 노란봉투법이란 회사경영권을 노조가 갖겠다는 것으로, 한마디로 표현해 파업노조천국을 만들겠다는 공산주의적 발상이라 생각한다.

이제 나이든 우리나라 어른들이 MZ세대니 Z세대, 밀레니엄세대, AI세대라 하여 부모들은 자식들의 훈육을 포기해 버렸단 말인가? 눈만 뜨면 나라 안이 묻지마 살인까지 폭력을 휘두르는 사회가 돼 버렸다.

어른들이 젊은이들 곁에 가 말 한마디 잘못 하다가는 폭행당하거나 심하면 살인까지 해버리는 시대에 살아간다. 세상에 우리나라가 왜 이렇게까지 돼버렸단 말인가? 학교 선생님의 훈육으로 엄하게 가르치다간 당장 뒷날 교직에서 밥숟갈을 놔야한다. 필자가 과거 교직생활 당시 훈육주임 지도교사 때 극장 출입 등 학생을 선도했으며 '나라사랑 실천운동본부 조직운영위원'까지 활동했다. 지금은 그때같이 훈육하다가는 목을 몇개 달고 다녀야 한다. 오늘날 위정자들은 사랑과 훈육을 구분도 못하는 등신교육정책을 펴기 때문이다.

돈이 많고 적음이 아니라 인성이 바로 잡히고 공중질서가 정연해야 선진국이라고 할 수 있다. 아무리 포장이 좋은 명품을들고, 최고급 외국차를 몰고 다녀도 의식과 내용물이 쓰레기면포장에 관계없이 결국 쓰레기다.

우리나라 돈 좀 가진 어중간하게 어설픈 졸부들이 나라 안팎 관광지를 쓸고 다니며 섹스관광, 돈 자랑, 명품 자랑, 최고가 술자랑 파티 등 나라 망신 다 시키고 다닌다. 오죽하면 한국 사람들을 평가하길 추악한 한국인(uqly korean)이라고 할까. 심지어는 현지 교민들마저도 한국 사람들이 지나칠 정도로 너무 부끄럽고 창피스럽다고까지 한탄한다.

지금 한국 사회에는 질서나 예의, 상대에 대한 배려란 없다. 초근목피의 나라에서 이토록 잘살게 만들어 놓은 나라인데 나라가 곪아가고 있는 현실이 너무 안타깝다. 누굴 원망하랴? 오늘의 현실이 우리들의 수준이고, 자업자득인 것을. 선량한 서민들을 울리는 고위직은 반드시 퇴출시켜야 하고, 가짜 선동뉴스와 정치 패거리들이 판을 치는 사이비언론들, 우우죽순처럼 난립해 매일 발간하는 신문들이 읽거나 보지도 않고 관공서나 큰 직장들마다 쓰레기장으로 그대로 가버리는 손실이 실로 천문학적인 국고 낭비다. 어쩌다 이 나라가 이 지경에까지 이르렀단 말인가?

필자의 진정한 호소지만, 현재 70세 이상 분들은 과거 박정희 시절을 겪어본 경험이 있어 나라의 앞날을 많이 걱정하는 세대들이라 할 수 있다. 빨갱이 세상이 돼 가고 있는 이 나라 현실이 정말 이래서는 앞날이 없다. 윤 대통령은 인내심의 한계를 벗어나 이젠 비상계엄령 선포라도 해 야당의 횡포에 맞서야 할 때다.

장차 나라의 주인이 될 젊은이들이 깨우쳐 일어나야 한다. 이 나라의 흥망성쇠는 젊은이들 여러분의 몫이다. 젊은이들이여, 나라가 있어야 내가 있다는 사실을 먼저 알자.

2. 일본인이 남기고 간 흔적인 귀속재산(歸屬財産)

최초의 한글 띄어쓰기는 1877년 영국 목사 존 로스로부터 시작되었고, 국립 국어원에 따르면 그가 외국인을 위해 편찬한 조선어 첫걸음(Corean primer)에서 처음으로 띄어쓰기가 나타난 것이다. 국립국어원에서 제공한 자료를 보면 한글문장이 먼저 나오고 그 아래 발음과 영어 단어를 차례대로 대응시켜 놓은 것을 볼 수 있다. 그런 인물로 후쿠자와 유키치는 1835년 가난한 집에서 태어나 일본 근대화의 아버지가 되었다. 일본 1만 엔짜리 화폐 고액권에 1948년부터 지금까지 그의 초상이 인쇄돼 있다. 그는 일본만이 아니라 중국과 조선이 다 함께 참여하는 '동양의 문명개화'를 주창했던 분이다.

그가 개척해 놓은 한자사전을 조선 제자들에게 나눠주고, 그가 운영하는 신문사설을 통해 일본이 한국을 영토적으로 삼키는 것은 절대 안 되며, 상호 독립자존의 원칙 아래 '교역의 이득'을 취하는 방향으로 나아가야 한다고 주장했다. '정한론(征韓論)'도 부정하고, 조선에 대한 내정간섭도 하지 말아야 한다고 주장한 분이다.

후쿠자와는 1881년 조선에서 일본으로 유학 온 조선인 유길준, 박영효, 윤치호 등을 자주 만나 가르쳤다. 독립신문 등 언론에 종사하던 윤치호에 대해서는 언론경영에 대한 조언을 해주었고, 유길준에게는 국한문을 혼용해보라고까지 가르쳤다. 당시 후쿠자와는 조선 왕조를 제거해야 한다던 조선인 개화파들 30여명을 보호해주고, 먹여주기도 했었다.

결론적으로 일본은 조선에 1)학문과 문화의 기틀을 마련해 주고 2)경제의 초석을 마련해 주었으며 3)조선으로서는 감히 엄두조차 내지 못했던 52억 달러의 고정자산과 대기업들을 마지막으로 남기고 간 나라다.

귀속재산(Vested Property)이란 명칭은 미군군정이 지은 말이다. 일제가 조선에 쌓아놓은 재산을 미국이 모두 몰수하여 대한민국 정부에 넘겨준 것이다. 한국과 일본 사이에는 금전적 비금전적 손익계산서가 존재한다. 그중에 가장 으뜸가는 것이 바로 귀속재산이다.

2015년 10월 성균관대 이대근 명예교수는 '귀속재산 연수' '식민지 재산과 한국경제의 진로'(682쪽)라는 저서에서 일본인들이 놓고 간 국내기업들로 아래와 같이 밝혔다.

두산그룹, OB맥주, 하이트맥주그룹, 한화, 해태, 동양시멘트, SK그룹, 삼호방직, 미도파백화점, LG화학, 쌍용그룹, 동국제강, 삼성화재, 제일제당, 대성그룹, 동양제과, 대한조선공사, 경성방직, 동양방직, 한국생사, 한국주택공사, 벽산그룹, 한국전력, 일신방직, 한진중공업, 대한해운, 한진그룹, 동양화재해상보험, 메리스화재해상보험, 중외제약 등등 기타 빌딩건물과 도로 기차 등 모든 것……

지금의 우리 국민들 중 이 엄청난 금전적 항목이 존재한다는 사실을 지금의 세대는 전혀 모르는 사람들이 대부분이다. 필자가 해방되던 1945년 그때가 초등학교 4학년 때다. 우리는 이 귀속재산을 아는 순간, 우리나라 사람들은 이 재산을 일본인에게서 빼앗아 우리나라에 그대로 넘겨준 미국에 대하여 감사하다는 마음을 진정으로 가져야 할 일이지만 그걸 전혀 모르는 게 사실이다.

1945년 해방 직후 일본은 그들이 조선을 지배했던 36년 동안 선택의 여지가 없이 조선인들을 고용하여(월급을 지급) 조선 땅에 건설해놓은 수풍댐, 철도, 항만, 전기, 광공업, 제조업 등 여러 분야의 사회건설자본을 고스란히 조선 땅 안에 남겨둔 채 알몸 그대로 강제 추방당했다. 아울러 일본인들이 조선에서 운영하던 기업재산과 선박 기타 개인재산 그 모두를 그대로 빼앗기고 말았다. 이를 그때 돈으로 환산하면 북조선에 약 29억 달러, 남조선에 23억 달러, 합 52억 달러의 공공재산이 한순간에 일본이 미국에 항복함과 동시에 모두 우라나라에 돌려줬다. 이때 일본본국의 공공재산의 4/1을 차지하는 일본으로서는 빼아픈 재산이고 거금이었지만 패망한 자는 한마디 말이 필요 없었다.

필자의 선친께서도 여수에 살러갔던 당시 여수 신월리(과거의 한국화약 공장)에 일본인이 추진하던 비행장 건설현장에서 해방되던 날까지 3년여를 노무자로 일한 경력이 있다. 당시 그런 많은 재산이 "남한 경제의 80%를 차지했다." 이 귀속재산이 만일 우리나라에 없었더라면 조선의 경제는 과연 그 실체조차 남아있지 않았을 것이다.

해방으로부터 20년 후인 1965년 박정희 정부가 일본과 국교를 맺어 일본 정부로부터 무상으로 공여 받은 3억 달러는 먼저 받은 귀속재산 23억 달러 모두를 몰수해버린 재산으로 인정되었다. 이 엄청난 재산을 미국이 일본의 무조건적 항복을 받을 당시 빼앗아 한국 초대 이승만 정부에 조건 없이 전부를 넘겨준 것이다. 이 재산이야말로 36년간 일본이 조선 땅에 와 만들어놓고 떠난 대가로 엄청난 불로소득임에 틀림없다. 그 이후 지금까지도 일본은 그 52억 달러(북한에 남긴 것 포함)에 대한 사실에 대하여 찍소리 한 번 못하고 있다.

당시 우리 조상의 과거 역사를 한 번 되돌아보지 않을 수 없다. 이씨조선 518년을 대대로 통치해온 27명의 왕이 이룩해놓은 재산이 과연 무엇이며 하나라도 남아 있는가? 한마디로 도로를 닦아 놓았는가? 철도 건설을 해 놓았는가? 기업이 생겨날 수 있는 여건을 만들어 놓았는가? 우리말 한글 단어사전 하나라도 마련해 놓았는가? 그 27명의 왕들은 오히려 선조임금은 임진왜란 내내 중국으로 망명할 생각만 하고, 27명의 왕들은 백성들의 등골만 빼먹었다. 조선 왕들이 518년 동안 쌓아올린 재산은 초가집, 도로 하나도 없는 서울, 똥오줌으로 수놓은 민둥산, 미신놀이, 정치음모를 일삼는 미개인들이 존재하는 가두리 땅에 살았던 흔적뿐이다. 급기야 고종과 민비 일당은 부정부패로 나라를 거덜 냈고, 이권이 되는 것은 모조리 외국(중국)에 팔았으며 결국 왕과 왕족, 고관대작, 지방 유지들은 일제로부터 한평생 호의호식할 수 있는 거금의 경제적 혜택과 높은 작위를 받고 종사하며(총 한 번 못 쏴보고) 나라를 통째로 넘겼다.

하지만 일본은 이후 36년 동안 조선 땅에 52억 달러 어치의 재산을 쌓아 올렸다. 미국 또한 스스로 지키지 못했던 땅까지도 빼앗아 다시 몰수해주었고, 조선인들로서는 꿈조차 꾸지 못했던 천문학적 규모의 재산도 빼앗아 주었다. 이 두 가지 구체적인 선물에 대하여 잃어버린 나라를 빼앗아 주고 23억 달러의 재산을 공짜로 넘겨준 미국에 대하여 지금이라도 감사의 마음을 진실로 가져야 함이 당연한 도리인데 이런 혈맹인 동맹국을 좌파들은 기회만 있으면 물러가라 하니 이런 망측한 일이 아닌가? 다행히도 국사편찬위 전자사료관에 이상의 사실이 보관돼 있었으니 그나마 큰 다행이다.

미군정이 처음 일본인 사유재산을 압수대상에서 제외했다가 다행하게도 곧이어 사유재산까지 몰수해 버렸다. 170,605건이나 되는 그 재산목록이 초대 이승만 정부로 무조건 넘겨줄 때까지 3년 동안 미군정은 엄청난 관리 인력과 재정이 필요했기 때문에 고생했다. 미군정에 인수되지 않고 농림부 등에 등록되어 있던 또 다른 일본인 재산이 121,304건에 이른다. 이 모두를 합한 총 재산이 291,909건이나 되었다.

미국은 완전히 철저하게 일본인들을 발가벗겨 추방시켰다. 일본으로 퇴각하는 이들에게도 호주머니까지 뒤져 금붙이나 돈까지 모조리 압수했다. 일본인이 귀국하면서 소지할 수 있는 돈의 액수는 극도로 제한됐다.

조선이 허송세월한 518년 동안 남아있는 고약한 버릇은 당파 싸움질이나 양반쌍놈가리기나 우상숭배, 서민재산 착취 등의 짓들로 뭐 하나 올바로 남겨놓은 왕들이 있었던가? 양심선언을 해 보자. 그 조상들의 못된 버릇이 지금에까지도 남아 남 잘되는 것을 못 보는 심리가 사돈이 논을 사면 배를 앓는 이기심과 배타성으로 못 먹는 감 찔러나 놓고 보자는 심리가 이어오고 있다.

미국은 우리 왕들이 나라를 스스로 지키지 못했던 땅을 일본으로부터 빼앗아 23억 달러의 재산을 모조리 우리나라에 돌려주었으며, 공산주의에서 우리를 보호하며 자유우방으로 도와주고 있는데, 한 번이라도 미국에 진실한 감사로 고개 숙여본 적이 있는가? 대신 좌파들은 틈만 나면 미군철수를 밥 먹듯 외쳐대니 이게 될 일인지? 우리 늙은이들은 이런 사실을 직시하면서 피를 토할 지경이다.

초대 이승만 대한민국 정부가 정식으로 수립됐을 때 170.605건의 재산 목록 모두를 미국이 빠짐없이 넘겨줄 때까지와 또 다른 일본인 재산이 121.304건에 이르러 총재산이 291.605건이다.

미군은 일본을 완전히 발가벗겨 호주머니에 숨겨가지고 가는 것까지 뒤져 압수해 민간인에게는 1000엔, 군 장교는 500엔, 사병은 250엔 이상 소지할 수 없게 부산항에서 철저히 검사했으며 당시 자기 나라로 돌아간 일본인이 47만여 명에 달했다. 그때 당시 주한미군 사령부 정보참모부가 1945년 11월 3일에 한(G~2Peridic Report) 54호에 의하면 미국이 일본인들을 무산계급으로 만들어 비참하게 빈손으로 본토에 돌아간 후 이들은 어떻게 되었을까?

이런 고마운 미국정부에 문재인 정부는 미국은 우방이지만, 일본은 우방이 아니라며 강제징용 피해를 배상하라며 일방적으로 무역규제를 발표해서 한일 간의 분위기가 최고조로 악화되었다. 다행히도 윤석열 정부가 들면서 한일정상화인 지소미아로 구상권 상정 아래 한국의 국익은 일본의 국익과 제로섬관계가 아니라 양국관계가 정상화되고, 발전한다면, 안보문제위기 등을 대응하는 데 많은 도움이 될 것이라고 설명했다. 지소미아란 군사정보보호협정으로 국가 간 군사 기밀 정보를 서로 공유하기 위해서 맺은 협정이다.

3. 日本은 반복해서 사과할 필요가 있겠는가
옥중에서 쓴 지만원 박사의 글

윤석열 직설 화법이 시원하다 못해 놀랐다. 100년 전 일본 조상이 한 행위에 대해 그 후손들이 왜 자꾸 사과해야하나? 이는 우리 회원들과 누누이 나누던 대화였다. 당시 나는 김구를 '오사마 빈 라덴'이라고 표현해 공격을 당한 적이 있다. 그 공격은 남쪽 좌익이라는 정신병자들의 행태여서 조금도 개의치 않았다. 지구상에 존재하는 나라의 80% 이상이 과거에는 식민지였다. 이들 나라는 지배국에 대해 오히려 고마운 마음을 가지고 있다. 미개한 조상들에게 문명을 선사했기 때문이다.

――윤대통령 공격하는 좌익들에 질문한다.

질문1, 이성계의 후손들 27명이 왕이 되어 518년을 통치했다. 남긴 유산이 무엇인가? 전염병, 악취 나는 우물, 거리의 똥오줌, 초가집 오솔길, 서당 등이 전부였다. 27명의 왕이 518년 동안 통치해서 남긴 재산이 5억 달러다. 그런데 일본이 36년 동안 악취 나는 우물물 대신 수돗물로, 서당 대신 유치원 대학에 이르기까지 선진교육으로, 초가집 대신 화신백화점, 골목길 대신 을지로 종로 등 서울거리가 아스팔트길로 바뀌고 대기업들이 탄생, 그 가치가 무려 23억 달러였다. 조선 임금들이 518년 동안 남긴 재산 5억 달러의 4.6배였다. 이 23억 달러가 없었다면 한강의 기적은 단연코 없었다.

질문 2, 조선은 10%의 양반과 90%의 상민·노예로 구성되었다. 노예를 3,000명 거느린 양반도 있었다고 한다. 노예 신분의 여성들은 아무런 대가 없이 양반의 소모품이었다. 낳은 딸들이 양반들의 성노예로 착취당해도 찍소리 못했다. 이런 엄청난 노예를 해방시켜 호적을 만들어 준 나라가 일본이다. 조선 왕들이 부리던 노예를 일본이 해방시켜 준 것이다. 좌익들에 다시 묻는다. 조선 왕조와 일본총독 중 누가 과연 당신들의 조상 서민들을 노예로부터 해방시켜 줬는가?

질문 3. 조선 왕조에서는 인권이란 전혀 없었다.

억울한 사람을 끌어다 불 인두로 지지고 볼기를 쳐서 살점을 뜯어냈다. 그런데 일본은 어떠했는가? 이등박문(이토 히로부미)을 쏘아 죽인 안중근까지도 검사, 변호사, 판사의 사법시스템을 통해 법대로 대우하지 않았는가? 입만 열면 인권을 외치는 좌익들에 묻는다. 조선시대가 좋았는지 일본시대가 좋았는지 냉정하게 답해 보라?

질문 4, 연산군은 조선어를 사용하는 백성을 엄벌에 처해 조선어를 종이에 쓰지 못하게 했다.

그런데 일본 총독은 조선어 시험을 보게 하고 합격한 사람에 수당을 지급했다. 10월9일을 한글날로 지정해 주었다. 이에 대해 '후꾸자와 유끼치' 는 여영사전을 영/한문사전으로 제작해, 조선의 개화파 청년들에게 한문을 한글로 바꾸어 사용하도록 가르쳤다. 오늘의 영한사전의 시조였던 것이다.

사과요구는 누워서 침 뱉기다.

1995년 나는 김대중과 함께 중국에 있었다. 중국국영연구소 사회과학원 연구위원들과 저녁 파티를 했다. 내가 앉았던 테이블에는 중견 남녀 연구위원들이 함께 있었다.

"중국은 일본에 사과를 받았는가?"

"중국은 일본에 사과도 배상도 요구하지 않았다. 한때 못나서 당한 것인데 사과를 하라. 배상을 하라 요구하면 중국이 못났다는 것을 스스로 인정하는 꼴이 되지 않는가? 누워서 침 뱉기다. 그래서 중국은 자존심을 지켰다."

　그러나 우리만이 일본에 사과하라, 배상하라 하는 이자들은 도대체 머릿속에 뭐가 들어 있는 인간들인가? 과거에 식민지로 살았던 사람들 중 지배국에 사과하라. 배상하라 요구하는 나라는 지구상에서 아마도 한국 밖에 없을 것이다. 좌익들은 입버릇처럼 "독일, 독일" 하고 입에 올리는데, 일본과 독일은 그 성격이 전혀 다르다. 중국의 처지가 바로 우리 처지에 해당한다.

　# 일본이 없었으면 한국경제는 없었다.

　1965년 일본이 한국에 공여한 유무상 8억 달러는 한강의 기적을 이루어 내는 쌈짓 돈이 되었다. 포항제철, 경부고속도로, 소양강댐, 정유공장, 비료공장들이 일본의 자금과 일본의 기술지도로 건설됐다. 창원, 구미, 인천, 안산 등에 설치한 공단은 일본기업들이 와서 가득 메워주었다. 일본의 부품과 소재와 자본, 그리고 기술이 없었으면 한강의 기적도 없었다. 만일 일본이 아프리카 희망봉에 위치하고 있었다면 한국경제도 없었다. 일본이 이웃에 있다는 그 사실은 참으로 우리의 축복이라 오히려 감사해야 할 일이 아닌가? 이 돌대가리들아!

전두환 시대, 나카소네 수상은 안보 무임승차가 미안하다며 전두환 대통령에 무려 40억 달러를 주었다. 전 대통령은 그중 10억 달러를 헐어 오늘의 아름다운 한강을 건설했다. 역사상 최대 규모의 88올림픽도 그 돈으로 치렀다. 그런 전두환이 죽은 이후 아직까지도 국립묘지에 안치시키지 못하는 이 닭대가리들아!

그 돈으로 IT산업, 반도체산업, 통신 산업을 육성하여 오늘날 우리가 먹고 사는 먹거리를 마련했다. 이런 사실, 이런 역사를 알고 있는 사람이 이 나라에 몇 명이나 될까? 설사 알고 있다 해도 이를 공론에나 책과 게시물을 통해 알린 사람은 내가 유일하다. 이런 내용들을 대통령실이 발표했다면 윤대통령은 지금쯤 기립박수를 받고 있을 것이다. 윤 대통령은 정말 훌륭한 결단을 내렸으면서도 야당 그런 좌익들에 밀려 점수를 잃고 있는 중이다.

#보도자료, 해명자료 하나 못 쓰는 윤 정부의 문장력
4월24일 조선일보 31면 태평로 칼럼에는 안용현 사회정책부장의 글이 실렸다.
"무슨 내용인지 쓴 사람도 모를 보도자료, 해명자료를 쏟아내놓고, 국민 탓, 야당 탓"이라는 표현이 있다. 이제까지 윤 정부가 내놓은 정책을 제대로 설명한 것이 없다는 것이다. 이러하기에 잘한 것을 잘 못한 것으로 뒤집어 쓰는 것이다. 소통은 무엇이고 커뮤니케이션은 무엇인가? 통신장비 없이 부대를 지휘하는 부대장과 다를 게 없다. 어떻게 이럴 수가 있는가?

전두환의 비운 전철 밟는 윤 대통령

윤 대통령은 지금 전두환 대통령과 똑같은 전철을 밟고 있다. 빛나는 업적은 국민에게 소통되지 않고, 오로지 다수당의 위력으로, 오히려 야당의 음모론만 먹혀들어가 선한 양이 늑대로 인식되고 있다. 윤 대통령도 이와 빼닮은 길을 지금 걷고 있다. 검찰공화국, 검찰대통령, 일사불란 독재, 원 맨 플레이, 이런 이미지들이 윤 대통령을 칭칭 휘감고 있다. 통신참모가 제대로 하나 없는 지휘관 윤통이 당할 운명은 전두환 대통령의 비운을 따라 갈 수밖에 없다. 전두환 대통령이 억울하게 망가진 이유 역시 통신참모의 부재 때문이었다. 대책이 시급함을 알아차려야 한다.

4. 대한민국 건국 75주년 늠름한 기념식을 현장

2023년 8월 15일은 해방 78년, 건국 75주년
광복절인 건국절은 왜 없나?

자유 대한민국의 정통성 확립을 위해 건국절을 재정하든지 광복절을 되찾아야 한다. 1945년 8월 15일은 광복(독립)된 날이 아니며 일본이 연합군에게 무조건 항복한 해방일에 불과하다. 이후 1945년 9월 7일에 승전국 미국은 남한에 들어와 9월 9일 총독부의 항복문서를 받고 3년간 미군정을 펼치고, 북한은 소련이 8월 12일에 들어와 공산주의 괴뢰정부를 수립하기 위하여 1946년 2월 8일 정부격인 북조선임시인민위원회를 세웠다. 남북한 공히 국권이 회복되지 않은 상태였다.

미 군정청의 한반도 정책은 4대(미 · 영 · 중 · 소)강국과 5년간 신탁통치를 시행한 후 소련을 의식하여 좌우합작정부를 수립하는 것이었다. 1946년 3월 20일 신탁통치와 남북한 통일정부 수립을 위한 미소공동위원회를 조직하여 자국의 정책을 실현시키기 위한 노력을 강행했다. 미국에 의해 해방된 지 2달 후인 10월 16일 오후 5시 김포공항에 개인 자격으로 귀국한 이승만은 33년간 미국 내에서의 독립운동을 마무리해야 하는 건국전쟁의 결단을 위해 좌우를 아우르는 독립촉성중앙회를 결성하여 국내에서는 미 군정청의 좌우합작정부 정책과 신탁통치 반대운동을 시작으로 국민적 저항운동을 일으켰다.

국외에서는 미국 정부의 한반도 정책이 잘못되었다는 미국 내 여론을 조성하여 한국에서 소련을 배제한 미국 주도의 자유민주정부가 세워질 수 있도록 총력을 다한 외교전을 펼쳤다. 소련이 한반도 장악을 위한 끈질긴 야욕으로 1946년 5월 1일 미소

공동위원회마저 결렬되면서 결국 미국은 자국의 한반도 정책을 관철시키지 못했다.

이승만의 거룩한 건국전쟁 제2라운드, 스탈린과의 이념전쟁
1945년 8월 6일과 9일 일본에 원자폭탄 투하 이후 소련은 일본의 패망을 직시하고 러 · 일 동맹을 파기한 후 8월 15일 일본이 무조건 항복 선언을 하기 전 12일에 북한에 먼저 진입하여 괴뢰정부 수립을 재빠르게 계획하고, 지성인이 60% 이상인 사회주의적인 급진세력들과 무정부상태인 남한에 북한의 슈티코프의 지령에 따라 남로당 박헌영을 내려보내 테러, 폭동, 파괴, 포섭세력들로 하여금 사회혼란을 야기해 남한 정부수립을 방해하고, 소련의 팽창주의에 따라 동구라파와 같은 소련위성국을 만들려는 소련의 계략에 시달리게 되었다.

자유민주공화국을 꿈꾸어 오던 이승만은 반공주의 정신을 발휘하여 남한만이라도 우선 먼저 자유민주국가를 세운 후 북한까지 확대하려던 계획으로 국내의 많은 반대를 무릅쓰고 1946년 6월 3일 정읍발언을 선언하며 스탈린에 도전한다. 결국 이승만은 스탈린과 모택동, 김일성을 상대로 기어이 3대 1의 싸움으로 KO승을 하였다. 세계 대륙의 3분의 1이 공산화되었을 당시 작은 우리 남한만이라도 유일하게 자유민주국가로 만들었다는 이승만의 엄청난 업적을 우리 국민은 알아야 한다.

#이승만의 거룩한 건국전쟁 제3라운드, 자유대한민국 건국!

미국의 한반도 정책을 포기하기 위한 이승만의 마지막 수단은 얄타회담 폭로였다. 이로 인하여 미국이 곤경에 처하게 되자 미 국무장관 마셜은 한반도 문제를 1947년 9월 17일 유엔으로 넘기게 된다. 이는 내심으로 이승만이 바라던 바가 이루어진 것이다. 유엔은 11월 14일 만장일치로 한반도에 유엔 감시 하에 자유선거로 남북 통일정부 수립을 결의하고 1948년 1월 8일 유엔 한반도임시위원단 9명을 남한에 파견했다. 불행히도 이 대표단들도 좌우합작 정부론이 우세하였으나 외교의 달인 이승만은 시인 모윤숙의 지성을 활용하여 메논이 회의적이던 생각을 바꾸게 되었고, 국내의 김구 일행의 반대와 남로당의 여러 선거방해공작 폭동에도 불구하고 1948년 2월 19일 유엔 소총회 표결 승인 하에 남한에서 새 정부를 세울 수 있게 되었다.

1948년 5월 10일 반만년 역사상 최초로 남녀노소 유권자 86% 등록, 그중 92.5%가 남한만의 단독 자유선거를 실시하여 198명의 국회의원이 선출되었다. 5월 31일 첫 국회가 개원을 하고 초대 국회의장에 이승만이 선출된다.

국회는 헌법기초위원회를 구성하여 먼저 대한민국, 고려공화국, 조선공화국 가운데 투표를 통하여 대한민국을 국호로 정했다. 7월 17일에는 헌법을 공포하고, 임시정부요인, 독립운동 공로자 위주의 내각을 발표, 헌법에 따라 7월 20일에는 대통령선거에서 196명 참석 중 김구 13표, 이승만 180표로 압도적인 지지를 받았다.

7월 24일 정·부통령 취임식이 있었다. 1948년 8월 15일 해방되어 기쁜 날이니 이날을 정부 수립일로 정하고 천신만고 끝에 가슴 벅찬 감격스러운 자유대한민국 건국 행사를 하게 되었다. 하늘도 기뻐하고 금수강산도 춤을 추는 경축 건국일(정부수립일)이었다. 부통령에 이시영이 임명되었다. 남은 일은 9월 21일 파리의 제3차 유엔총회에서 대한민국을 정식으로 승인받는 것이었다. 이승만은 8월 5일 조병옥을 특사로 미국에 보냈고, 가톨릭 국가의 지지를 위하여 장면을 수석대표로 김활란, 모윤숙, 정일형, 장기영 등을 파견하였다.

한편 8월 1일 김구와 김규식은 유엔 승인을 막기 위해 통일독립촉진회를 유엔에 보내려 했으나 서영해는 북한으로 가고, 단장인 김규식이 출국을 하지 않아 무산되었다. 우리 대표단의 끈질긴 노력 끝에 마지막 날 12월 12일 일요일 오후 3시 유엔은 다시 총회를 소집하여 찬성 47표, 반대 6표, 기권 1표로 대한민국이 한반도의 유일한 합법정부인 것을 선언하였다. 미국은 1949년 1월 1일 승인하였다.

#대한민국에 독립 기념일(건국기념일)은 있는가?

1945년 8월 15일은 해방된 날이다. 대한민국의 광복절은 올바르게 지켜지고 있는가? 광복절은 1949년 9월 21일 국회가 제정한 국경일에 관한 법률에 의해 제정되었다. 3·1절과 개천절

외에 헌법공포 기념일을 제헌절, 독립을 기념하는 독립기념일을 광복절로 4개의 국경일을 제정할 것을 규정했다. (서울신문 1949년 9월 22일자 참조) 대한민국의 광복절은 1945년 8월 15일이 아니라 1948년 8월 15일이 광복절이다. 대한민국의 정통성 확립을 위해 해방일을 광복절이라고 경축하는 역대 정부의 직무유기를 방치해서는 안 된다. 국가의 주인인 국민만이 1948년 8월 15일로 정정하여 대한민국의 정통성을 확립할 수 있다. 건국절을 제정하든지 광복절을 되찾든지 해야 한다. 후대에게 부끄러운 선대가 되지 말아야 한다.

5. 대한민국의 75번째 생일을 축하하는 날
역사학자 이인호의 1948년 건국론

1919년이냐? 1948년이냐?

이종찬 광복회장이 재점화한 '건국논쟁'에 역사학자 이인호는 단호했다. 1919년 건국설은 '대한민국은 태어나자 말았어야 할 나라'라고 주장하는 이들이 국가의 정체성을 훼손하기 위해 내놓은 주장이다. 1948년 5월 10일 선거로 국회를 구성하고 헌법을 제정해 대통령을 선출한 뒤 건국의 마지막 단계로 8월 15일 대한민국 정부를 수립해 세계에 선포한 이 명백한 사실을 왜 부정하려 하는가?

그는 8·15 광복절 윤석열 대통령의 경축사도 아쉽다고 했다. 해방 후 공산주의와 치열하게 싸우면서 마침내 자유민주주의 공화국을 출범시킨 건국 75주년의 의미를 강조했어야 하는데, 그걸 언급하지 않아 이 소모적인 논쟁을 잠재울 절호의 기회를 놓쳤다고 했다. 87세의 노학자는 대한민국의 75번째 생일을 축하하기가 이렇게 힘든 것이냐며 "비애를 느낀다."고 했다.

건국 원년은 1948년

대한민국 원년은 1919년이라는 이종찬 광복회장의 취임사를 "역사왜곡"이라고 반박했다. "반(反)대한민국 세력에게 이용당하기 딱 좋으니까요. 그리고 광복 78주년이라는 올해 경축식 제목부터 틀렸어요. 제대로 쓰려면 '해방 78주년, 건국 75주년 기념 광복절'이라고 해야죠. 해방이 광복절은 아니었잖습니까?"

#해방과 광복이 다른가요?

1945년 8월 15일 해방은 일제치하에서 벗어난 그 감격이야 말할 것도 없지요. 하지만 우리 힘으로 해방을 얻은 게 아니고, 나라도 미국과 소련으로 분단 점령된 상황이라 독립국가가 되지 못했지요. 1948년 자유민주공화국으로 독립을 선포하면서 광복은 비로소 이뤄집니다.

윤 대통령의 경축사는 왜 아쉽습니까? "독립운동은 건국운동이었고 대한민국이 얼마나 많은 성취를 이뤘는가에 대해선 말씀하셨는데, 그게 다 1948년 나라가 건국됐기 때문에 가능했다는 언급이 없었어요."

논쟁에 휘말리고 싶지 않았던 걸까요? 건국이 어찌 논쟁이 됩니까? 대한민국 사람이면 1948년 8월 15일 대한민국이 탄생한 걸 기뻐해야 당연하지요. 세계 어디서라도 물어보세요. 대한민국 탄생이 언제인지?

임시정부가 수립된 1919년이 대한민국 원년이 되면 어떤 문제가 생깁니까? 임시정부는 말 그대로 임의 단체였고, 국가적 기능을 하진 못했어요. 국민을 보호할 능력이 없었고, 임시정부의 존재도 모르는 사람들이 많았습니다.

#임정과 독립운동을 폄하하는 발언으로 들리지 않을까요?

그분들이 추구했던 게 독립이고, 독립을 이룬 게 1948년인데, 그게 왜 독립 운동가를 폄훼하는 겁니까? 미국도 독립선언을 한 1776년 7월 4일을 독립기념일로 정하지 않았나요? 미국은 영국의 식민지였지만, 처음 형성될 때부터 각 주별로 자치정부가 있었어요. 독립을 선포한 건 영국에서 부과하는 세금이 과다해 그걸 못 내겠다고 한 데서 출발한 거지, 나라는 이미 스스로 운영하고 있었던 겁니다. 따라서 독립선포가 곧 독립이 될 수 있지만, 우리는 달라요. 일본법의 지배를 받는 상황에서 우리가 독립을 선언했다고 해서 그게 독립이 됩니까? 그건 절대로 아닙니다.

#단독정부, 공산화 막기 위한 고육지책

이승만 대통령도 본래는 대한민국 원년이 1919년이라고 했다던데요. 1948년 8월 15일 대한민국 독립선포식사에 "대한민국 30년"이란 우리의 해방을 기념하는 동시에 우리 민족이 새로 탄생하는 것을 겸하여 경축하는 것입니다. 국가의 새로운 탄생이 1948년 8월 15일에 드디어 이뤄졌다는 뜻입니다. '1948년 건국론을 비판하는 사람은 모두 좌파인가요?' 라는 질문에 좌파가 아닌 사람도 있었어요. 영구 분단에 대한 우려 때문이죠. 김구 선생도 그중 한 분인데, 이승만 박사는 나라 전체가 공산화되는 위험을 막으려면 남한만이라도 반드시 독립을 시켜야 한다고 설득한 겁니다.

북한은 이미 1948년 2월부터 공산국가 체제를 만들기 시작했지요. 이를 간파한 이승만이 우리도 서둘러 주권국가로 인정을 받아야 한다. 그러지 않으면 저쪽에 넘어갈 수도 있다며 "정읍연설"을 합니다. 좌파들은 이를 분단획책이라 비판하지만, 남한까지도 공산화되는 걸 막기 위한 고육지책이었다고 보는 게 맞아요.

그리고 우리나라 헌법에 대한민국 영토는 한반도 전체라고 명시돼 있어요. 아직 우리법의 권능이 북한까지 미치진 못하지만, 언젠가는 회복해야 할 우리나라 영토로 남아있는 겁니다. 다만 인위적으로 남과 북이 분단된 것에 불과합니다.

#참고로 이인호 역사학자는 1936년 서울에서 태어나 초등학교 3학년 때 해방을 맞았다. 서울대 사학과에 다니다 미국 웰슬리대로 유학, 한국 여성으로서는 처음 하버드대학에서 러시아사로 박사학위를 받았다. 고려대, 서울대 교수를 거쳐 1996년 핀란드 대사로, 1998년 러시아 대사로 임명돼 건국 최초 여성 대사가 됐다. 박근혜 정부 때, KBS이사장을 지냈다. 이인호 박사는 필자보다는 1년 후배로 초등학교 3년 때 해방을 맞아 같은 시대를 보낸 분이시다. 이인호 박사의 건국론이 옳은 답이다.

조직과 선동에 휘말리지 않으려면 386세대가 공부를 안 해서 종북 세력에 이용당했다고 개탄하셨는지요?
"독재타도하자고 싸운 기간이 1972년부터 1987년까지 15년인데 이때 제대로 된 역사서를 읽고 고민하고 토론했다면 시비를 가릴 능력이 생겼을 겁니다. 그래서 나는 386운동권 세대가 피해자인 동시에 가해자들이라고 봅니다. 80년대 초 내가 일간지에 기고한 글이 있어요. 시위하는 학생들 전부를 폭도로 몰면 이 나라엔 희망이 없다고. 그런데 그들이 기득권이 되면서 민주화 정신과는 전혀 다른 길로 가게 된 겁니다.

#문재인 정부 때 지인들의 한 사람으로 나는 죽어야 마땅하다

고 하였습니다.

"나를 포함한 기성세대 학자들의 비겁함이죠. 역사는 객관적이어야 한다면서 현대사를 가르치지 않았어요. 이 공백을 우리역사에 부정적 시각을 가진 이들, 선전선동의 귀재인 좌파들 손에 다 내주게 된 겁니다."

#역사를 공부하는 건 조작과 선동에 휘둘리지 않는 지성을 키우기 위해서라고도 하셨지요?

지도자의 판단은 49대 51의 상황에서 51을 택하는 거지, 흑백 중 하나를 선택하는 게 아니에요. 그런 통찰과 지혜는 역사를 통해 배워야 하는데 파렴치한 자들이 역사를 조작하고 정치도구화해 나라를 흔들고 있어요. 사실 요즘 나는 비애에 빠져 있어요. 내가 얼마나 게으르게 살았는가, 완전히 어항 속에서 살았구나 하고요. 가난한 나라에 태어나 세계에서 제일 좋다는 학교를 장학금으로 다녔을 만큼 빚을 많이 진 내가 후대들을 그렇게 교육하지 못했다는 자책감이 너무 큽니다. 그래서 미안하고 아픕니다.

6. 70년 전 희생이 오늘의 한미동맹을 만들었다
아버지와 아들이 함께 참전 "전사 부자 영웅도"

우리나라가 오늘날 누리는 자유, 번영, 평화는 멀고먼 나라 미국에서 온 거룩한 희생자들이 한국전쟁에서 헌신적으로 이뤄낸 영웅들이 있었기에 영원히 기억될 일이다. 미국 뉴욕 최고 번화가인 타임스 스퀘어 광장의 한 대형 전광판에 '한국전쟁 10대 영웅들'이란 제목의 30초 분량의 영상이 20일(현지시간) 5시에 등장했다. 삼성전자가 1992년부터 31년간 독점 사용하고 있는 '원 타임스 스퀘어' 빌딩 전광판에 '한미동맹70주년'을 맞아 만든 현장 영상을 튼 것이다.

우리나라 보훈처가 제작한 이 영상은 70여 년 전 한국전쟁 당시 큰 공을 세웠던 미국과 한국의 10대 전쟁영웅의 빛바랜 사진 등을 보여주며 시민들의 시선을 잡았다. 이날 영상을 본 한 교민은 "매일 출근 길에 보던 삼성 로고 대신 전쟁영웅들이 등장하니 발을 멈추며 가슴이 뭉클했다"고 솔직한 느낌을 표현했다고 말했다.

한국 정부는 역사적인 동맹 70년의 고마움과 의미를 담은 동영상을 제작, 전후 폐허 속에서 글로벌 기업으로 성장한 삼성과 LG의 타임스 스퀘어 전광판을 통해 앞으로 2주간 쉼 없이 틀기로 했다. 삼성전자가 새벽 5시부터 오후 4시 59분까지 틀면, LG는 오후 5시부터 다음 날 새벽 4시 59분까지 이어가는 릴레이 방식이다.

보훈처관계자는 "미 참전용사들에게 감사의 마음을 전하기 위해 글로벌 인지도가 높은 우리 기업들의 도움이 필요했다"고 말했다.

미국에서 온 7명의 영웅들

보훈처는 20일 "대한민국의 자유민주주의를 수호하고 70년을 이어온 한미동맹의 역사에 큰 역할을 한 인물을 10대 영웅으로 선정했다"고 밝혔다. 보훈처는 한미연합사와 함께 두 달 동안 선정 작업을 거쳤다.

더글러스 맥아더장군은 북한군이 낙동강 방어선까지 쳐들어와 패전의 위기에 처했을 때 1950년 9월 15일 인천상륙작전을 통해 서울을 수복, 대한민국을 구했다. 그는 당시 성공률이 "5000분의 1도 되지 않을 것"이라며 미합참과 해군이 모두 반대했던 작전을 성공시켰다.

아버자와 아들이 함께 참전한 부자(父子)영웅도 있다. 밴플리트 장군은 1951년 4월 미 8군사령관으로 한국에 파견됐다. 참모들이 "승산이 없는 전쟁이니 도쿄로 철수하자."고 했지만, "나는 승리하기 위해 이곳에 왔다."며 전선을 지켰다. 아들 제임스 밴플리트 2세는 전투기 조종사로 참전했다가 1952년 4월 임무수행중 대공포 공격을 받고 실종됐다. 밴플리트장군은 "추가 인명 손실이 우려된다."며 아들 수색을 중단시키기도 했다.

또 다른 부자영웅인 윌리엄 쇼도 아들을 전장에서 잃었다. 그는 1920년 한국에 온 선교사로 전쟁이 터지자 60세의 고령에도 자원입대해 미 군목이 됐다. 아들 윌리엄 해밀턴 쇼는 미 해군 정보장교로 맥아더 장군의 서울 수복작전을 돕다 북한군의 총탄을 맞고 28세에 전사했다. 딘 헤스 공군 대령은 1950년 7월 대구로 파병돼 1년여 동안 250회의 전투출격으로 전투기 조종사를 양성하고 임무를 수행했다. 중공군의 진격으로 서울이 위험에 처했던 1·4후퇴 때 전쟁고아 950을 구출해 제주도로 피란시키기도 했다. 랠프퍼켓 주니어 육군 대령은 1950년 11월, 청천강 북쪽의 전략적 요충지인 205고지 점령 당시 중공군의 수류탄에 맞고도 작전을 지휘했다. 심각한 부상으로 움직일 수 없자, 대원들에게 자신을 남겨두고 떠날 것을 명령한 '참군인'이었다. 이런 맥아더장군의 인천 동상을 허물려던 치욕적인 좌파들도 있었다.

#나라를 지킨 한국의 영웅들
김영옥 미 육군 대령은 재미교포로 제2차 세계대전 참전 후 전역했다가, 한국전쟁이 발발하자 "부모님의 나라를 구하겠다"며 미군 예비역 대위로 자원입대했다. 1951년 5월 구만산, 탑골 전투와 금병산 전투에 참전해 사기가 떨어진 부대원을 독려해 승리로 이끌었다.

백선엽 장군은 6·25전쟁에서 국군 제1사단을 지휘, 다부동 전투에서 미군과 함께 북한군 3개 사단을 격멸했다. "내가 후퇴하면 나를 쏘고 가라"는 말로 임전무퇴의 정신을 실천했다.

김두만 공군 대장은 6·25전쟁 중 대한민국 공군 최초로 100

회 출격을 달성했다. 미 공군이 500회 출격으로도 폭파하지 못한 승호리 철교를 저고도 폭격 14회 만에 폭파, 적 후방 보급의 요충지를 차단했다.

김동석 육군 대령은 1950년 9월, 미8군 정보연락장교로 서울탈환작전을 위한 결정적인 적군 정보를 수집해 UN군사령부에 제공했다. 박정모 해병대 대령은 서울탈환작전 시 소대원을 인솔해 시가전을 전개하고 중앙청(당시 정부청사)에 인공기를 걷어내고 태극기를 게양했다. 박민식 국가보훈처장은 "우리는 70여 년 전 위기에 처한 대한민국의 자유민주주의 수호를 위해 목숨을 바친 참전용사들의 위대한 희생과 헌신이 굳건한 한미동맹의 토대가 되었음을 잊지 않고 기억할 것"이라고 말했다. 우리는 한미동맹을 굳건히 지키며 자유대한민국을 반석 위에 올려놔야 한다.

7. 우리는 미군(美軍)을 바로 알아야 한다

우리가 세계 강국 6위란다. 부강한 국가 되는 비결 중 하나는 가급적 많은 미군의 장기 주둔에 있다.

미군 주둔 세계 TOP 5 국가 가운데 한국을 뺀 나머지 네 나라 (일본, 독일, 이탈리아, 영국)는 G7 멤버다. 해외주둔 미군 규모가 큰 다섯 개 국가를 꼽으면 아래와 같다. 미군 주둔 수를 살펴

보면 1위 일본 5만 5165명, 2위 독일 3만 4674명, 3위 한국 2만 6184명, 4위 이탈리아 1만 2353명, 5위 영국 9394명이다.

오늘날 세계에서 가장 큰 규모의 해외주둔 미군 병력은 주일 미군이다. 1945년 이후 77년째 주둔중이다. 2차 세계대전 당시 일본의 동맹이었던 독일과 이탈리아에 주둔하는 미군은 각각 세계 2위와 4위의 규모로 역시 77년째 주둔중이다. 주로 공군 전력으로 이루어진 영국 주둔 미군은 세계 5위 규모로 1950년 이후 72년째 주둔중이다.

주한미군은 세계 3위 규모로 한미상호 방위조약 체결(1953년 10월 1일)에 의거하여 주둔중이다. 미군 주둔 세계 TOP 국가의 공통점은, 오늘날 이 나라들 모두가 부강한 나라로 잘사는 국가로 손꼽힌다는 점이다. 그만치 나라가 안정돼 있기 때문이다.

우선, 일본, 독일, 이탈리아, 영국은 G7 멤버에 속한다. GDP 규모는 일본이 세계 3위, 독일이 4위, 영국이 5위, 이탈리아가 8위로서 전부 상위권이다.

이중 특히 일본은 2차 세계대전 당시 미군으로부터 원자탄 두 발을 포함해 무차별 융단폭격을 받아, 주요 도시들이 거의 잿더미가 된 상태에서 출발했다. 독일과 영국 역시 서로 공습을 주고받으며 국토가 거의 황폐화된 상태에서 출발했다.

한국은 오늘날 선진국으로 인정받는다. GDP 규모는 세계 10위권이다. 2차 세계대전 이후 신생독립국 출신으로 오늘날 선진국대열에 진입한 것은 세계적으로 유일하다. 더구나 6 · 25전쟁으로 인한 잿더미 상태에서 일어선 것이기에 더욱 극적이다.

일본, 독일, 한국, 이탈리아, 영국의 전쟁 억지력(抑止力)이라는 요소를 빼놓을 수가 없다. 냉전(冷戰) 때 유럽을 향한 소련의 위협은 상당했다. 그럼에도 불구하고, 독일과 영국은 미군의 전쟁 억지력에 힘입어 군비부담 없이 경제적 성장에 매진할 수 있었다. 만약 미군이 없었다면, 독일, 영국, 이탈리아 등 유럽 국가는 소련과의 군비경쟁에 직접 나설 수밖에 없었을 것이고, 경제 분야에 대한 투자는 꿈도 꾸지 못했을 것이다.

극동지역에서 소련과 대치하던 일본 또한 똑같은 경우에 해당한다.

한국은 더더욱 그렇다. 6 · 25후에도 무력적화에 매진하며, 중국을 등에 업고 틈만 노리는 북한을, 만약 한국군이 홀로 상대해야 했다면 '한강의 기적'은 쉽지 않았을 것이다. 북한의 무력도발에 홀로 노출된 한국이라면, 외국인이 안심하고 한국 땅에 자본을 투자하거나 지사를 설립하고 공장을 새울 수는 없었을 것이다.

이처럼 많은 미군이 장기 주둔한 TOP5 국가 사례를 보면, 해당국들은 미군의 주둔으로 안보와 경제 측면에서 막대한 혜택을 누려 왔고 지금도 그 혜택을 누리고 있음을 알 수 있다. 미군의 철수는 100% 좋지 않은 결과로 귀결(歸結)될 게 뻔하며, 특히 개인의 인권이나 자유, 권리 등의 측면에서 더욱 그렇다. 베트남에서 미군이 철수한 이후, 베트남국민 상당수는 '보트피플' 신세가 되었다.

필리핀의 경우, 미군철수 이후로 중국의 위협을 홀로 맞서야 하는 처지가 되었다. 가급적 많은 미군이 장기 주둔하면 해당국은 흥(興)하고, 반대로 철수하면 비참한 신세로 떨어진다는 것이 이렇게 생생하게 증명되고 있기에, 요즘 아프니카스탄 주민들이 공포와 불안감에 휩싸이는 것도 무리는 아니다. 베트남의 '보트피플' 같은 탈(脫)아프카니스탄 사태가 본격적으로 발생할 가능성이 농후하다.

행복은 막상 그 당시에는 잘 모르는 법이다. 불행이 닥치거나 한참 나중이 되어서야 비로소 "그때가 행복했다"라며 후회하기 마련이다. 그 대표 나라가 필리핀이다. 주한미군을 눈엣가시로 간주하며 오매불망(寤寐不忘) 미군철수를 갈망하는 무리들인 지하조직 좌파들이 날만 새면 미군철수를 외친다. 이들이야말로 진정 나라를 베트남같이 '보트피플'로 만들려고 혈안이 된 자들이다. 그리고 이런 무리에 동조(전쟁을 겪어보지 않은 세대)하는 철부지들이 또한 적지 않다.

둘 중 하나일 것이다. 눈앞의 행복도 못 알아보는 '바보'이거나 사악한 북한정권에 깊이 뻘겋게 물든 자들에 동조하는 족속이거나, 어쩌면 둘 다 해당할지도 모르겠다. 미군이야말로 우리 국민의 생명줄이다. 주한미군을 바로 알기 바란다.

8. 주한미군 경제효과 연 90조, 떠나면 국방비 2배
한미동맹 70년, 번영을 위한 동맹
(유사시 美 증원전력 가치만 120조)

주한미군을 통한 '안보우산'은 한국의 국방비 지출을 낮추고 국가신용등급을 떠받치는 핵심 요인으로 작동했다. 2023년 9월 25일 스웨덴 스톡홀름국제평화연구소(SIPRI)에 따르면 한국은 464억 달러(약 62조 원)로 전 세계에서 아홉 번째로 많은 국방비를 지출했지만, 한국의 국내총생산(GDP) 대비 국방비 비율은 2.7%로 1995년 이후 높은 국방비는 불가피한데, 주한미군의 존재가 이 비용을 그나마 낮춘 것이다.

수치가 없는 북한을 제외하더라도 이스라엘(4.5%) 같은 영토 분쟁국들과 비교하면 낮았다. 한국 국방대학원에 따르면 주한미군이 보유한 장비들의 가치를 금액으로 환산하면 17조~31조 원에 달하며 이를 대체하려면 23조~36조 원 이상의 비용이 소요된다. 주한미군뿐만 아니라 전쟁 발생 시 자동 개입하는 미 증원 전력의 가치만 해도 120조 원 이상에 달한다.

한국 국방연구원에 따르면 주한미군 완전 철수 시 한국의 국방비 부담은 대략 두 배 정도 증가한다. 카터 대통령이 주한미군 철수를 주장한 1975년 철수가 실제로 단행됐다면, 1976년 실제 7327억 원이었던 국방비가 1조 4000억 원을 넘고 매년 국방비가 실제보다 2.2~2.6배 늘어나는 것으로 추정됐다.

한국경제인협회는 주한미군 철수 시 국방비 부담 증가에 더해 신용등급 하락효과까지 고려한다면 주한미군 철수 시 발생할 비용은 연간 90조 원가량이라고 봤다.

#미국은 대한민국 건국 때부터 6·25전쟁을 통해 한없이 많은 도움을 주었으며, 주한미군으로 경제적 이익뿐 아니라 북괴 침략을 막아주는 방패가 되고 있다. 미국과 주한미군에 감사해야 하는 것은 말할 나위도 없으며 당연하고 마땅한 우리들의 도리임을 잊지 말아야 한다. 미군주둔이 철수를 경험한 필리핀을 반면교사로 삼아야 함에도 불구하고 문재인 정부 때 "미군철수"를 날만 새면 부르짖은 자들을 모조리 국가 반역 이적죄로 다스려야 할 일이다.

9. 한미동맹 '다중 전쟁시대' 안보불안 해소대책 강화해야
블링컨 미 국무장관과 대응전략 다듬어

토니 블링컨 미국 국무장관이 윤석열 정부 들어 처음 방문했다. 비록 1박 2일의 짧은 체류라지만, 미국을 둘러싼 급박한 국제정세를 고려한다면 그의 이번 방문이 갖는 의미는 크다. 미국은 러시아의 우크라이나 침공과 하마스의 이스라엘 기습에 따른

두 개의 전쟁 와중에 직간접 당사자로 자리매김 돼 있다.

미국과 중동을 숨 가쁘게 오가던 블링컨 장관은 일본에서 열린 주요 7개국(G7) 외교장관 회의에 이어 인도로 넘어가기 전 일정을 쪼개 서울을 찾았다.

윤석열 대통령은 블링컨 장관을 초청한 관저 오찬에서 "북핵 문제, 우크라이나 전쟁과 함께 중동정세 불안으로 미국의 리더십이 더욱 중요해지고 있는 시점"이라며 "한국은 미국의 동맹국으로서 핵심가치를 수호하고 규칙기반의 국제질서를 공고히 하기 위해 미국과 긴밀히 공조할 것"이라고 말했다.

블링컨 장관은 "미국 대외정책의 주안점은 인도·태평양 지역에 맞춰져 있다."며 "역내 핵심인 한국과의 동맹 그리고 전략적 파트너십을 더욱 공고히 해 나가려 한다."고 화답했다. 양국의 외교장관은 북한과 러시아의 무기와 군사 기술 거래 의혹에 대해 강한 우려를 표했다.

동맹 70주년의 해를 맞아 지난 4월 한미정상회담과 8월 캠프 데이비드 한·미·일 정상회의를 계기로 양국이 안보 협력을 대폭 강화한 상태에서 미국이 우려하던 두 개의 전쟁이 전개되면서 한미동맹엔 새로운 숙제가 생겼다.

미국이 두 개의 전쟁을 치르는 것도 상당히 벅찬 상황에서 대만해협의 돌발사태나 북한의 기습도발까지 벌어질 경우 한반도에 끼칠 악영향을 우려하는 목소리도 나오고 있다. 따라서 한미는 미국이 지금 같은 두 개의 전쟁은 물론이고, 3~4개의 전쟁을 동시에 치러야 하는 극단적 상황까지도 염두에 두고 기존의 안보 및 동맹전략을 새롭게 가다듬어야 할 필요가 생겼다.

마침 오는 10월 13일 서울에서 한미 국방장관이 참여하는 제55차 한미안보협의회(SCM)가 열리는 만큼 관련현안을 심도 있게 다루고 구체적인 대응책을 모색하길 기대한다. 러시아 방문 이후 김정은 국무위원장의 대외행보가 주춤하는 모양새다. 하지만 10월로 예고했던 정찰위성 3차 시험발사가 조만간 있을 것이란 정보당국의 예측까지 나온 마당에 모종의 도발 가능성을 배제하기 어렵다. 우크라이나 전쟁과 중동의 무력충돌로 국제정세가 어수선할수록 한미동맹은 한 치의 안보 빈틈도 보여서는 안 될 것이다. 그런 측면에서 한미외교장관에 이어 국방장관의 연쇄접촉이 우리 국민의 안보 불안감을 불식할 좋은 기회가 되길 기대한다.

10. 미국이 한국을 위한 '노아의 방주 작정'

헤퍼 인터내셔널(Heifer International)이란 미국이 얼마나 고마운 나라인데 반미를 외치는 인간들은 은혜를 원수로 갚는 악의 무리들인가?

한국전쟁이 발발하자 미국의 수송선들은 병력과 탱크, 장갑차 등 무기와 전쟁 물자를 한반도로 실어 날랐다. 전쟁 물자를 가득 싣고 태평양을 건너는 수송선에는 특이하게도 '카우보이 모자'를 쓰고 가죽 부츠를 신은 사람들이 보였다. '헤퍼 인터내셔널'을 통해 한국으로 보내지는 가축을 돌보기 위해 배에 탄 목동들이었다.

사람들은 이들 목동들을 소 떼를 몰고 초원이 아닌 바다를 건넌다는 뜻에서 원양항해목동(Seagoing Cowboys)이라고 불렀다. '원양항해목동'들은 전후 한국의 구호사업에 쓰일 가축을 돌보기 위해 배에 올랐지만, 배위에서 가축을 돌보는 일은 쉽지 않았다. 폭풍우를 뚫고 뱃멀미와 싸우며 부산항까지 7주가의 항해를 해야 했다. 멀미로 나뒹구는 가축들을 돌봐야 했고, 가축에 먹일 건초와 귀리더미를 나르다 보면 몸살이 날 만큼 심한 근육통에 시달리기도 했다. 가축을 먹이고 잠자리를 봐주는 일도 고역이지만, 가장 고달픈 일은 여기저기 쏟아지는 가축 배설물을 신속히 치우는 일이었다.

이렇게 1952년부터 1976년까지 총 44차례에 걸쳐 젖소, 돼지, 염소 등 가축 3200마리를 한국으로 실어 보냈는데, 가축을 실은 수송선에는 원양항해목동 20여명이 동승했고, 이 작업에 동원된 목동이 총 300여 명에 이르렀다.

'헤퍼 인터내셔널'을 통해 한국에 보내진 가축은 전쟁으로 망가진 축산업의 기반을 다시 세우는 데 종자 역할을 톡톡히 했다. 이 단체에서 보낸 것은 가축만이 아니었다. 병아리로 부화

할 수 있는 종란 21만 6000개를 항공편으로 보내 전쟁으로 황폐해진 한국의 농촌에 자립기반을 마련해 주었다.

1954년 4월, 미국 캘리포니아주 오클랜드 공항에는 한국을 향해 출발하는 비행기 한 대가 특별한 손님을 태우기 위해 기다리고 있었다. 이 특별한 손님은 꿀벌이었다. 200개의 벌통에 나눠 담긴 150만 마리의 꿀벌들은 염소 75마리, 토끼 500마리와 함께 한국으로 보내졌다. 당시 꿀벌운송에 참여했던 관계자가 남긴 기록에 따르면 "전쟁 중에 살충제가 사용되면서 식량을 생산하는 작물의 꽃가루를 운반하는 곤충 대부분이 사라졌고, 굶주린 한국인들은 방사한 벌을 사용해 작물을 수분하고 재배하게 될 것"이라고 했다.

이들은 꿀벌의 안전한 수송을 위해 별도의 비행환경을 조성했다. 일반적인 비행기의 비행 고도는 8000~9000피트지만, 당시 꿀벌의 컨디션을 최상으로 유지하기 위해 그보다 절반 이하인 약 4000피트로 비행했다. 또, 비행거리 2000~3000km의 중형 프로펠러기를 이용하다 보니 미국에서 한국까지 여러 기착지를 거쳐 3박 4일간 비행해야 했고, 눈·비·얼음 등 조종사의 시야를 가리는 악천후를 뚫고 가야 했다.

수많은 이들의 헌신과 도움으로 한국에 보내진 가축과 종란, 꿀벌을 통해 한국은 산업부문에서만이 아니라 농업과 축산업 분야에서도 눈부신 성장을 거듭했다. 그렇게 보내진 가축은 전쟁 후 한국이 빈곤국을 벗어나는 데 큰 도움을 주었고, 농가에는 생계를 위한 중요한 자산이 되었다.

헤퍼 인터내셔널에서는 가축과 꿀벌을 수송하는 프로젝트에 다음과 같은 이름을 붙였다. "Operation Noah's Ark for Korea"('한국을 위한 노아의 방주 작전')이라는 뜻이다. 노아의 방주 작전에는 새로운 세상을 만들어 갈 모든 생물이 들어갔을 뿐 아니라 하나님의 약속과 꿈이 담겨 있었던 것처럼 '한국을 위한 노아의 방주 작전'에도 가축들 뿐만이 아니라 새로운 세상을 향한 약속과 꿈이 담겨 있었다.

오늘은 한국전쟁이 일어난 지 73주년을 맞이하는 날이다. 사람들은 한국전쟁을 '잊혀진 전쟁'(Forgotten War)이라고 부른다. 하지만 우리에게는 잊을 수 없는 전쟁이다. 그 전쟁의 비극을 잊을 수가 없다. 자유민주주의를 지키기 위해 낯선 땅에서 생명을 바친 수많은 이들의 고귀한 희생을 잊을 수 없다. 가축과 꿀벌까지 보내며 도운 우방 국가들의 도움을 진정으로 우리는 잊으면 안 된다.

이제 우리 차례이다. 도움이 필요한 곳에 사랑을 담아 보내는 노아의 방주작전이 곳곳에서 펼쳐지기를 진심으로 기도한다.

11. 미국은 과연 우리에게 어떤 존재인가
6·25 한국전쟁 73주년을 맞아 "양키 고홈"을 외치는 자들은 누구인가

이 지구상에서 우리나라와 미국은 엄청난 인연의 나라다. 북한의 남침으로 우리를 돕기 위해 미국이 한국에 첫발을 디딘 1950년 7월 1일 이후 3년 1개월간 북한과 전쟁을 치르는 동안 전사자 5만 4246명을 비롯하여 실종자 8177명, 포로 7140명, 부상자 10만 3284명 등 17만 2800여 명의 희생자를 냈던 혈맹국이다. 우리 국군 희생자 64만 5000명의 무려 27%나 된다.

이처럼 많은 미군이 한국 땅에 와 희생된 것이다. 특히, 우리를 감동시킨 것은 미국 장군의 아들 142명이나 참전하여 그중에 35명이 전사했고, 대통령의 아들도, 장관의 가족도, 미8군 사령관의 아들도 포함되었다는 점에서 우리를 부끄럽게 만든다.

아이젠하워의 아들 존 아이젠하워 중위는 1952년 미 3사단의 중대장으로 참전하였다. 대통령의 아들이 남의 나라에 참전하여 전사했다는 사실은 상상할 수 없는 끔찍한 일이다. 또한 미8군사령관 월턴 워커 중장의 아들 샘 워커 중위는 미 제24사단 중대장으로 참전하여 부자가 모두 6·25 한국 전쟁에 헌신한 참전 가족이다.

워커 장군이 1950년 12월 23일 의정부에서 차량사고로 순직 시, 아버지 시신을 운구한 이가 아들이었으며, 아버지를 잃은 뒤에도 아들은 1977년 미국 육군 대장이 되어 자유의 불사신이 되었다. 노르망디 상륙작전에 참전했었던 밴플리트 장군도 한국전에 참전하여 사단장, 군단장, 8군사령관까지 오른 인물이다. 그의 아들 지미 밴플리트 2세도 한국전에 지원하여 B52폭격기 조종사가 되었다. 지미 대위는1952년 4월 4일 새벽에 전폭기를 몰고 평남 순천 지역에서 공중전투 중 북한의 대공포에 전사했다. 지미 대위가 처음 참전을 결심했을 때 어머니에게 보낸 편지는 우리의 심금을 울린다.

"어머니, 아버지는 자유를 지키기 위해 한국전쟁에서 싸우고 계십니다. 이제 저도 힘을 보탤 시간이 온 것 같습니다. 어머니, 저를 위해 기도하지 마시고, 함께 싸우는 전우들을 위해 기도해 주십시오. 그들 중에는 무사히 돌아오기를 기다리는 아내를 둔 사람도 있을 것이고, 아직 가정을 이루지 못한 사람도 있습니다."라고 보냈다. 그 편지가 마지막이 될 줄이야!

그뿐 아니다. 미 해병1항공단장 필드 해리스 장군의 아들 데라스 2세도 해병 중위로 참전해 머리에 총상을 입고, 평생 상의용사로 고생하며 살고 있다. 또 미 극동사령관 겸 유엔군사령관 클라크 육군대장의 아들도 6·25한국전쟁에 참전했다가 부상당했다. 한편, 미 의회는 한국전에 참전했다가 전사했거나 중상을 입은 장병들에게 명예훈장을 수여했는데, 한국전 중 받은 사람은 136명이다. 이는 제2차 세계전쟁 때의 464명보다는 적지만, 제1차 세계대전 124명보다 많은 것은 한국전쟁이 그 얼마나 치열했던 전쟁이었나를 말해주고 있다.

이 자랑스러운 훈장을 마지막 받은 자는 이미 고인이 된 에밀 카폰 대위로 전사한 지 62년이 되는 해에 추서되었다. 카폰 대위는 1950년 11월 미 제1기병사단 8기병연대 3대대 소속의 군종 신부로서 평안북도 운산에서 중공군의 포로가 되었다. 그는 탈출할 수 있었음에도 그냥 남아 병들고 부상당하여 고통 중에 있는 포로들을 일일이 위로하며 희생을 도와준 사람이다. 그는 자신도 세균에 감염되어 많은 고생을 했고, 나중에는 폐렴으로 포로수용소에서 사망할 때까지 병사들을 돌보며, 신부로서 사명을 끝까지 완수한 공로로 명예훈장을 추서했다.

그뿐만 아니다. 우리국민이 잊지 않고 기억해야 할 1950년 한국전쟁 발발 시 미국 웨스트포인트 사관학교를 졸업하고 임관한 신임 소위 365명 중 한국전쟁에 참전했다가 희생당한 장교가 110명(그중에 41명 전사)이나 됐다는 점을 잊어서는 안 될 것이다.

그들은 세계를 가슴에 품고 대망을 펼치기 위해 사관학교에 입교했는데 임관하자마자 한국전쟁에서 희생되었다. 피어보지도 못한 그들의 통한, 세계 자유를 지키기 위해 이름도 모르는 나라를 지켜주기 위해 아낌없이 목숨을 바친 그들이 한없이 고맙고, 끝없이 감사하다. 참으로 우리 국민은 이런 미국인들에게 엎드려 고개 숙여야 한다. 과연 우리나라 젊은이들이면 그렇게 할 수 있었겠는가? 한번쯤 생각해 보시라.

그런 미국이란 나라가 아직도 혈맹으로 우리를 지켜주며 돕고 있는데 "양키 고 홈"을 외치는 극좌파들, 천벌 받을 짓임을 깨달아야 한다.

우리 대한민국의 젊은이들이 이상의 글을 읽으며 무엇을 느꼈을까? 의문스러운 이유는 나라를 지키기 위한 3대 의무의 하나인 입대가 당연한데 오늘날 우리나라 젊은이들 중에는 병역을 일부러 기피하려고 병을 만들려는 그런 비굴한 자들을 보면서 과연 국가관의 정신이 있는지? 참으로 부끄럽고 개탄스러운 현실이 아닐 수 없다. 정신개조부터 시켜야 할 국가관을 심어 오직 내 나라를 내가 지켜야 한다는 나라사랑이 먼저이다. 필자는 대학 재학 중에 사병으로 자원입대했었다.

필자가 진정으로 젊은이들에 호소하건대 이젠 독재주의 공산당이 지구상에서 말살돼가는 이 마당에 분단된 우리나라만이 공산당 좌익들이 오늘도 나라를 어지럽히고 있다. 이자들을 이 땅에서 반드시 몰아내고 행복하고 평화로운 세계 제1의 대한민국을 만들고 지켜야 하는 것이 우리 젊은이들의 몫임을 명심하시길 바란다.

12. 맥아더 원수의 메시지와 건국대통령 업적 재조명

　# 1950년 9월 29일 서울 수복후 맥아더 원수는 정부의 관할 하에 넘기는 식전(환도식)에서 이승만 대통령에게 이런 메시지를 전달했다.

하나님의 은혜로서 인류의 가장 큰 희망의 상징인 UN기 아래서 싸우는 우리 군대는 한국의 수도를 해방하게 되었습니다. 공산주의자의 전제적 지배에서 해방된 시민은 다시 개인의 자유와 존엄을 제일로 하는 생활을 영위할 수 있는 기회를 얻게 되었습니다. 공산주의자의 전제적 참화에 대하여 전 세계는 깊은 관심과 우의로 단호히 궐기하여 전력을 다하여 귀국을 구원하기로 맹세하였습니다. 육체를 살리려면 정신을 살리지 않고서는 안 됩니다. UN군 최고사령관으로서 본인은 각하에 대하여 귀국 정부의 소재지를 회복하고 이에 따라 각하가 헌법상의 책임을 충분히 달성할 수 있게 된 것을 기쁘게 생각하는 바입니다. 지금부터 우리들은 한국 국민에 관한 책임을 각하와 귀 정부에 맡기고 본관과 부하 장병들은 다시 근무에 전념할 각오입니다.

보훈처장 "이승만, 과오 있지만 큰 공적의 인물" 외교장관 "건국대통령 업적 재조명 돼야 한다."

이승만 전 초대 대통령 탄생 148주년 기념식이 서울 종로구 이화장(梨花莊, 이 전 대통령 사저)에서 이승만 건국대통령기념사업회(회장 황교안 전 국무총리) 주관으로 열렸다. 문재인 정부땐 장관급 참석자가 없었던 것과는 달리 이날은 박민식 국가보훈처장(6월 보훈부로 승격), 박진 외교부장관, 김문수 경제사회노동위원장 등 윤석열 정부 장관급 인사가 세 명이나 참석했다. 이 밖에 이 전 대통령 양자(養子)인 이인수 박사(2023년 11월 1일 92세로 별세) 최재형 국민의힘 의원(서울 종로), 정운찬 전 국무총리, 독립유공자 가족 등 150여명이 참석한 가운데 약 90분 동안 진행됐다.

박 처장은 축사에서 "현재 우리가 누리는 자유와 번영은 이 대통령이 만든 토대위에서 이뤄졌음을 누구도 부인하지 못할 것"이라며 "비록 과(過)가 있지만, 자유대한민국의 초석을 마련했다는 너무도 큰 공적이 있다."고 했다. 박 처장은 이 전 대통령의 공으로 자유민주주의와 시장경제로의 국가방향을 설정, 유엔군의 6 · 25전쟁 파병, 1953년 10월 체결된 한미상호방위조약 등을 언급했다.

박진 장관도 "대한민국의 국력이 선진국과 어깨를 나란히 하는 세계 8강의 위치에 있다."며 "한미동맹 70년을 맞아 건국대통령의 선구적인 역사적 업적과 위상이 재조명돼야한다."고 했다.

문재인 정부에선 보훈처장이 이 전 대통령 탄생 기념식에 5년 내내 참석하지 않았다. 이 전 대통령을 "이승만 박사"라고만 호칭해 폄훼 논란이 일었다. 박민식 처장은 "건국 대통령이 역사의 패륜아로 낙인찍혀 오랜 기간 음지에서 신음했다."며 "업적을 재조명하는 것이 최소한의 예의이며 의무일 것"이라고 했다.

보훈처는 박 처장이 취임 초부터 강조한 "이승만 대통령 기념관"과 관련, "현재 대상 부지 및 사전 조사 작업을 진행하고 있다."며 "곧 가시적인 성과를 보여줄 수 있을 것"이라고 했다. 여권에서도 이 전 대통령을 재평가해야 한다는 목소리가 나왔다. 정진석 전 국민의힘 비상대책위원장은 페이스북에서 "대한민국의 평화와 번영은 한미상호방위조약과 한미동맹이라는 안전판 위에서 가능했다."며 "거대한 판을 깔아준 이가 우리의 건국 대통령 이승만"이라고 했다.

이 전 대통령은 젊은 시절부터 독립운동에 투신했고, 1919년 중국 상해(상하이)에 설립된 임시정부 초대 대통령에 추대됐던 분이시다. 광복 이후에는 국가건설을 주도해 대한민국정부수립을 선포하고 초대 대통령에 취임했다.

13. 우남(尤南) 이승만은 우리의 국부(國父)다

인간 누구나 이 세상에 태어나게 하여주신 부모와 고향을 잊지 못하듯 아무리 잘살고 못사는 빈국이라 해도 자기 나라를 사랑하는 애국심을 갖기 마련인 국가관(國家觀)이 있고, 나라의 임금이신 국부(國父)가 있게 마련이다. 따라서 어느 나라마다 건국의 주(主)된 공로자가 있다. 그런 분을 국부라고 부른다. 다시 말해 건국의 아버지는 나라의 기둥이요, 뿌리이다. 뿌리가 흔들리는 나무는 결코 살 수가 없다.

현재 우리나라 대한민국의 뿌리는 남북이 분단된 이후 자유대한민국을 국호로 만든 이승만 대통령이고, 그 건국일을 모르는 국민이 최근 어느 조사에서 무려 67%나 된다고 했다. 열 명 중 일곱 명 정도가 자신이 살고 있는 나라의 생일을 모른다는 사실이다. 그게 국민의 탓이 아니라 정치하는 사람들이 그렇게 만들었다.

좌파 정치인들은 말할 것도 없고 우파 정치인들조차도 건국에 대한 관심이 없다. 국민들의 생각으로는 그런 건 정치하는 사람들이나 알 일이라며 그저 돈이나 벌어서 잘살면 된다는 식으로 국가관이 없어져 버렸기 때문이다.

금세기 최강국 미합중국의 초대 대통령 조지 워싱턴은 지금도 미국에서 가장 존경받는 대통령 중 한 명이다. 그는 영국군 장교출신이었지만, 그것을 문제 삼는 미국인은 없다. 미국 돈 1달러 지폐에는 조지 워싱턴의 초상화가 그려져 있고, 미국 전역에 100여개의 기념비와 동상이 서 있다. 미국 돈 1달러짜리를 지갑에 넣고 다니면 재수 좋다는 누구의 말에 필자도 언제인지는 모르지만 지금까지도 넣고 다닌다. 미국의 수도 워싱턴도 그에 이름에서 따왔다.

인도 민족운동의 정신적 지도자 "마하트마 간디"의 본명은 "모한다스 카람찬드 간디"이다. 간디의 사망일인 1월 30일은 '순교자의 날'이다. 인도의 모든 지폐에는 전부 간디의 초상이 그려져 있다. 간디는 한때 영국군으로 싸웠으며 영국 여왕으로부터 훈장까지 받은 적이 있다. 하지만 간디에 대한 인도인들의 추앙은 절대적이다.

　우리는 5000년 만에 이 민족에게 비로소 진정한 자유를 안겨
준 우남 이승만 초대 대통령이시다. 남북분단으로 북한은 공산
주의였으나 남한은 공산주의의 위협에도 당당히 나라를 구하고
한미동맹으로 자유대한민국이 무궁한 번영을 이루도록 철통같
은 반공법을 국시로 하여 보호막을 친 이승만대통령이 아니었
다면 지금 우리가 어떻게 살아가고 있었을까? 완전히 빨갱이
세상이 되어, 열 살짜리 어린아이한테도 오성장군(五星將軍)이
무릎을 꿇어야 하는 아버지동무로 통하는 그런 공산주의 세상
에 살게 됐을 것임을 상상하면 소름이 끼칠 일이 아닐 수 없다.
　대한민국이 건국되기까지 그 고난의 길은 참으로 이루 말할
수 없다. 필자는 그때 그 시절의 위기를 직접 체험했다. 1945년
8월 15일 광복이 되었지만, 당시 이 민족의 앞날은 한 치 앞을
내다볼 수 없었던 위기의 암흑 같은 현장들이었다. 배움이 없던
농민들이라 민주주의가 무엇인지, 공산주의가 무엇인지 아무것
도 모르는 상태에서 뭘 좀 안다는 자들은 저마다 농토를 무상으
로 나눠준다는 달콤한 빨갱이들의 꼬임에 빠져 나라가 사분오
열(四分五裂)되어 사상전으로 현혹돼야 했다.
　1950년 테러와 암살이 성행하던 혼란시기 이승만 초대 대통
령은 조봉암과 함께 농지개혁을 단행했다. 그 핵심을 대지주들
이 따라줘 자연농으로 만들어버렸다.

이런 때 공산주의자들은 끊임없이 남한 안에 박헌영을 우두머리로 두고, 한국에서 폭동을 일으키려고 지하조직원들을 동원, 급기야는 사회혼란을 촉발시켜 1946년 10월 1일의 대구폭동사건으로부터 시작, 1948년 4월 3일의 제주도 양민폭동사건을 만들더니 급기야는 여수 14연대에 주둔하고 있던 군 하사관들이 박헌영의 지령을 받고 여순반란사건을 일으켰을 당시 필자는 여수중학 1학년생이었다. 6년제 당시 6학년 상급생 김처빈 학생회장의 지시로 이제 공산주의 세상으로 해방이 되었으니 시가행진에 참여하라 해 나갔다가 15일쯤 후 국군이 여수를 진압하며 가담자 색출하는 과정에서 시가행진에 가담한 학생은 전원 나오라 하여 나갔다가 총살 일보직전 중학 1학년생이라 구사일생으로 구출되었다.

이 모든 혼란의 난관을 뚫고 우남 이승만 대통령은 기어코 반공법으로 공산주의자들과 싸우며 나라를 세우신 위대한 건국대통령이시다.

국민들은 아직도 우남에 대하여 그가 얼마나 위대한 인물인지, 얼마나 대한민국 국민을 사랑했는지 모른다. 우남 이승만을 독재를 하다가 4·19의거로 쫓겨난 대통령 정도로 알고 있을 뿐이다. 당시 4·19의거는 대학생들이 자유대한민국을 외치며 데모한 학생운동으로 이승만의 심복 부통령이었던 이기붕을 잡아 나중엔 아들 이강석(육군소위)이 서대문 자택에서 일가족을 살해하고 자신도 자살한 사건으로 끝났다.

20세기 세계지도자 중, 공산주의 정체에 대하여 우남 이승만 대통령만큼 깊이 알고 있었던 지도자는 아마도 없을 것이다. 당시 일본의 내막에 대해서 깊이 파고들어 태평양전쟁까지 미국에서 미리 예언했던 정치박사 지도자였다.

　그렇다. 대한민국은 지금까지 이승만에 대하여 이유야 어떻든 배은망덕한 짓을 해 왔다고 여긴다. 국부로서의 추앙은커녕 1960년 4월 19일 이래 위대한 영웅을 까마득히 잊어버리고 말았다. 어느 대학은 교내에 있던 동상을 철거해 창고에 넣어 버렸다. 이승만 얘기를 꺼내는 것조차 금기시했다.

　그런데 당시 지구상에 이름 있던 인물들의 이승만에 대한 평을 들어 보자.

　한국의 근대사에서 이승만을 빼놓고는 어떤 사건도 정확한 설명이 되지 않는다. (그렉 브레진스키 조지 원싱턴 대학 교수) 한국의 이승만 같은 지도자가 베트남에 있었다면 베트남은 공산군에 패하지 않았을 것이다. (맥스웰 테일러 전 8군사령관) 이승만은 조지 워싱턴, 토머스 제퍼슨 그리고 에이브러햄 링컨을 모두 합친 만큼의 위인이다. (김활란 전 이화여대 총장) 이승만은 공산주의에 대해서는 타협을 몰랐고, 자기 국민에 대한 사랑이 지나쳤으며 마음속엔 애국심으로 가득했다. (매튜 리치웨이 전 미8군 사령관)

　역사는 어둠이 오래 지속되면 다시 밝은 세상으로 회귀하는가? 이 민족이 비로소 눈을 뜨기 시작했는가? 드디어 이승만대통령 기념관건립추진위원회가 발족되었다. 대한민국이 배은망덕(背恩忘德)의 터널을 빠져 나오는 데 무려 63년이 걸린 것이다. 그리고 그 이승만 광장에 동상도 큼지막하게 우뚝 세우자. 전국 곳곳에다 세우자. 그래야 자라나는 2세들이 이승만을 배울 것이다. 국부는 바로 우리나라의 뿌리다.

이 땅에 공산주의 종북주의자들이 파고들 수가 없도록 우리 대한민국은 영원한 반석위에 번영을 누리는 나라로 만들어 우뚝 서게 될 것이다.

14. 워싱턴에 이승만 동상 세운다
일제 한반도 강점, 세계에 알린 분으로

미국 워싱턴DC 한국대사관 앞에 이승만 전 대통령의 동상건립이 추진된다. 한국과 미국의 정·재계, 학계 인사들은 23년 11월 2일 낮 12시 서울 웨스틴조선호텔에서 이승만 초대 대통령 동상 건립추진모임(가칭)을 발족했다. 이 전 대통령이 한미동맹과 우호에 기여한 바를 기리겠다는 취지다.

전 세계 170여 개국 대사관이 몰려있는 워싱턴 북서쪽 매사추세츠 애비뉴는 앰버시 로(Embassy Row 대사관거리)로도 불린다. 치열한 외교 각축전이 벌어지는 이곳에, 각국은 자국의

대표 인물을 대사관 앞에 동상으로 세워 국가 정체성을 드러내
왔다. 예컨대 영국대사관 앞에 미국과 연합해 2차 세계대전을
승리로 이끈 윈스턴 처칠이 2m 높이의 동상으로 서 있다.

　인도대사관 앞에는 독립운동가이자 건국의 아버지인 마하트
마 간디, 남아프리카공화국 대사관 앞엔 흑인 인권 운동의 상징
이자 최초의 흑인 대통령인 넬슨 만델라 동상이 서 있다. 국내
에서도 그간 이승만 동상을 국가정체성의 상징으로 삼아 한국
대사관 앞에 설치해야 한다는 주장이 꾸준히 있었다.

　김대중 정부 초대 중앙인사위원장을 맡았던 고(故) 김광웅 전
서울대 명예교수는 생전 언론인터뷰에서 "정부가 국내 진보세
력의 눈치 등을 보느라 번번이 무산됐다."고 좌절 이유를 밝힌
적이 있다. 하지만 이번엔 성사가능성이 크다는 평가가 나온다.

　소수의 보수진영 인사 위주로 추진됐던 과거와 달리 이번엔
한미의 저명인사가 두루 모였다. 국내에선 민족대표 48인 중
한명인 고하(古下) 송진우 선생의 손자이자 윤석열 대통령의 지
도교수였던 송상현 서울대 법대 명예교수가 참여한다. 또 한국
개신교의 대표 원로인 김장환(극동방송 이사장) 목사와 한국경
제인연합회(한경련) 회장인 류진 풍산그룹 회장도 이름을 올렸
다. 정·관계에선 정운찬 전 국무총리, 정의화 전 국회의장 등

이 동참한다. 미국에선 한국전쟁 당시 8군사령관 제임스 밴플리트 장군의 외손자 조지프 매크리스천 주니어, 흥남철수의 영웅 에드워드 포니의 증손자 벤저민 포니가 참여했다.

  모임 관계자는 "국가보훈부를 비롯한 정부에서도 동상건립추진에 여러 도움을 주고 있다."고 말했다. 송상현 교수는 "이승만 대통령은 일본의 한반도 강점이 국제법상 무효라는 사실을 세계와 미국에 전달하고, 독립 후 대한민국 초대 대통령을 지낸 인물"이라며 "한국대사관 앞에 서 있기에 가장 걸맞은 인물"이라고 말했다.

15. 4 · 19주역들 이승만 묘소 찾아 "통합의 참배"
각계 원로 50여명 63년 만에 단체 참배

  이승만 전 대통령의 148번째 생일인 23년 3월26일 오전 11시, 서울 동작구 국립서울현충원에 있는 이 전 대통령묘소 앞에 50여명의 노신사들이 모였다. 희끗희끗한 머리카락, 중절모를 쓰거나 단정한 양복에 지팡이를 짚은 이들은 지난 1960년 학생운동을 주도하여 이승만 정권에 반대하는 4 · 19혁명에 참여했던 4 · 19세대들이다.
  당시 20대 청춘이었다가 어느덧 80전후의 원로가 된 이들은 이날 이 전대통령 묘소 앞에서 "분열이 아닌 통합과 화해가 필요하다."고 말했다.

4·19 당시 서울대 정치학과 4학년으로 시위에 동참했던 이택휘(85) 전 서울대총장은 참배에 앞서 "63년 만에 보는 얼굴들이 있어 감회가 새롭다."며 말문을 열었다. 4·19혁명 이후 여러 갈등과 분열을 겪으면서 역사를 보는 우리의 눈은 원숙해지고, 세련돼 있다면서 이제는 분열이 아닌 국민통합의 시각으로 이승만 전 대통령의 정치적 과오뿐 아니라 공(功)을 다시 봐야 한다고 했다.

이영일(84) 전 국회의원은 서울대 정치학과 3학년으로 4·19 당시 학생시위를 주도했던 이들 중 한 사람이었다. 1961년부터 통일운동에도 뛰어들었고, 5·16때 7년형을 선고받고 복역했다. 이 전의원은 "나는 당시까지만 해도 이 전 대통령을 '장기집권을 하려던 독재자'로만 알고 있었다."며 "하지만 국회의원을 지내고, 세계 각국 정치를 지켜보며 이 전 대통령에 대한 오해를 파악하게 됐다."고 했다. 그는 이 전 대통령의 과오가 뚜렷하다고 하면서도 "초대대통령으로 자유민주주의와 시장경제 지향의 정부수립을 주도한 점, 6·25 이후 한미상호방위조약을 맺어 경제 발전이 가능한 안보토대를 마련한 점 등은 분명한 공적"이라고 했다. 필자는 대학을 졸업한 후 시골에서 교직에 재직 중이던 때다.

한화갑(84) 전 의원은 "이 전 대통령은 국민들로부터 거센 항의를 받은 일생을 살았지만, 평생 조국독립을 위해 힘썼고 굳건한 안보의 기틀을 확보한 분"이라고 평가했다. 이날 행사를 추진한 원로 중 한 명인 박범진(83) 전 의원은 서울대 정치학과 1학년 때 4·19학생운동에 뛰어들었다. 그 이후 사회주의를 연구하는 '신진회' 멤버로 활동했고, 1967년 '동백림 간첩단사건'에 연루돼 6개월간 수감됐었다. 그는 "이제는 극단적인 이념갈등을 끝내고 통합의 미래로 가야 한다."고 했다.

류근일 전 조선일보 주필 등 원로들은 이날 참배를 두고 "자유민주주의 가치를 되새긴 행사"라고 입을 모았다. 4·19에도 참여했고, 1964년 한일회담 반대 시위를 주도했던 현승일(81) 전 의원은 "건국이념과 4·19 혁명의 공통정신이 자유민주주의라는 걸 다시 확인한 뜻깊은 날"이라고 했다. 손병두(82) 전 전국경제인연합회 상근부회장은 "자유민주주의 국가를 그렸던 이 전 대통령의 정신과 부정선거를 거부했던 4·19세대의 정신은 갈등할 이유가 없다."고 했다.

4·19세대는 이 전 대통령 재평가의 필요성도 공감했다. 구월환(81) 전 세계일보 주필도 4·19때 서울대에서 수업을 듣다가 뛰쳐나가 종로에서 최루탄 가스를 뒤집어써 가며 시위를 했다. 그는 당시 "정치는 우리가 학교에서 배운 민주주의와 달라 실망을 줬지만, 지금 시점에서 이 전 대통령의 공을 외면할 수는 없다."고 했다. 이인호(87) 전 러시아 대사는 "자유나 자치를 외쳐본 적 없는 군주제 국가에서 선거를 통해 자유민주주의 정부를

처음 건설해 낸 것은 역사적인 큰 성취"라고 했다.

16. 이승만과 아데나워 독일 총리

2023년 3월 26일은 이승만 대통령 탄신 148주년을 맞는 날이었다. 이를 기념하는 행사에서 박민식 보훈처장은 이승만 대통령의 공과를 "공칠과삼(功七過三)이 아니라 공팔과이(功八過二)로도 부족하다."고 평가했다. 공감이 가는 대목이다. 한민족이 두 나라로 나뉘어, 북한은 세계 최빈국이 된 것에 반하여 대한민국은 세계 10위권 경제 강국이 된 것은 대한민국이 자유민주주의와 시장경제를 기본으로 친미, 반공산주의 노선을 채택하였기 때문이다. 그 중심에 이승만 대통령이 자라잡고 있다고 했다.

독일의 초대 총리 콘라트 아데나워를 공부하다 보면 자꾸 오버랩 되는 분이 이승만 대통령이다. 여러 면에서 비슷한 대목이 너무 많기 때문이다. 이승만 대통령은 1948년 건국된 대한민국의 초대 대통령이고, 아데나워 총리는 1949년 새롭게 출발한 독일 연방공화국의 초대 총리였다. 두 분 모두 건국의 아버지인 셈이고, 집권 시 나이도 73세 고령으로 같았다. 그들은 풍부한 경험과 경륜을 가진 준비된 리더였으며 권력의지도 강했다. 이승만 대통령은 12년, 아데나워 총리는 14년이나 장기 집권을 하였다.

두 분 모두 한 민족이 분단되어 두 국가가 만들어지는 부득이한 현실을 인정하면서 현명하게 대처하였다. 이승만 대통령은 한반도의 공산화를 막기 위하여 남한만의 단독정부 성립이 불가피하다고 보고, 유엔 감시 아래 전 국민이 참여하는 민주선거를 통하여 정통 정부를 구성하였다. 아데나워 총리도 전승연합국의 방침에 따라 독일의 분단을 감내할 수밖에 없었으나 장차 통일을 염두에 두고 헌법을 헌법(Verfassung)이 아닌 임시적인 기본법(Grundgesetz)으로 제정하고 총선거로 정부를 구성하였다. 두 분 모두 북한과 동독을 전 국민의 선거로 구성된 국가가 아닌 만큼 공산권 괴뢰 정부로 보고 정상국가로 인정하지 않았다.

기본노선 정책도, 이승만 대통령은 자유민주주의와 시장경제를 기본으로 하면서도 농지개혁 등을 통하여 사회적 약자를 배려했다. 아데나워 총리도 자유민주주의 시장경제를 기본으로 하면서 사회보장과 연대를 위한 최소한의 국가개입과 조정을 허용하는 사회적 시장경제를 채택하였다.

두 분 모두 외교에서 큰 역량을 보여준 외교의 신(神)이었다. 이승만 대통령은 통일을 명분으로 내세워 미국의 6·25전쟁 휴전협상에 반대하며 이를 지렛대로 미국과 한미방위조약을 체결하고 경제 원조를 획득하였다. 아데나워 총리도 친미노선으로 미국의 마셜 플랜에 의한 경제 원조를 잘 활용하며 독일을 하루빨리 정상국가로 되돌리기 위한 노력을 다하였다. 독일에 가해진 중공업 공장시설 해체 및 선박건조 제한 등 페널티를 중단, 철폐시키고 마침내 1954년 체결된 파리조약으로 외교권, 국방권까지 완전히 회복하였다.

두 분에게는 각기 친일파와 나치정권 부역자에 대한 고민스러운 처리문제가 있었다. 이승만 대통령은 시급한 국가발전을 위하여 중한 책임이 있는 자를 제외하고 관용하였다. 아데나워 총리도 이승만 대통령과 같은 입장에서 처리하였다.

두 분은 집권말기 실수를 저질렀다는 점에서도 비슷했다. 이승만 대통령은 장기집권과 후계자에 관련한 선거부정으로 민심이반을 겪으며 결국 4·19혁명으로 대통령직에서 물러났다. 아데나워 총리는 후임 총리로 순리에 따라 떠오른 에르하르트 경제장관을 외교적 역량부족을 이유로 무리하게 견제하며 계속집권하려 하였다. 결국 연정 파트너인 자민당의 압박에 의하여 퇴진 할 수밖에 없었다.

이처럼 두 분 모두 신생 국가의 발전에 큰 공을 세웠으나 말기에는 과도 있었다. 우리나라에서 이승만 대통령에 대한 평가는 분단으로 나뉘어 있었다. 그러나 아데나워 총리는 지금 역사상 가장 존경하는 독일인으로 추앙받고 있다. 그러나 대한민국은 그렇게 추앙받지 못하고 있다. 그게 독일과 큰 차이다.

17. 조국 근대화의 기수 박정희 대통령

제 44주기 박정희 대통령 추모식

1971년 미국은 중국과 극비리에 정상회담을 하였다. 키신저 보좌관은 이런 사실을 일본에 알렸다. 이에 임종덕 백악관 비서관이 한국에도 알려야 하지 않겠냐고 따졌다. 그래서 키신저는 그를 한국에 출장 보낸 것이다.

임 비서관이 박정희 대통령을 만나서 키신저의 서한을 전했다. 그런데 서한에는 국가기밀이라던 미·중 양국의 회담은 빠지고 엉뚱한 부탁이 들어있었다. "일하느라 장가 못간 노총각인데 대통령 각하께서 책임지고 장가 좀 보내주세요".

박 대통령이 웃으면서 "키신저는 못 말리는 친구야! 임자 자네가 임 군에게 어울리는 규수가 있는지 알아봐!"라며 육 여사에게 중신을 부탁했다. 그래서 임종덕은 한국의 전통가문인 안국동 민대감 규수를 맞아 결혼을 했다.

 * 임종덕은 6·25 전쟁고아로 미국에 입양되어 하버드대학을 졸업하고 백악관 비서관에 올랐던 인물임.

임 비서관이 박 대통령에게 지만이를 미국에 유학 보내는 것이 어떠냐고 하면서 학비일체는 자신이 부담하겠다고 제의했다. 대통령은 상기된 얼굴로 버럭 화를 내면서 "내가 아들을 유학 보내면 지금 장차관들이 자기 자식들도 전부 유학 보내겠다고 할 것이다. 공장 여공들이 피눈물로 벌어들인 외화가 장차관 자식들 학비로 쓰인다면 이 나라가 언제 자립하고 자주국방을 하겠느냐? 지만이는 육사를 졸업하고 중령으로 예편하면 연금으로 살 수가 있다. 그러니 앞으로 지만이 유학 이야기는 절대로 꺼내지 말게."했다고 한다.

#부채 하나면 충분합니다.

"각하, 저는 미국 맥도널드사의 데이빗 심프슨 사장입니다." 그러자 대통령은 "먼 길 오시느라 수고가 많으셨소. 앉으시오. 아! 내가 결례를 한 것 같소이다. 나 혼자 있는 이 넓은 방에서, 그것도 기름 한 방울 나지 않는 나라에서 에어컨을 켠다는 게 큰 낭비인 것 같아서 에어컨을 꺼 놓았었소. 나는 이 부채 하나면 충분합니다. 이보게, 비서관! 손님이 오셨는데 잠깐 에어컨을 켜는 게 어떻겠나?"

#맥도널드의 무기구입과 돈 봉투

예정대로 그는 한국을 방문한 목적을 말했다. "각하, 이번에 한국이 저희 M16소총 수입을 결정해주신 것에 대해서 감사드립니다. 그 결정이 한국의 방위에 크게 기여했으면 합니다." 그리고 준비한 수표 봉투를 내놓으며 "저의 작은 성의라고 생각하십시오." "이게 무엇이오? 100만 달러라! 내 봉급으로는 3대를 일해도 만져 보지 못할 큰 돈이구려. 이보시오! 하나만 물읍시다. 이 돈 정말 날 주는 것이라면 조건이 있소. 들어주겠소? 자! 이 100만 달러는 이제 내 돈이오. 그러니 내 돈으로 당신 회사와 거래를 하고 싶소. 이 돈의 가치만큼 M16소총을 더 가져오시오." 이상은 임 비서관이 직접 본 박 대통령 회고이다. (당시는 카빈 소총뿐이던 때다.)

박 대통령의 친인척 관리

박 대통령은 집권 18년 동안 단 한 번도 친인척이 서울에 올라오는 것을 허락하지 않았다. 또한 청와대로 초청한 적도 없으며 집안 중 누구도 외국으로 유학을 보내지 않았다. 단 한 푼도 재산을 자손에게 물려주지 않았고, 특혜도 베풀지 않았다.

박정희 대통령에게는 어릴 적 등에 업고 다니며 극진히도 돌봐주시던 누님이 딱 한 분 계셨다. 동생이 대통령이 되었을 당시 누님은 경제적으로 무척 어렵게 살아 올케인 육영수 여사에게 도와 달라는 부탁 편지를 보냈다. 이에 육 여사는 친인척 담당비서관에게 편지를 건네주었다. 당시 비서관은 박 대통령과 대구사범 동기였고, 대통령 집안을 잘 아는 분이었다. 비서관은 대통령 모르게 은행에서 도움을 알선하여 누님의 아들인 조카에게 택시 3대로 먹고 살도록 주선해 주었다. 나중에 알게 된 박 대통령은 친구이기도 했던 담당 비서관을 파면하고, 택시를 처분함과 동시에 누님과 조카를 고향으로 내려 보냈다.

조카는 "삼촌! 대한민국엔 거주 이전의 자유가 있습니다."라며 울먹이며 대들었지만, 박 대통령은 단호하게 거절하였다. 누님의 원망을 들은 박 대통령은 "누님, 제가 자리에서 물러나면 그때 잘 모시겠습니다." 하고 냉정하게 외면했다고 한다.

그 후 누님은 할 수 없이 대구에서 우유배달로 생계를 유지했다고 한다. 단 한 분 그것도 자신을 극진히 돌봐주던 누님이 어렵게 사시는데, 대통령이 된 지금 이렇게도 냉정하게 뿌리친 심정은 어떠했을까?

#전주 콩나물국밥집 욕쟁이 할머니

애주가들이 속풀이 음식으로 즐겨 찾는 것 중에 전주 콩나물국밥을 빼놓을 수가 없다. 뚝배기에 밥과 콩나물을 넣고 갖은 양념을 곁들여 새우젓으로 간을 맞춘 맛은 담백하고 시원하기가 이를 데 없다. 욕쟁이 할머니가 개발하여 50여 년의 전통을 자랑하는 전주 콩나물국밥 집은 예나 지금이나 애주가들이 즐겨 찾는 전주의 명물이다.

1970년대 지방 시찰차 전주에 와서 박정희 대통령은 술을 마셨다. 다음 날 아침 비서가 욕쟁이 할머니 식당에 가서 콩나물국밥을 배달해달라고 했다.

그러자 욕쟁이 할머니는 "와서 처먹든지 말든지 해!"라고 소리를 질렀다. 불호령에 그냥 되돌아 올 수밖에 없었던 비서는 그 사실을 박 대통령께 알렸다.

이야기를 전해들은 박 대통령은 껄껄 웃으며 그 국밥집으로 찾아갔다. 그러나 손님을 대통령이라고 생각지 못한 욕쟁이 할머니는 평소대로 퍼부었다.

"이 놈 봐라. 네가 어쩌믄 박정희를 그리도 닮았냐? 누가 보면 영락없이 박정희로 알것다. 이놈아! 그런 의미에서 이 계란 하나 더 처먹어라."

잔 받침 없는 찻잔

박 대통령의 국장이 끝나고 일본인 지인들이 신당동을 찾았다. 유족들이 차 대접을 하는데, 가만히 보니 찻잔하고 받침이 하나도 짝이 맞는 게 없었다. 이에 일본인들은 "아! 박정희는 죽어서도 교훈을 주는구나. 18년간 일국의 대통령이었던 사람 집에 제대로 된 다기(茶器) 세트 하나가 없으니……."

#마취하지 않고 수술하다.

1960년대 후반 박 대통령은 서울대학병원에서 수술을 받았다. 수술하기 전에 대통령이 의사에게 얼마나 걸리겠냐고 물었다. 의사는 "많은 시간이 소요됩니다. 그리고 마취 후 깨는데 시간이 더 걸리는 문제가 있습니다."

박 대통령은 "그러면 마취하지 말고 그냥 하시오. 그렇게 한가하게 보낼 시간이 어디 있소." 놀란 의사가 이 수술은 통증이 너무 심해서 안 된다고 했으나 박 대통령은 고집대로 마취를 하지 않고 바로 수술에 들어갔다. 그리고 수술 도중 한 번도 소리를 내지 않고 통증을 참았다.

#기워 입은 바지

10월 26일 사건 당일, 서울육군통합병원 당직 군의관이 합수부 조사에서 진술한 바에 의하면, 응급실에 안치된 시신이 VIP일 것이라고는 어느 정도 짐작은 했지만, 대통령일 것이라고는 꿈에도 생각지 못했다. 바지는 도대체 몇 번을 수선했는지 매우 낡아 있었고, 혁대는 다 닳아 해어지고, 넥타이핀도 표면이 다 벗겨지고, 시계도 흔해 빠진 싸구려였다는 내용이었다.

대통령은 사건 당일에도 바지의 허리 부분을 수선해서 입었고, 그 바지를 입고 최후를 맞았던 것으로 전해진다.

세계지도자들의 박정희 예찬

박정희 대통령과 관련된 책을 모두 가져와라. (푸틴 러시아 대통령)

박정희 대통령은 대기업을 일으켜 부유한 나라로 만든 훌륭하고 매우 강한 지도자다.(말레이시아 전 총리 마하티르)

옛날에는 유신이니 해서 비판이 많았지만, 새마을 운동을 한 덕택에 경제발전의 기초가 되었던 점은 훌륭했습니다. 나도 영화를 통해 서울을 보았는데 서울은 도쿄보다 훌륭한 조선이 자리할 만한 세계적인 도시입니다. 서울에 가면 박정희 대통령 묘소도 참배하고 싶습니다. 그것이 예의라고 생각합니다. (북한 김정일이 1999년 현대 정주영 회장에게 직접 했던 말)

대통령 박정희는 강력한 손으로 남한을 농업국가에서 산업능력을 가진 공업국가로 만들었다. (독일 국정교과서 수록)

박정희 같은 지도자는 내가 일찍이 본 적이 없다. (존슨 전 미 대통령)

박정희의 경제개발 정책은 중국 경제개발의 훌륭한 모델이었다. (등소평, 원자바오 중국 총리 전언)

18. 박정희 대통령을 생각해 본다
5·16 군사혁명이 없었더라면

박정희 육군소장이 일으킨 5·16 군사혁명 62주년을 맞으며 박정희 대통령을 생각해 본다. 만일 박정희의 이 군사혁명이 없었더라면 지금쯤 우리나라의 운명은 과연 어떻게 되어 있을까?

필리핀보다 경제적으로나 국력으로나 더 못한 나라가 되었거나, 어쩌면 소련이나 중국의 힘을 빌린 북한에 먹혀 조선인민공화국에 편입되어 지금 김정은이 통치하고 있을지도 모르겠다. 생각만 해도 끔찍해 소름이 끼치도록 아찔하다. 천우신조(天佑神助)의 도움으로 남쪽이나마 구출되었다.

지금에 와 박정희 대통령을 돌이켜볼 때 "나라경제는 발전시켜놨지만, 독재는 잘못했다."고 이야기하는 사람도 많겠지만, 이는 그 시대상황으로 볼 때 독재가 아니었다면 혼란했던 사회나 사채업자들을 막을 수 없었고, 비정상적이지만, 경제발전은 꿈도 꾸지 못했을 것이다. 박정희가 미국에 가 케네디 대통령과의 대담에서 "왜 독재를 하는가?"라고 물었을 때 "한국적 민주주의"라고 당당하게 답했던 기억이 난다. 전쟁 이후라서 사회가 혼란했던 시기라서 반독재적으로 나라 기강을 잡아야 했기 때문이다. 바로 잘 본 것이다. 그러지 않았더라면 나라 기강이 엉망이 됐을 것이다. 필자는 그때 그 시절을 잘 기억하고 있다. 교직에서 물러나 무역업으로 전환하던 시기였기 때문이다.

독재를 통해 사회 기강을 바로잡으며 그로 인해 피를 흘려야 했던 과정에서 나라가 차츰차츰 안정이 되면서 경제발전도 이뤄졌었다. 그 당시 정치현실에서 반독재가 아니었다면 도저히 발전 없는 비정상적인 형국이었기 때문이다.

오늘날 문재인 대통령이 5년 동안을 좌파 세상으로 개판 사회를 만들어 놓은 뒤 윤석열 대통령이 집권하였지만 입법부의 169석 야당이 사사건건 반발, 노조의 횡포 등 나라 기강이 흔들리고 있지 않은가. 이제 윤석열 대통령이 끝까지 민주적으로 하나하나 해결하며 바로잡아가는 어려운 현실인데 당시의 실정이 이와 같았다.

오죽하면 당시 박정희 대통령이 "내 무덤에 침을 뱉어라."라고 말했겠는가? 나라 속에 사채업자들이 나라경제를 좌지우지 흔들며 산업발전을 저해하자 사채동결과 유신독재로 나라의 백년대계를 위해 모든 비판을 감수하고 독단적 나라 정책을 추진했던 것이다. 그게 한국적 민주주의였다는 사실이다. 이후 차츰차츰 나라의 기강이 안정되며 우린 찬란한 성장의 산업건설의 길로 들어서며 발전하기 시작하면서 오늘의 부국강병의 대한민국으로 탄생한 것이다. 그런 현장에서 필자는 무역업에 종사하며 건설현장에 기자재 납품업으로 일본을 오가며 나라 발전에 일조했다. 당시 박정희 같은 위대한 분이 없었더라면 오늘날의 대한민국이란 있을 수 없었을 것임을 확신한다.

인류를 발전시키는 것은 다수의 군중들이 아니라 소수의 천재들이 하는 것이다. 미국이란 나라가 그래서 오늘날 세계 최강 경제대국이 된 것처럼 우리도 그와 같은 길을 지금 가고 있는 것이다. 한국이 이루어낸 경제발전은 말 그대로 "한강의 기적"이 아니라 우리 국민들이 하나로 잘살아 보자는 정신으로 똘똘 뭉쳐 일어났던 당시 불굴의 민족정신이었기 때문이다. 나이가 70대 이상이라면 그렇게 생각할 것이다. 당시 그런 속에 앞장선 총지휘자가 박정희였기 때문이다. 이런 위대한 지도자가 있었기에 기적 같은 부국강병을 끌어낼 수 있었다.

남이 독재자라고 욕을 한다고 나도 덩달아 욕을 한다면, 진정 잘못된 짓이다. 심지어는 박정희 대통령 무덤에 쇠말뚝을 수십 개 박은 자는 자자손손이 천벌 받을 자다. 그런 자가 아직도 버젓이 활개 치며 다니는 게 현실이다.

먼 훗날 누가 뭐래도 역사는 박정희의 개발독재를 정당하게 평가할 것이고, 박정희는 찬연히 빛나는 큰 별이 되어 계속 추앙 받아야 하고 받을 것이다.

필자는 2019년 10월에 저술한 〈벼랑길 굴러가는 대한민국〉이란 책 50쪽에서부터 53쪽까지에 한강의 기적부터 경부고속도로 건설, 새마을 운동과 포항제철 건설을 밝힌 박정희 대통령의 업적을 밝혀 둔 바 있다. 심지어는 1967년 재선에 도전하던 박정희 대통령이 경부고속도로를 착공 진행 중일 때 김대중 김영삼 야당 지도자 두 분이 결사반대한다며 건설현장에 드러누워 반대시위를 하는 사진을 싣기도 했다.

 # 최성열씨는 이렇게 말하였다

 처음에는 나 자신도 박정희를 독재자로 불렀지만, 지금은 아니다. 아니, 만일 그분이 없었다면 이 나라도 없을 뻔했던 역량 있는 지도자였다고 하겠다. 그는 군인이면서 선비요, 선지자요, 철학자로서 나라를 5000년 빈곤에서 번영으로 개조(改造)시킨 영웅이다.

 그런데 그가 지금도 대통령 선거 때만 되면 나라의 역적이 된다. 이 나라의 인식이 그렇다면 그런 말을 하고 다니는 자들이야말로 분명히 좌익이 틀림없을 것이며 언젠가는 반드시 천벌받을 자들이다.

 은혜를 원수로 갚는 민족에게 축복이 있을 리 만무하다. 그것은 하늘의 엄연한 법칙이다. 빛은 아무리 골고루 비추어도 그늘이 있게 마련이다.

 맞는 말이다. 우리국민들 특히 야당과 이 당을 지지하는 모든 종파들이 최성일처럼 다시 한 번 깨닫고 박정희 대통령에 대한 생각을 바꾸고, 그분께 진심으로 감사하는 사람들이 되었으면 하는 바람으로 이 글을 올린다. 박정희 대통령 영혼의 안식을 빌면서, 그분에 대한 평가가 제대로 되어 정의가 꽃피는 대한민국이 되도록 하나님께 기도한다.

또, 최근 국민의힘 혁신위원장까지 지냈던 인요한씨도 "나이 들어보니 박정희 대통령 그분이야말로 링컨보다 더 훌륭한 분임을 알게 됐다"고 했다.

19. 박정희 대통령 사채(私債) 동결조치

미국, 일본, 북유럽 국가들은 1973년을 기점으로 성장률이 하락하던 때, 아이러니하게도 한국의 재벌기업들은 1973년을 기점으로 계열사가 늘어나기 시작했는데, 그 이유는 1972년 8월 3일 박정희 대통령이 발표한 "사채동결조치" 때문이다. 믿기지 않겠지만, 지금 대한민국을 이끄는 대기업 현대와 삼성과 LG 같은 기업도 그때 당시엔 모두 사채 빚(4부 5부 1할까지)에 허덕이며 밤마다 부도를 걱정하면서 회사를 운영해야 했다. 은행이 돈이 없었기 때문이다.

그 당시 국민들은 저축할 여유가 없으니 자연스럽게 장사나 큰 사업을 하려면 돈을 많이 가지고 있는 사채업자들이 대한민국의 돈줄을 좌지우지할 때라서 기업을 하려면 이들에게(당시 서울 명동 사채업자거리) 돈을 빌리지 않고는 사업을 할 수 없었다. 당시 사채에 대한 규제가 없었으니 이자는 매우 높았고, 기업이 열심히 일해서 사채업자들에게 돈을 가져다주는 꼴이었다. 하지만 사채업자들은 조직폭력배는 물론 유력정치인들과 연계되어 대한민국을 장악하고 있었기에 그 누구도 감히 손을 댈 수 없었던 때였다.

박정희 대통령은 당시 전 세계적인 불황속에서 기업 활성화를 위해 사채 빚을 해결하지 않으면 안 된다고 판단, 1972년 8월 3일 전격적인 사채동결조치를 발표하는데 이는 지금까지 기업들이 사채업자에게 빚졌던 계약관계를 모두 무효로 만든 것이다. 이는 분명 반민주적이고, 폭력적인 조치였다. 사채업자들의 권리를 하루아침에 모조리 빼앗은 것이다. 하지만 사채 때문에 어려움을 겪었던 기업들은 크게 환호성을 질렀다. 숨통이 트인 것이다. 그때 야당과 일부 언론들에서는 이것은 독재라며 박정희 대통령을 비난했고, 사채업자들의 저항도 극에 달했었다.

그들과 연결된 정치인, 조직폭력배도 같이 합세하여 대한민국은 말 그대로 표현할 수 없는 혼돈에 빠지고 만다. 그래서 탄생한 것이 1972년 10월 유신이 아니었나 하는 생각도 든다.

박정희 대통령은 10월 17일 국회해산 및 비상계엄령을 선포하게 된다. 1972년 12월27일 국민투표를 통해 91.5%의 지지로 제3공화국 헌법을 파괴하고 유신시대가 시작된다. 그 결과 지하에 숨어있던 많은 돈들이 은행으로 들어갔고, 기업들의 자본 시장을 통한 자금조달은 1971년 39억 원에서 1973년 545억 원으로 급증했으며, 1973년 1분기 GNP 성장률은 전년대비 19%로 상승했다. 단 1년 만에 일어난 일이다.

박정희 대통령은 사채업자들에게 은행에 돈을 넣고 기업에 투자하면 돈의 출처를 묻지 않을 것이며 세금도 감면해 줄 것이라 했고, 기업들에는 최대한 더 많은 자회사를 만들고 일자리를 창출하면 세금혜택을 주는 방법으로 경제 활성화를 이끌었다. 그때 등장한 것이 대한민국의 성장을 이끈 30대 그룹이다.

대한민국 재벌은 이렇게 비정상적인 방법으로 탄생하게 되었고, 비정상적인 성장을 이루게 된다. 이때 박 대통령은 장차 우리나라의 미래를 위해 내일을 내다보고 차분하게 경제의 꽃을 피어나게 했던 것이다.

사람들은 박정희 대통령을 이야기할 때 "경제는 발전시켰지만, 독재는 잘못했다."고 한다. 그러나 그 혼란하던 당시는 "깡패가 판을 치던 세상이라 사회 기강과 앞날의 자유를 위해 우리는 한국적 민주주의를 한다."라고 케네디 대통령 앞에서 당당히 말했던 것으로 기억을 한다. 다시 말해 반 독재적으로 사회 기강을 잡을 때였던 것이다.

만일 혼란했던 당시 반독재가 아니었다면, 사채업자들은 막을 수도, 비정상적인 경제조치도 취할 수 없었다. 모든 것을 바꾸기 위해 사회의 혼란을 뒤집고, 그로 인해 피를 흘린 속에 나라는 발전했다.

단순하게 잘한 것, 못한 것으로 구분할 수 있는 상황이 아니었다. 당시 박정희 대통령은 말했다. "내 무덤에 침을 뱉어라."

당시는 사채동결, 유신독재와 같은 비정상적인 조치를 통해서라도 혼란했던 사회 기강과 기업의 활성화를 지켜야했다. 나라의 백년대계를 위해 반드시 한국적 독재를 해야 했던 당시를 나중에 가서야 잘했던 최선의 방책이었다는 사실을 알게 됐다. 나라가 너무도 혼란했던 당시 모든 비판을 감수하고 독단적으로 나라의 정책을 추진했던 것이다.

그는 그것이 옳다고 믿었기에 현재 부국강병(富國强兵)을 이룬 대한민국이 됐다. 역사에는 만약이라는 건 없고 결과만 있을 뿐이다. 박 대통령은 오직 나라의 앞날 후손들을 위해 잘 살아가도록 온몸을 다 바쳐 헌신한 분이다. 당시 소문에 낡아진 허리띠와 구멍 난 양말을 신고 다녔고 한여름에도 대통령집무실엔 에어컨도 켜지 않고 부채를 사용했으며 개인 저금통장에 돈이 바닥일 정도였다는 후문도 있다.

혼란의 시대를 슬기롭게 넘기며 오직 잘살게 하려던 일념 하나로 일뿐이 모르셨던 박정희 대통령, 이후 나라는 나날이 눈부시게 성장했다. 인류를 발전시키는 것은 다수의 군중들이 아니라 소수의 천재들이다. 필자는 그때 당시 건설현장에 기자재 납품업으로 공단을 상대로 동분서주했던 기억을 지울 수 없다.

연료가 없는 자동차는 움직이지 않는다. 누군가 의도적으로 연료를 넣고 시동을 걸어야 움직이는 것이다. 한국이 이뤄낸 경제발전은 말 그대로 "한강의 기적"이 아니며 한국인들이 뛰어나서도 아니다. 소수의 천재들이 있었고, 그들을 지휘한 지도자가 있었을 뿐이다.

그 기적은 "박정희 대통령이라는 분의 존재 때문이다. 그러한 천재적인 지도자가 있었기에 무에서 유를 일궈내 오늘날 부국강병의 나라를 이끌어 낼 수 있었다. 우리가 걸어온 길을 한번 돌아보라! 지난 날의 배고픔과 공산당과 싸우면서 지나온 세월의 슬픔들을. 보릿고개를 지나온 우리 세대(70~90대)에 한번 물어보시라. 우리 젊은이들아! 여러분의 아버지 어머니 할아버지 할머니들이 눈물 없이 어찌 그 굴곡의 세월을 넘겨왔는지를 다 말로 표현할 수 있겠는가 말이다. 우리가 냉정히 마음을 가다듬고 차분히 생각해 보자. 정말 누가 옳았고, 누가 그른가를!

20. 독일 뮌헨에서 시작된 기적의 드라마
김재관 박사의 이야기

이제는 대한민국이 최빈국 후진국에서 선진국이 돼 유럽에 전투기, 탱크, 자주포를 수출하는 전무후무한 나라가 됐다. 바로 그 원인이 박정희, 이병철, 정주영 같은 거인들이 동시대에 태어났다는 것도 기적의 한 요소로 광개토대왕 같은 사람이 한꺼

번에 등장했던 것이다. 1960~70년대에 어찌 고도 공업국가 기반이 닦였는지? 우리는 그 기적의 역사에 대해 너무 아는 것이 없다. 그러나 독일뮌헨공대에서 금속공학 박사학위를 받은 김재관(1933~2017)이란 공학박사 이야기를 들어보자.

김재관은 서울공대 기계공학과를 졸업, 1956년 산업은행과 서독 유학생 선발 시험에 모두 합격했다. 그런데 산업은행에서 유학기간에도 월급을 주겠다고 했다. 이승만 대통령이 만든 인재양성 제도 때문이다. 이 대통령은 과학은 잘 몰랐지만, 미국에서 MIT를 둘러보며 여기에 나라가 죽고 사는 게 달렸다는 사실을 절감했다. 그런 이후 산은은 김재관에게 출국 때까지 국내 산업 현장을 둘러보라고 알선까지 했다. 전쟁 직후 형편없는 시절이었지만, 한국은 싹수가 있는 나라였다고 말했다. 김재관은 부산 피란시절 미군부대에서 일하면서 미군 무기들이 모두 특수한 철로 만들어졌다는 사실에 주목했다. 그로부터 독일 뮌헨공대에서 그의 전공은 이미 금속학으로 정해졌는지도 모른다. 박사학위를 받고 세계적 제철소인 덴마크 종합기획실에 들어갔다. 2년 뒤 박정희 대통령이 차관을 얻으러 서독을 방문했을 때 서독에 돈 벌러 간 광부와 간호사들 앞에서 눈물의 연설을 한 것으로 유명하다.

이때 박 대통령은 유학생들을 초청해 조찬모임을 했다. 박 대통령이 "하고 싶은 얘기를 해 달라."고 하자 한 명이 걸어 나왔다. 김재관이었다. 박정희와 김재관의 첫 만남이자 한국 산업사에 기록될 한 순간이었다. 그는 대통령에게 '한국 철강공업 육성방안' 이라는 두툼한 논문을 전달했다.

김재관은 유학과 직장생활 내내 한국에 종합 제철소를 짓는 문제에 골몰했다. 제철소는 이승만 대통령 때부터 국가적 과제였지만, 도무지 방향을 잡지 못하고 있었다. 제철과 같은 커다랗고 복잡한 문제를 아는 한국인 자체가 없었다. 금속학을 공부하고 세계굴지의 제철소 종합기획실에서 일한 김재관은 한국이 기댈 수 있는 유일한 사람이었다. 박정희는 김재관을 눈여겨보았다. KIST(한국과학기술연구원) 첫 번째 해외 유치 과학자 18명 중 한 명으로 그를 불러 제1연구부장을 맡겼다.

박정희는 제철소 건설을 일본에서 받아낸 대일청구권자금으로 해결하기로 했다. 일본은 그 돈을 타당하게 쓴다는 것을 입증하라고 요구했다. 그 임무를 김재관이 맡았다. 중대한 기로였다. 협상은 도쿄에서 열렸다. 놀라운 것은 30대 중반인 그가 그때 이미 10년, 20년 뒤 우리 산업에 대한 그림을 그리고 자동차와 조선에 쓰이는 특수강까지 만드는 제철소를 준비했다는 사실이다.

일본은 이 같은 김재관의 제철소 방안에 '불가능하다' 며 반대했다. 그러나 그는 제철소의 모든 것을 아는 사람이었다. 결국 일본은 김재관 방안의 타당성을 인정했다. 포항제철(포스코) 신화의 시작이었다. 그가 그린 포스코 공장 배치도는 20년 뒤 생산규모가 9배로 커졌는데도 조금도 변함없이 적용할 수 있었다.

그 후 김재관은 KIST에서 '한국기계공업 육성방안'을 보고하고 박 대통령은 이를 토대로 1973년 '중화학공업화 선언'을 한다. 한국이 농업국가에서 공업국가로 바뀌는 순간이었다. 그 골간이 선철, 특수강, 중기계, 조선이었다. 선철과 특수강은 산업의 쌀인 동시에 대포 등 무기를 만드는 재료였다. 김재관은 뮌헨공대에서 독일군 함포와 대포의 금속 조성을 공부해 놓고 있었다. 중기계는 탱크를 만드는 것과 같았다. 조선은 유조선과 동시에 군함도 만들었다. 오늘날 K방산의 토대가 만들어졌다.

박 대통령은 김재관을 상공부 중공업차관보로 임명했다. 김 차관보는 일부의 강한 반대를 무릅쓰고 박 대통령에게 독대를 청해 '한국형 승용차 양산화' 계획을 채택시킨다. 조선과 자동차 모두 당시 기업인들은 손을 저었으나 유일하게 정주영 회장이 '하겠다'고 손을 들었다. 현대자동차, 현대중공업 신화의 시작이다.

박 대통령은 김재관을 ADD(국방과학연구소) 부소장에 임명했다. 임명된 날 당시 심문택 소장, 김재관, KIST조선 담당 김훈철 세 사람은 남해 한산도 충무공 사당을 찾아가 "나라를 위해 목숨을 걸고 임전무퇴로 국방기술을 완성하겠다."고 맹세했다고 한다. 이 ADD에서 미사일까지 나왔다. 당시 박 대통령이 KIST연구원들에게 밥을 사면서 그 자리에서 코피를 쏟은 연구원들이 한둘이 아니었다고 한다.

오늘의 이 나라는 그냥 된 것이 절대 아님을 우리 젊은이들이 명심해주길 바란다. 이상의 이야기는 여러 경로로 확인한 결과 사실과 다르지 않았다. 대한민국의 기적에는 이름이 알려지지 않은 수많은 영웅들이 많이 있었음을 알기 바라며 그들을 알고 기리는 것 이상의 후세 교육이 없을 것이다.

21. 청암(靑巖) 박태준(朴泰俊) 포항제철 회장
대한민국 마지막 애국자

청암 박태준 포항제철 회장은 오늘의 대한민국을 만든 건설자 (state~maker)이다.

1927년 부산 동래에서 태어난 그는 아버지를 따라 6살 때 일본으로 건너가 초등학교와 와세다대 공대 2학년 재학 중 해방을 맞아 귀국했다. 육사 6기로 임관한 그는 6 · 25전쟁 당시 경기 포천지역 1연대 중대장이었다. 군에서 충무무공훈장, 화랑무공훈장을 받았고, 육군대학 수석졸업 후 최연소 육사 교무처장, 1군 참모장 등을 지냈다.

한국 현대사에서 권력, 부(富)의 중심
34세이던 1961년 국가재건최고회의 의장 비서실장을 맡은 이후 50년 동안 요직을 거쳤고, 육군 소장 예편, 대한중석사장 3년, 포항제철 창설 사장 · 회장(25년), 민정당 대표, 민자당 최고위원, 자민련 총재를 거쳐 국회의원, 국무총리까지 지냈다.

소설가 조정래는 "박태준은 한국의 간디다. 나는 그의 이름에 마하트마를 붙여 '마하트마 박'으로 부르고 싶다."고 했다. (2011년 12월 17일 서울 현충원 영결식장). 한 사람의 일생이 '성(聖)스러움'이라는 뜻의 마하트마(Mahatma)로까지 칭송받는 것은 여간한 일이 아니다. 조정래는 "너나없이 돈에 홀려 정신 잃은 세상에서 박태준을 따라가기란 너무 어렵고 어쩌면 그분이 이 시대에 마지막 애국자인지 모른다. (중략) 그 청렴한 그분을 바로 아는 것은 우리들 삶을 바르게 세우는 길이다."라고 했다.

일본의 나카소네 야스히로 전 총리의 회고록에서 "내가 가장 인상 깊게 느낀 것은 종업원들이 너나없이 마음으로부터 박태준을 따르고 있다는 것이다. 나는 도저히 표현할 수 없는 감명을 거기서 받았다."고 썼다.

#용광로 같은 애국심과 도덕성
그는 실제로 1964년 12월 국영기업체인 대한중석 사장을 맡은 지 1년 만에 만년적자회사를 흑자로 전환시켰다. 보통 4~5년 걸리는 종합제철소 건설작업을 제철소 구경조차 한 적 없는 38명과 함께 착공 3년 3개월 만에 마쳤다. 1973년 포항제철은 매출액 1억 달러, 순이익 1200만 달러를 냈다. 가동 후 50년 가까이 적자를 면치 못했던 일본 동종업계(신일본제철)와 비교하면 포항제철은 세계 철강사에서 제철소 가동 첫해부터 이익을 낸 유일한 '기적'을 남겼다.

1968년 포항제철 출범부터 1992년 광양제철소 2기 완공까지 그는 대부분 포항 효자동 사택과 회사에서 지낸 '효자 주지스님'이란 별명까지 얻었다.

여수 동초등학교(3회 졸업) 동창이던 장세훈(서울공대 기계공학과 졸업 후 포항제철 3고로 공장장)이 포항제철에 근무하고 있을 때 필자는 공단 건설기자재 납품으로 배관에 필수인 '스팀마이자'(미제)와 익스펜션 조인트(동아금속 제품) 신축관 이음쇠와 행거(일제 니혼핫쇼(日本發組)제품을 납품한 바 있다. 초등학교시절 줄곧 1등만 하던 이 친구가 포철공장장으로 재직 중 과로사로 70 나이를 못다 채우고 세상을 떠났다.

주식 퇴직금 0원 73세에 전세살이

박태준의 도덕성은 무서울 정도로 청렴결백했다. 인사 청탁과 금품 수수가 난무하던 시절에도 선친께서 문중 사람을 좀 써주면 안되겠냐고 하자 그대로 방을 나와 회사로 가버릴 정도로 청렴하신 분이다.

1962년 박정희 국가재건최고회의 때 준 하사금을 합쳐 서울 북아현동에 집을 마련하기까지 8년 동안 15번 전셋집을 전전했다. 38년간 살던 집을 팔아 생긴 돈 14억 5000만 원 중 10억 원을 아름다운 재단에 기부하고 73세에 다시 전세살이를 했다. 그가 사후 남긴 재산은 전무(全無)했고, 말년에 생활비와 병원비는 자녀 5명(4녀 1남)의 도움으로 해결하였다.

'세계 최고의 철강인 박태준'의 저자인 이대환 작가는 "단군 이래 최대 프로젝트였던 포항제철 25년 동안 박태준은 한 푼의 비자금도 만들지 않았다."면서 이는 누구도 찬사를 보내지 않을 수 없는 20세기 후반 한국사에 길이 기록될 업적이며 이거야말로 박태준의 이름을 포철용광로 만큼이나 칭송(稱頌)해야 될 일이라고 했다.

#천하는 개인 것이 아니다(멸사봉공)

1979년 박정희 대통령 서거 후 청암은 "포항제철을 정치 외풍에서 지키기 위해" 정치권에 발을 들여놓는다. 1990년 3당 합당후 민정계의 수장(최고의원)이 된 김영삼 후보와의 불화로 1992년 말 민자당 최고의원, 포항제철회장, 국회의원에서 모두 물러났다. 당시 야당 정치인만 했던 김영삼 대통령은 무능했다. 대표적인 두 가지를 예로 들면 우루과이 라운드를 우라까이 라운드(세탁소에서 쓰는 용어)라고 외국에 가 발언하거나 경제를 갱제(경상도 사투리)로 표현할 정도로 망신스러운 표현과 외국 여행 자유화를 발표한 뒤 IMF 사태까지 몰고 온 대통령으로 낙인 찍혀 있다.

성숙한 일본관…지일(知日)과 용일(用日), 극일(克日)

박태준은 성숙한 대일(對日) 자세를 지녔다. 일제강점기 식민지 백성으로서 일본에서 청소년기를 보낸 그에게는 '평생 잊지 못할' 기억 두 가지가 있다. 이야마 북중학교 1학년 때 교내 수영대회에서 1등을 했지만 '조선인'이라는 이유로 일본인 심판의 편파판정에 따라 우승을 빼앗긴 일과, 2차 세계대전 종전 무렵 도쿄 시내에 미군의 폭탄이 쏟아지던 날 방공호에서 겪은 일이다. 그때 방공호는 질서가 정연했다. 노인들, 특히 할머니들이 나서서 젊은이는 안으로 들어가라. 위험한 곳은 우리가 막는다. 왜 책을 들고 오지 않았느냐? 젊은이는 책을 펴고 공부해라. 방공호 입구에 천막이 쳐지고 젊은이가 모인 제일 안쪽엔 두 개의 촛불이 켜졌다.

박태준은 "1등을 빼앗겼을 때 가슴속이 끓었지만, 참고 다스렸다."며 "방공호에서 할머니의 질책을 들었을 땐 식민지 청년으로서 고국에 대한 책임감에 몸서리 쳤다."고 술회했다. 그는 일본이 준 분노를 참으며 고국에 돌아와 국가재건을 위한 동력으로 삼았다.

일본에 그의 진면목(眞面目)이 드러난 것은 포항제철 건설 자금 마련을 위한 협상에서였다. 박정희 정부는 1965년부터 종합제철소 건설을 추진했고, 이듬해 11월 미국, 영국, 독일 등 5개국 8개 회사 연합체인 대한국제제철차관단(KISA)이 발족했다. KISA는 그러나 1969년 상반기 "한국에서 종합제철소 건설은

채산성이 없다."며 최종 불가 결론을 내리고 해산되었다. 세계 은행(IBRD)도 마찬가지였다. 한국은 제철소 건설자금을 모을 방법이 없는 고립무원(孤立無援) 처지가 됐다.

여기에서 청암은 '농림수산업 지원용도'로 정해져 있는 대일 청구권자금을 포항제철 건설자금으로 일부 전용하자는 아이디 어를 냈고, 자신이 해결사로 나섰다. 이 제안에 완강하게 반대 하던 오히라 마사요시 대장상(당시 일본기획재정부 장관)을 1969년 8월 1주일동안 세 차례나 만났다. 청암은 일본 정부간 행물보관소를 찾아 샅샅이 뒤져 일본 사례를 분석한 뒤 "한국에 제철소를 지으면 일본 안보에 큰 도움이 된다."는 논리를 설파 해 기어이 설득해냈다.

당시 그를 만났던 후쿠다 다케오 전 일본 총리는 "나는 박태준 의 단호함에 너무 놀랐고, 그래서 당신이라면 가능할지도 모른 다고 생각했다."고 말했다.

감정적인 반일 데모가 끊이지 않던 1960~70년대, 청암은 "일 본을 알고 일본을 활용해 일본을 극복하자."는 지일(知日), 용일 (用日), 극일(克日)의 3단계 일본관을 주창했다. 청암은 포항제 철의 스승이던 신일본제철을 1990년대 기어이 추월해 그 타당 성을 증명해 냈다.

불굴의 용기와 투자로 청암이 이뤄낸 한일의 협력모델은 대한 민국의 진정한 산업화와 선진화를 추진시킨 출발점이 되었다. 현해탄(대한해협)양쪽에 자유 민주, 시장경제라는 동일 가치관을 바탕으로 한국은 일본과의 긴밀한 협조를 통해 고도성장을 질주하게 된 바탕을 이룬 것이다.

후세 경영자들에게 살아있는 교본

1978년 중국의 덩샤오핑이 이나야마 요시히로 신일본제철 회장을 만나 "중국에도 포항제철과 같은 제철소를 지어 달라."고 하자, 요시히로 회장은 "중국에는 박태준이 없지 않습니까?"라며 정중히 거절했다. 이 일화는 박태준이 한국을 넘어 최소한 아시아적 인물임을 보여줬다.

그가 세우고 이끈 포항제철은 그의 생전에 품질 경쟁력 세계 1위 철강사가 됐고, 양적으로 1975년 세계 46위에서 3위(1989년), 1위(1997년)로 급부상했다. 그가 없었다면 한국 조선, 자동차, 기계, 건설 산업의 성장과 대한민국의 세계 경제성장으로 도약하는 것은 한낱 "꿈"에 그쳤을지 모른다.

철강 불모지라는 악조건에 좌절하지 않고 세계 1등과 초격차 경영을 선구적으로 이뤄낸 박태준이야말로 "후세의 경영자들을 위한 살아있는 교본"(이병철 삼성그룹창업주)입니다. 그는 1977년 8월 상당한 자금을 들여 공정률 80%에 달하던 건물의 부실을 발견하고 서슴없이 폭파 명령을 내렸다. 그러면서 "조국의 백년대계가 여기서 출발한다. 이것은 폭파가 아니라 나라의 운명을 좌우하는 기폭제다."라고 했다.

#"현장의 선비"…한국 리더들의 "롤 모델"

청암에게는 양보할 수 없는 기준이 선조들의 핏값과 후손들의 미래라는 대의(大義)였다. 그러했기에 그는 어떠한 부실이나 부정, 불의와 거래하거나 눈감기를 단호하게 거부했다고 고 송복 연세대명예교수는 지적했다.

"한국의 저명인사들은 모두 강당에서의 선비이고, 책속의 선비, 말속의 선비였지만, 박태준만은 지(志)와 의(義), 염(廉)과 애(愛)를 행동으로 실천한 현장의 선비"다.

세계 어느 나라보다 돈에 대한 집착과 사익(私益) 추구가 심한 한국에서 청암은 국민의 사표(師表)이자, 리더들의 롤 모델(role model)일 수 있다. 그가 스스로 평생 붙잡아 온 4가지 화두를 보면 더 분명해진다.

1)짧은 인생을 영원히 조국에 2)절대 절망은 없다 3)어느 분야든 세계 1등이 되자 4)10년 후를 내다보자.

2023년 올해는 마침 청암 박태준이 이 땅에서 떠난 지 12년, 우리나라 최초인 포항제철 고로(高爐 거대한 용광로)에서 쇳물을 처음 쏟아낸 지 반세기를 맞는 해라 더욱 감회가 새롭다.

22. 내가본 자랑스러운 대한민국과 어리숙한 한국인들

우리야말로 무에서 유를 창조해낸 위대한 민족이다.

1)전자공업이 세계에서 제일 발전한 나라다. 특히 반도체는 물론이고, 가전제품(냉장고, TV, 세탁기. 에어컨, 청소기, 전기밥솥, 김치냉장고)을 비롯하여 삼성전자, LG전자, 하이닉스에서 생산하는 제품들은 전 세계 판매량의 40%를 점하고 있다.

2)사회생활서비스망이 세계 최고로 발전, 가정마다 자가용 승용차는 물론 대중교통(버스, 택시, 열차, 지하철)이 세계에서 최고, 은행 카드 한 장만 가지면 한국은 물론 유럽, 미국을 비롯한 지구촌 어딜 가더라도 마음껏 여행할 수 있고, 먹고 잠을 잘 수 있다.

3)초대형 선박을 만드는 조선기술이 세계 최고로 발전돼 LNG선박, 컨테이너 선박을 비롯한 무역상품을 나르는 10만톤 이상을 대한민국에서 만들고 있는 조선업왕국이라 해도 과언이 아니다.

4)세계에서 자동차생산 5위(중국, 미국, 일본, 인도, 한국)에 속하는 나라.

5)예술문화, 공공시설, 아이들을 비롯한 대중문화, 영화, 가극 등이 세계 최고 수준.

6)세계에서 자유국가들 중 군사무기(공격 · 방어용 미사일 포함, 잠수함, 전차, 대구경포 등) 생산이 미국 다음으로 세계 제2위로 발전되고 수출하는 나라.

7)의학기술이 세계 최고 수준이고, 의료보험 역시 잘 돼 있는 나라.

8)치안의 CCTV가 세계 제1로 잘돼 있어 범죄에서 안전하고 범죄자 검거율이 세계최고 수준이다.

9)국가별 지능발달지수에서 한국인이 IQ세계 1위이고, 한글이 세계 1등 언어로 세계 6대 공용어로 선정되었다.

10)한국에서 살고 있는 외국인 여성(미국 유럽 아시아 등)들의 평가기준으로 세계 여성들이 살기 좋은 나라 1위로 선정됨

세계에서 가장 어리숙한 대한민국

1)자살률이 세계 제 1위인 나라

2)이혼율이 세계에서 가장 많고, 이혼을 무훈담(武勳談)같이 자랑하는 한국인

3)온갖 사기꾼들에게 속아 물질적 피해, 정신적 스트레스로 인한 탈모로 대머리가 된 사람들이 세계에서 제일 많은 국가.

4)경제적 타산, 잔머리 굴리기, 부동산, 정치 사기꾼들의 거짓말에 미친 듯 속아 열광하며 울분을 토하고, 죽일 놈, 살릴 놈 삿대질로 싸우며 빨갱이들에 속아 나라가 기울어지고 있는 정신 나간 국민들.

5)전직·현직 대통령들이 감옥살이를 가장 많이 한 세계에서 유일한 국가로, 제일 놀라는 사람들은 일본인들.

6)정치 사기꾼들 말에 속아 같은 동족끼리 이념 싸움으로 물어뜯고 싸우는 지구촌에서 하나밖에 없는 한심한 나라.

7)공산당의 이념에 따르도록 강요시키는 청소년 교육이 만연하도록 지하조직 당이 들끓는 위험한 나라

8)강성 좌익, 귀족노조의 파업으로 경제적 손실, 피해가 세계에서 가장 많은 국가.

9)세계에서 가장 발전되고, 부유하게 살면서도 제일 못사는 깡패 적국 북한에 굽신거리며 천문학적인 국민혈세를 상납하여 핵무기를 만들도록 도와주고 그 핵무기의 볼모가 된 세계에서 가장 어리석고 멍청한 나라

10)수십 년 동안 해마다 천문학적인 국민혈세를 도둑질해 먹는 민주 팔이 떼거리 집단이 국가 정치를 좌지우지하는 세계에서 둘도 없는 나라.

윤석열 대통령 잘 뽑았는가.

문재인이 대통령이던 때 국정원에 좌파 박지원을 원장으로 앉히자마자 1급 국장급을 싹 물갈이 해버렸다. 그는 심지어 그 전에 국정원을 폐지하라던 자이다. 국정원을 해체하기 위해 좌익 본산 개신교 계열대 교수를 위원장으로 국정원 개혁위원회를 만들어 국정원의 비밀이던 컴퓨터를 민간인이 볼 수 있게 한 자들이다.

윤석열 정부가 들어서면서 이런 이적질에 눈감은 국정원 1급 국장 27명 전원을 물갈이하고, 문재인 때 몸담았던 원장 4명, 간부 40명의 적폐분자를 모조리 정리했다. 그리고 사라지다시피

했던 국가보안법을 다시 부활시켰다. 지난 5년간 문재인이 버렸던 국가보안법이 다시 살아난 것이다. 그 얼마나 큰 다행인가?

이들 문재인 정부 때 인공기가 백주 대낮에 펄럭였고, 김일성 부자 사진과 인공기를 버젓이 내건 술집, 백두칭송을 부르짖는 무리 등 나라가 완전히 붉게 물들어왔다. 북한을 추종해 반국가 단체로 판결했어도 해산된 통진당 추종 세력이 이석기 석방을 외치고 다녔다. 종북 단체로 알려진 경기동부연합 같은 기관들은 국보법위반으로 엄히 처벌할 범죄 아닌가? 전국 곳곳에 지하조직망이 깔려있어 위기의 나날을 보내야 하는 게 오늘날의 현실이다. 월남이 그렇게 되어 망했다는 사실을 젊은이들은 깊이 깨달아야 한다.

23. 보석 같은 품성(品性)을 지녔던 우리 조상 백의민족

우리 대한민국 본래의 조상은 선한 품성(品性)을 지닌 백의민족(白衣民族)이었다. 봄에 먼 길을 떠날 때는 오합혜(五合鞋)와 십합혜(十合鞋) 두 종류의 봇짐에 넣고 다녔다. 십합혜는 씨줄 열 개로 촘촘하게 짠 짚신이고, 오합혜는 다섯 개의 씨줄로 엉성하게 짠 짚신을 가리킨다.

행인들은 마을길을 걸을 땐 십합혜를 신고 가다 산길이 나오면 오합혜로 바꾸어 신으며, 벌레가 알을 까고 나오는 봄철에 벌레들이 깔려 죽지 않도록 듬성듬성 엮은 짚신을 신은 것이다. 농민들도 동물의 끼니까지 살뜰히 챙겼다.

콩을 심을 땐 세 알씩 심었다. 한 알은 땅 속에 있는 벌레의 몫으로, 또 하나는 새와 짐승의 몫으로, 마지막 하나는 사람의 몫으로 생각했다. 감나무 꼭대기에 '까치밥'을 반드시 남겨놓고, 들녘에서 음식을 먹을 때에도 '고수레'하면서 풀벌레에게 먹을 것을 던져주던 습관을 지금까지도 이어 오는 사람을 많이 본다. 제사를 지내고 난 다음에도 음복을 마친 후 차려뒀던 과일이나 지짐 무침 등 음식물을 문밖에 놔둔다.

이러한 미덕(美德)은 우리의 식생활 문화에도 그대로 배어있다. 여인들은 3덕(三德)이라 하여 식구 수에서 세 명 몫을 더해 밥을 짓는 것을 부덕(婦德)이라 여겼다. 걸인이나 가난한 이웃이 먹을 수 있도록 하려는 배려였다.

미국 여류소설가 펄 벅은 장편소설 '살아있는 갈대'에서 한국을 '고상한 사람들이 사는 보석 같은 나라'로 표현했다. 그녀의 극찬은 한국에서 겪었던 특별한 체험 때문이다. 1960년 펄 벅이 소설을 구상하기 위해 한국을 찾았다. 늦가을에 군용 지프를 개조해 만든 차를 타고 경주를 향해 달렸다. 노랗게 물든 들녘에선 농부들이 추수하느라 바쁜 일손을 놀리고 있었다. 차가 경주 안강 부근을 지날 무렵, 볏가리를 가득 실은 소달구지가 보였다. 그 옆에는 지게에 볏짐을 짊어진 농부가 해질녘에 소와 함께 걸어가고 있었다.

펄 벅은 차에서 내려 신기한 장면을 카메라에 담았다. 여사가 길을 안내하는 통역에게 물었다. "아니, 저 농부는 왜 힘들게 볏단을 지고 갑니까? 달구지에 싣고 가면 되잖아요?" 라고 물으니 그 대답이 "저 소도 종일 일해서 너무 힘들까 봐 농부가 짐을 나눠서 지는 것입니다. 우리나라에선 흔히 볼 수 있는 풍경이지요."

여사는 그때의 충격을 글로 옮겼다.

"이제 한국의 나머지 다른 것은 더 보지 않아도 알겠다. 볏가리 짐을 지고 가는 저 농부의 마음이 바로 한국인의 마음이자, 오늘 인류가 되찾아야 할 인간의 원초적인 마음이다. 내 조국, 내 고향, 미국의 농부라면 저렇게 짐을 나누어지지 않고, 온가족이 달구지 위에 올라타고 채찍질하면서 노래를 부르며 갔을 것이다. 그런데 한국의 농부는 짐승과도 짐을 나누어지고 한 식구처럼 살아가지 않는가?"

구한말 개화기에 한 선교사가 자동차를 몰고 시골길을 가고 있었다. 그는 커다란 짐을 머리에 이고 가는 할머니를 보고 차에 태워드렸다. 저절로 바퀴가 굴러가는 신기한 지프에 올라탄 할머니는 눈이 휘둥그레졌다. 뒷자리에 앉은 할머니는 짐을 머리에 계속 이고 있었다. "할머니. 이제 그만 내려놓으시지요?" 선교사의 말에 할머니는 순박한 웃음을 지으며 대답했다. "아이고, 늙은이를 태워준 것만 해도 고마운데, 어떻게 염치없이 짐까지 태워달라고 할 수 있겠소?" 차를 얻어 타고서 차마 머리에 인 짐을 내려놓지 못하는 선한 마음이 우리 조상들에 묻어있는 모습이었다.

이어령 장관의 부친은 6·25의 피란 때에도 남의 밭은 밟지 않으려고 먼 길을 돌아왔다고 한다. 그 때문에 가족들이 오랫동안 가슴을 졸이며 아버지를 기다려야 했다. 백의민족의 가슴에는 이런 선한 피가 흐른다.

선한 마음은 적장의 전의까지 빼앗아버리는 힘이 있다.

임진왜란이 일어난 1592년 봄 사야가(沙也加)라는 스물두 살의 일본 장수가 조선 땅을 침략했다. 가토 기요마사의 우선봉장인 그는 부하들을 이끌고 진격하다 피란을 떠나는 농부 가족을 보았다. 왜군들이 총을 쏘는 와중에도 농부는 늙은 어머니를 등에 업고 아이들과 함께 산길을 오르고 있었다.

젊은 장수는 자기보다 노모의 목숨을 더 중히 여기는 농부의 모습을 보자 심장이 쿵하고 내려앉았다. 칼날처럼 번뜩이던 살기는 한 백성의 지극한 효심에 순식간에 녹아내리고 말았다.

"도덕을 숭상하는 나라를 어찌 짓밟을 수 있단 말인가!" 왜장 사야가는 그날 뜬눈으로 밤을 새웠다. 착한 백성들을 죽이는 전쟁은 불의라는 결론을 내렸다. 마침내 사야가는 부하 500여명과 함께 조선에 투항하기로 결심했다. 승전을 거듭하던 왜군침략군이 인의(仁義)를 이유로 힘없는 나라에 집단 망명한 사례는 세계사에 전무후무한 일이다. 조선에 투항한 사야가와 그의 병사들은 자신의 동료인 왜군들을 향해 총을 쏘았다.

백범 김구가 꿈꾼 나라는 선(善)으로 우뚝 서는 '문화의 나라'였다. 김구는 백범일지에 '내가 원하는 우리나라'의 모습을 이렇게 그렸다.

"나는 우리나라가 세계에서 가장 아름다운 우리 강토가 남의 침략을 막을 만하면 족하다. 오직 한없이 가지고 싶은 것은 높은 문화의 힘이다. 문화의 힘은 우리 자신을 행복하게 하고, 나아가서 남에게 행복을 주기 때문이다."

불과 반세기를 지난 오늘날 우리의 모습은 김구가 사랑한 조국이 맞는가? 적국의 장수까지 무장 해제시킨 선한 나라의 모습인가? 아니다 우리 지금의 세상은 부유해졌으나 정신은 더 가난해졌다. 그 사실이 가슴 시리도록 아프다.

24. 덴마크 유사시 돕겠다는 뜻 17번이나 거부한 文 정부
'사드 전자파 무해' 알고도 5년간 숨긴 文정부, 왜 그랬을까?

덴마크는 2020년 초 문재인 정부에 '한반도에 문제가 생기면 참전도 불사하며 힘을 보태겠다'고 문 정부에 유엔사 전력제공국에 참여하길 바란다는 뜻을 전했다. 73년 전 덴마크는 한국에 연락장교를 파견했다. 한반도 격변의 시대를 함께 보낸 나라다. 이에 북핵 위기가 최근 심각해지자 유사시 참전할 것을 약속하는 '유엔사 전력제공국'이 되기로 한 것이다. 하지만 뜻밖의 일이 벌어졌다.

한국이 "전력제공국은 6·25 당시 전투 파병국만 가능하다. 덴마크, 노르웨이, 이탈리아들은 의료지원만 하지 않았는가?"라며 불가입장을 전한 것이다. 덴마크는 말문이 막혔다. 두 팔 벌려 환영할 줄 알았는데 문전박대 당했기 때문이다. 외교소식통은 "덴마크가 모멸감을 느끼고 당황하는 기색이 역력했다."면서 "주한미군 유엔사 사이에서도 우리가 알던 한국이 맞느냐는 말이 나올 정도였다."고 했다.

덴마크는 혹시나 해서 '그 방침이 맞는 것인지 재확인해 달라'는 공문을 국방부에 보냈다. 유엔사는 외교부에 공문을 보냈다. 하지만 국방부, 외교부 모두 '안 된다'는 입장을 고수했다. 비무장지대 초소를 철거하고 북한 인민군과 교류 방편을 궁리하던 국방부 대북정책과 등이 이런 방침을 주도했다고 한다.

이후 덴마크는 외교전쟁을 벌이는 수준으로 '재검토' 요청을 했다. 취재해 보니 2020년 5월부터 지난해 1월까지 20개월 총 17차례 여러 형태로 의사를 전했고, 문재인 정부는 모두 거절했다, 다시 윤석열 정부로 바뀌고 18번째 요청에서야 덴마크는 전력 제공국이 됐다.

전직 군 관계자는 "애초 이 문제는 문 정부가 유엔사를 축소하려다 불거진 것"이라고 했다. 미국은 기존 회원국 17개국과 더불어 6·25 때 의료지원은 했지만, 회원국이 아닌 나라로 단계를 밟아 전력제공국에 참여시키려 했다. 유엔사가 건재만 해도 외세가 한반도에 함부로 침략할 수 없기 때문이다. 그러나 문재인 정부는 전력제공국을 전투파견국으로 제한했다. 독일 등 다른 나라가 추가 가입할 싹을 자르고 더 나아가 의료지원 3국도 제외하도록 한 것이다. 이에 따라 기존 회원국 17개국보다 적은 14개국만 전력제공국으로 했다.

북한이 한국을 공격하면 목숨 걸고 돕겠다는 '참전 의사 국' 수를 더 늘리려 하기보다 더 줄이려 한 것이다. 왜 그랬을까?

당시 국방부 관계자들은 이에 입을 닫고 있다. 대신 한 전역자가 2018년 다음과 같은 제목으로 보도된 기사 링크를 보내줬다. "주 유엔 북한대표부 1등 서기관, '유엔사는 괴물이다' 당장 해체주장" 그리고 보니 2020년 김여정의 대북전단 비난 직후 당시 민주당 주도로 북한전단 살포 금지법이 일사천리로 처리되는 일도 있었다.

#경북 성주에 배치된 사드(고고도 미사일 방어체계) 전자파 무해 알고도 5년간 숨긴 문 정부.

문재인 정부시절 발사대 주변에 차량과 물자들에 사드기지에서 나오는 전자파를 수십 차례 측정해 인체에 무해하다는 것을 확인하고도 이를 공개하지 않았다는 사실이다. 국방부 자료에 따르면 공군이 2018년 3월부터 지난 1월까지 사드 주변 4개 지점에서 34차례 전자파를 측정해 보니 평균값은 인체보호기준의 0,0025%였다. 측정할 때마다 무해성이 입증됐는데도 제대로 알리지 않았다. 초반 2차례만 공개하고 그 뒤로는 침묵했다.

군의 전자파 측정은 문 정부 시절 27차례 이뤄졌다. 문 정부의 은폐는 중국이 사드배치에 반발하고 민주당과 좌파단체들이 "사드전자파에 내 몸이 튀겨진다."며 유해성을 주장한 때문이다. 사드전자파의 무해성이 입증되면 이들의 사드반대선동이 힘이 빠지는 것을 우려했을 것이다. 그런 식으로 5년 내내 사드의 정식배치를 미뤘다.

이 때문에 기지 내 한미장병 수백 명은 제대로 된 숙소, 화장실도 없이 컨테이너 같은 임시시설에서 열악하게 생활했고, 발사대는 시멘트 타설을 하지 못해 골프장 그린위에 금속 패드를 깔고 임시로 전개했다. 더구나 성주 군민들은 이름난 '성주참외'가 팔리지 않는다고 5년 내내 플래카드를 들고 집단 데모하는 게 일과였다. 우리 목숨을 지키기 위해 배치된 방어체계를 우리가 이렇게 만들었다는 사실이다.

문 정부는 북이 2019년 하노이 핵협상이 깨진 뒤 위장평화공세를 접고 타격용 신무기들을 잇따라 선보이며 위협을 끌어올렸는데도 사드 정식배치를 위한 절차들을 계속 뭉갰다. 5년간이나 임기 말까지 중국의 눈치를 보고 김정은과의 평화 이벤트에 매달리는 데 사드는 방해가 됐을 것이다. 안보 최후의 보루인 군마저 전자파 측정 결과를 감추고, 환경영향평가를 미루며 사드 정상화를 가로막았다. 이것은 문 정부 5년간에 벌어진 안보 자해극의 일부에 불과한 사례일 것이다.

25. 바른 공직자의 길

문 정부가 손댄 집값 통계 조작
피눈물 쏟게 하는 전세사기

　문재인 정부 때인 2019년 7월초, 한국부동산원 주택통계의 직원 A씨는 청와대와 국토교통부의 부동산정책 담당자들에게 지난 한 주간 전국의 아파트 가격이 어떻게 변했는지를 조사한 통계보고서 파일을 이메일로 보냈다.

　파일로 첨부된 보고서에는 서울지역 아파트 가격이 전주에 비해 평균 0.02% 올랐다는 내용이 담겨 있었다. 그러나 A씨는 메일 '본문'에는 다른 이야기를 적어 보냈다. 그는 '실제 시장상황은 0.1% 이상으로 보인다.'고 썼다. 서울지역의 실제 아파트 가격 상승률은 부동산원통계상승률의 5배가 넘는다는 이야기였다.

　부동산원 통계보고서는 '공식적으로'는 A씨를 비롯한 부동산원 직원들이 전국의 아파트 가격을 조사해 만든 것이다. 그런데도 A씨는 자기가 직접 만든 통계보고서를 보내면서 '이 통계는 사실이 아니다.' 라는 꼬리표를 달아 보낸 셈이다.

이 얼마나 엄청난 공직자의 무책임한 발표의 글인가? 서민들이나 부동산업자들은 이런 가장 신빙성이 높은 엉터리 내용을 믿거나 이용하여 서민들을 울린다는 사실이다. "진짜 공직자라면 과연 이래서야 될 일인가?"라고 당신의 양심에 묻고 싶다.

이는 당시 A씨 등 부동산원 직원들이 청와대와 국토부의 압박으로 거짓 통계를 만들어 내고 있었기 때문이다. 부동산원 직원들은 그러면서도 자기들이 만든 거짓통계가 시장 상황과 완전히 동떨어져 있다고 지적하는 글을 청와대와 국토부 등에 지속적으로 보낸 것으로 나타났다. 이 얼마나 국민을 노략질하면서도 잘못을 깨닫지 못하는 공직사회 비리 사실들이 빙산에 일각일 것이라는 사실에 참으로 문재인 정부가 그토록 썩은 정부였다는 실상에 경악을 금할 수 없는 일이다.

지난 9월 감사원이 발표한 문재인 정부의 국가 통계 조작의혹에 관한 감사 중간 결과에 따르면 2017년 6월 장하성 당시 청와대 정책실장은 부동산원이 주 1회 실시하던 '주간 아파트 가격 동향' 조사 중간 집계 값을 만들어 가져 오게 했다는 사실이다.

정부가 23년 11월 1일 전세사기를 뿌리 뽑기 위해 범정부 차원의 특별단속을 무기한 진행한다고 밝혔다. 윤 대통령이 지난 30일 국무회의에서 "검 · 경이 전세사기범과 공범들을 지구 끝까지 추적해 반드시 처단하라."고 지시한 지 이틀 만이다. 법무부와 국토교통부, 경찰청은 이날 정부서울청사에서 합동 브리핑을 열고 "전세사기를 발본색원하고 충실한 피해복구를 지원하겠다."며 이같이 밝혔다.

한동훈 법무장관(현 국민의힘 비대위원장)은 "사익 추구만을 목적으로 사기 범행을 저지르는 임대인이 법이 허용하는 최대한의 책임을 지게 하고, 범죄에 가담한 공인중개사와 컨설팅업자 등도 엄중 심판을 받도록 하겠다."고 말했다.

그는 전세사기 피해자 최지수 씨가 쓴 책 '전세지옥'의 내용을 언급하면서 "더 이상 나 같은 피해자가 없길 바란다는 그 말씀을 정책의 기본으로 삼겠다."고 했다.

정부는 지난해 7월부터 검·경, 국토부 간 수사협력 체계를 구축해 전세 사기 특별단속에 나섰다. 경찰청 국가수사본부는 14개월간 총 5568명을 검거하고 481명을 구속했다. 특히 전국적으로 1만 2000여 채를 보유한 '무자본 갭투자' 15개 조직을 일망타진하고, 허위 전세계약서로 전세자금 대출금 788억 원을 가로챈 21개 전세자금대출 사기조직 등 965명도 검거했다.

검·경 간 핫라인 설치 등 밀접한 소통으로 수사, 공판단계도 대폭 단축됐다. 대표적 전세사기 사건인 2021년 '세 모녀 사건'은 수사에 1년 3개월이 걸렸지만 올해 초 발생한 구리 대규모 전세사기사건 수사는 4개월 만에 끝났다.

검찰은 죄질이 나쁜 전세사기 주범에게는 법정 최고형을 구형하고 있다. 경기 광주 빌라 사기사건 주범은 징역 15년, 세 모녀

사건 주범은 징역 10년의 중형이 선고됐다. 법무부는 현재 진행 중인 수원 전세사기사건은 수원지검에 전담수사팀을 구성할 방침이다. 정부 브리핑 직후 전세사기 피해자 전국대책위원회는 논평을 내고, "수사 재판 중인 상황을 정리하거나 이미 시행중인 지원 대책현황을 종합한 것에 불과해 '속빈 강정' 이라는 인상을 지울 수 없다."고 지적했다.

26. 대통령이 바뀌면 나라살림이 달라진다

한 가정의 가장이나 한 국가의 수장이 올바른 인물일 때 그 가정 그 나라는 잘살거나 못살게 달라질 수가 있다. 전쟁의 폐허였던 당시 76달러의 거지 나라에서 3만 달러 시대의 기반을 만들어 주었던 박정희 대통령이 있었던 반면, 나라를 송두리째 북에다 상납, 날려버리려 했던 대통령도 있었다. 이런 와중에 국민이 깜짝 놀란 위기일발의 순간 하나님이 나라를 구제시키려고 국가관이 뚜렷한 대통령도 탄생시켜주셨다. 그야말로 천우신조(天佑神助)가 아닐 수 없다.

문재인이 대통령에 당선됐을 때 우리 국민은 큰 기대를 했다. 생전 보고 듣지도 못한 새로운 나라를 만들겠다는 그 발언에 무척 기대되었으나 차츰 그와 정반대였다. 그로부터 시작하더니 느닷없이 청와대 참모진을 모조리 좌파 운동권 일색으로 채워

놓더니 언제나 밝은 세상으로 흑자경영이던 한전을 몇 십조 원 적자투성이로 내려앉게 만들면서 죄 없는 국민에게 전기요금 폭탄을 안겨놓고 안일한 변명만 늘어놓았다. 그뿐인가? 영화 한 편을 보고 눈물 짜더니 멀쩡하던 원자력발전소를 폐쇄시켜 버렸다. 거기에다 잘나가던 기업을 52시간제로 하루아침에 바꿔놔 중소기업들은 더 이상 경영이 어려워져 싼 임금의 나라 베트남과 중국 동남아 등지로 옮겨갈 수밖에 없어 나라경제 앞날이 캄캄해졌다.

심지어는 중소기업 장관에 기업 기(企)자도 모르는 방송사 앵커 출신을 앉혀놔 쑥대밭으로 만들어 버렸다. 그보다 더 깜짝 놀란 사실은 북한으로 가더니 자식 같은 김정은과 손잡으며 9·19군사합의까지 해 놓고 최전방 부대도, 전차장벽도 모조리 없애버리고 무방비상태를 만들어버린 대통령. 이런 사람이 김정은 사이에서 우리나라 국민들에게 일언의 문답형식도 없이 일방적으로 2018년 9·19 남북군사합의를 체결했다.

군사분계선(MDL)에서 서울까지 불과 40km밖에 되지 않는데 MDL기준 20km까지는 정찰비행을 금지하는 등의 내용이었다. MDL에서 평양까지는 140km로 훨씬 멀다. 완전히 우리에 불리한 체결이다. 그런데도 한 야당의원은 "우리는 정찰력이 뛰어나고 북한은 능력이 떨어져 9·19합의로 손해 본 건 북한"이라고 주장하기도 한다.

한 예비역 육군대장 출신은 "궤변"이라며 "그러면 북한은 왜

협상 내내 비행금지구역을 MDL기준 60km까지 더 넓게 하자고 했겠나. 북한이 바보인가?"라고 했다. 북한엔 없고 한미엔 있는 정찰기에 족쇄를 달려고 했다는 게 이치에 맞는다.

문제는 다른 것도 아닌 우리 국민의 생명과 재산과 직결되는 안보계약을 어길 시 어떻게 하겠다는 조항도 없이 3개월 만의 졸속협상으로 체결했다는 사실이다.

그러니 북한은 9·19로 한미 군의 손발에 족쇄를 채운 뒤 개성연락사무소폭파 등 18차례 합의를 위반하고도 오히려 큰소리치는 것이다. 이런 기준미달 계약을 왜 문재인이 했는지를 국민 앞에 반드시 밝혀져야 한다.

이런 나라의 국운이 경각에 달려 위기의 순간 하나님이 기적적으로 구출, 윤석열을 대통령으로 당선시켜 주면서 나라 질서를 잡기 시작했으나 아직도 좌파 당의 방해공작으로 발목이 잡혀 어려움을 겪고 있다. 돌아오는 2024년 4월의 총선에서는 국민들이 바른 선량들을 선출해야 할 절실한 때다. 우리 국민들이 지난날 공산당 빨갱이들에 그만치 속아봤으면 이젠 정신들 차려야 하는데 살만해지니 전쟁을 겪어보지 않아서 그 잔인한 빨갱이 세상을 너무 모르고 안일해 있다. 그 표본이 현재의 북한을 거지 나라로 만들어놓은 실정을 우리 국민이 알고 있지 않는가?

윤석열 대통령은 지금 얼마나 나라를 바로 세우려고 외교 세일즈를 열심히 하고 있는가? 한마디로 대한민국의 영업사원 1

호의 역할을 해내고 있다. 또한 나라살림을 일일이 챙기며 밤낮으로 동분서주 거침없는 외교로 나라의 위상을 높이고 있다. 사우디 빈 살만 왕세자는 직접 운전까지 해주었다. UAE, 카타르까지 이해 들어 107조 원의 중동투자를 이끌어내고 폴란드는 전차, 비행기 할 것 없이 한국의 무기를 구입하고 동남아 등 방산사업이 앞으로 무진장 신용도를 얻어 전망이 밝다.

이에 비해 문재인의 외교실적은 어떠한가? 중국에가 혼밥 먹으며 나라를 개망신 다 시킨 그와는 하늘과 땅 차이다.

윤 대통령의 해외순방외교는 참으로 문재인과는 댜르다. 윤 대통령은 세일즈맨으로서 취임 이후 경제적, 외교적 성과는 박정희 이후 최고의 실적을 올리고 있다. 중동전쟁의 위험 속에서도 국익을 위해 몸소 여러 나라를 방문한 윤 대통령의 업적이야말로 가히 대단하다. 우리나라 1년 예산 5분의 1에 해당하는 해외시장 개척에 성공한 외교역사에 금자탑을 세운 기록이다.

지난 미국 방문에서는 '아메리칸 파이'를 영어로 불러 미국인들의 가슴에 깊은 인상을 심어주었던 윤 대통령은 가히 외교 천재다. 우리나라의 '고향의 봄'이라는 노래와 똑같은 "아메리칸 파이"를 불렀던 윤 대통령을 미국인들이 잊을 수 있겠는가? 외교사에서 아무런 흠도 없이 당당했던 윤 대통령은 100명의 외교정상들과 만나 회담한 분이시다.

윤 대통령의 남은 임기 3년 반 동안 나라의 안정이 무엇보다 중요하다. 대통령이 더 커져야 한다. 우리 국민 모두는 참으로 인내심이 강한 민족이다. 문재인의 어지러웠던 질서를 바로잡아 가고 있으나 국민들이 함께 응원하는 한마음이 돼야 한다.

우리나라 국민은 현재 이념전쟁 속에 살아가고 있다. 그걸 잊어서는 안 된다. 공산주의 추종, 반국가세력을 우선 반공법을 적용해 소탕하는 일이 급선무다. 나라 안에 자생하고 있는 빨갱이를 잡아 없애는 국민단합의 혁신이 우선해야 한다.

노심초사 나라를 이끌어가는 대통령에 힘을 실어 줘야 한다. 나라 안의 고질적인 분열과 대립, 소모적 갈등에서 얻어지는 것은 아무것도 없다. 이념적 싸움에서 하루빨리 벗어나려면 제일 먼저 나라 안에 반공법을 우선시하여 척결하는 일이 급선무다. 그런 후에 통합과 협치를 세워나가야 한다. 우선 많은 기업을 세우면 번영의 길이 열린다. 나라의 주인이신 우리 국민들은 대통령의 바른 길을 응원하며 혁신해야 한다.

27. 우리 조국을 지키는 "3대의 헌신"
할아버지는 6·25 카투사 참전, 아버지는 군복무 후 미국이민, 아들은 주한미군으로 한국에

지난 23년 가을 경기도 평택 주한미군 오산기지의 제35방공포여단에서는 15~40km의 중·저고도 탄도미사일 요격 시스템인 패트리엇의 최신기종 'PAC3MSE' 발사대 수대가 빗속에서도 사방을 겨누고 있었다. 패트리엇은 적의 미사일로부터 서울은 물론 수도권 등 한국 전역을 지키는 하늘 위 "강철지붕"이다.

미군은 이날 제35방공포여단을 공개했다. 북한 김정은이 러시아 방문 일정을 마치고 평양으로 돌아온 바로 다음 날이다. 사드(THAAD 고고도미사일 방어 체계) 패트리엇운용부대인 제35방공포여단이 2017년 사드가 국내에 배치된 이후 부대 내부와 운용 장면을 공개한 것은 처음이다. 패트리엇 부대는 북한의 제1선제타격대상 가운데 하나다.

미군은 이날 또 다른 '전략자산'도 깜짝 공개했다. 케빈 스톤룩 제35방공포여단장(대령)은 "주한미군이 매일 주어진 임무를 완수할 수 있는 비결은 한미가 서로 하나 됨(integration)이다. 그 상징과 같은 인물이 여기에 있다."면서 미 장교 한 명을 등장시켰다. 패트리엇발사대 뒤에서 전투복차림의 한국계 미국인 제이컵 강 소위가 걸어 나왔다.

제35방공포여단에는 100여명의 카투사(미군 배속 한국군인)가 근무하는데, 이들뿐 아니라 미국으로 귀화한 한국계 미국인 장병, 한국인 배우자를 둔 미 장교들이 주한 미군에서 한미 군의 가교역할을 하고 있다고 한다.

강 소위는 "주한 미군에 배치된 지 1년 반 정도가 됐다."면서 "패트리엇 통제실에서 적 미사일 요격 관련 업무를 맡고 있다."고 했다. 적 미사일이 날아올 경우 통제실에서 레이더로 추적하다 결정적인 순간에 패트리엇 요격 미사일의 발사버튼을 누르는 게 그의 임무다. 그는 "2021년 임관했을 때 북한이 할아버지와 아버지의 나라인 한국에 대해 핵, 미사일 등으로 위협하는 상황을 보고 주한미군에 근무해야겠다는 결심을 하게 됐다."고 말했다. 강 소위의 할아버지는 6·25전쟁에 참전한 최초의 카투사다. 그의 아버지는 한국 공군에서 근무했다고 한다.

3대가 한미 군 소속으로서 지난 70년의 한미동맹역사에 함께한 것이다. 강 소위는 어릴 적 부모님을 따라 미국으로 이민을 와 미국 국적자가 됐다. 그는 "학교를 졸업하고 미국 일반회사에 다녔지만, 나를 위해 돈을 버는 경제활동을 넘어서는 의미 있는 일을 하고 싶었다."고 했다. 그러다 "할아버지와 아버지의 영향으로 지금 군복을 입게 된 것"이라고 했다. 그의 형도 미군 폭발물처리반(EOD)에서 11년째 근무 중이라고 한다.

"어텐~션 발사대, 이동!"

강 소위 인터뷰가 끝나자 스톤룩 여단장이 패트리엇 발사대를 부대 건물 밖으로 전개 배치하라는 명령을 내렸다. 점검을 마친 발사대를 제 위치로 옮기는 절차였다. 여단 대원들은 명령이 떨어지자 방탄 헬멧 등 복장을 착용하고 패트리엇 전용 차량과 발사대를 결합해 발사대를 밖으로 이동시켰다.

발사대는 돌도 철도 아닌 듯한 독특한 재질의 장벽으로 둘러싸인 지역으로 이동했다. 그간 공개된 패트리엇의 야전훈련에서 볼 수 없었던 광경이었다. 패트리엇은 냉전시기 미국이 옛 소련(현 러시아) 등 적대세력의 핵미사일, 전략폭격기 등의 공격을 방어하기 위해 개발한 세계 최고 성능의 요격 미사일 시스템이다.

이라크의 쿠웨이트 침공을 막는 걸프전쟁에 투입돼 이라크의 소련제 스커드미사일을 명중 요격하며 '총알로 총알을 잡는 총'으로 이름을 날렸다.

주한 미군에 패트리엇 운용부대인 35여단이 배치된 것은 2004년이다. 특히 패트리엇은 2017년 사드가 성주기지에 배치된 이후 사드와 통합운용하며 방어역량을 대폭 키웠다. 패트리엇 레이더 유효탐지 거리는 최대 100~170km인데, 사드 레이더는 600~800km(최대 탐지 거리 약 1000km)로 훨씬 넓다.

패트리엇 미사일 체계가 사드 레이더를 활용하면 적 미사일을 좀 더 멀리, 더 빨리 포착할 수 있어 요격대응 시간을 벌게 되고, 그만큼 명중률도 더 높아진다. 한국군 고위관계자는 "사드 패트리엇이 고고도와 중·저고도 방어를 책임지고 있다면, 한국국방과학연구소가 개발한 천궁-2는 요격고도 15km로 저고도를 맡고 있다."면서 "내년 ADD가 요격고도 50~60km인 L-SAM을 개발 완료하면 한미 연합 방공망은 더욱 촘촘해질 것"이라고 말했다.

스톤룩 여단장은 "35여단은 아직 낮은 수준이긴 하지만 이미 한국군과 연합 훈련을 하고 있다."면서 조만간 더 새로워진 방공 시스템을 도입하는 것을 계기로 한미연합훈련의 수준도 한

단계 더 끌어올릴 계획"이라고 했다. 그러면서 "이번 가을에 한 미 연합 미사일 방어 훈련도 준비돼 있다."며 "이를 통해 적의 어떤 위협에도 대응할 수 있는 한미연합방위 태세 능력을 향상 시킬 것"이라고 말했다.

세계가 부러워하는 한미동맹을 보자. 제일 부러워하고 후회하 는 두 나라가 있다.

우선 중국의 위협이 커지자 안보의 중요성을 절감하는 베트남, 필리핀을 본다. 거기다가 폴란드에는 미군 기지를 건설하며 러 시아를 견제한다는 일에 몰두하고 있다.

미국과 베트남은 1960년부터 1975년까지 오랜 전쟁을 치른 '불구대천의 원수'다. 미군 약 6만 명, 베트남인 약 200만 명이 베트남(월남과)전쟁에서 죽었다. 그런 과거의 양국이 지난 9월 10일 하노이에서 정상회담을 갖고 양국외교관계를 최상위 수준 인 '포괄적 전략동반자관계'로 높였다. 미국 대통령의 베트남 방문은 미군 철수 50년 만에 처음이다.

남중국해 영토를 둘러싸고 나날이 커지는 중국의 위협이 베트 남을 미국으로 눈 돌리게 만들었다. 이런 기류를 반영해 지난 6 월엔 미 항공모함 로널드 레이건호가 다낭에 입항했다. 다낭은 중국과 영토분쟁 중인 호앙사군도(중국명 시사군도)와 가깝다. 베트남이 미국과 안보 파트너십을 구축해 나가자 미국은 대규 모 투자와 반도체 등 정보기술(IT) 지원을 약속하는 것으로 화 답했다. 전쟁했던 적과 안보를 위해 힘을 합치고, 든든한 안보가 경제적 번영의 초석이 되는 국제정치의 단면이다. 북대서양조약기구(NATO) 동부전선인 폴란드에는 지난 3월 미군 영주주둔기지가 건설됐다.

러시아의 우크라이나 침공으로 유럽의 안보가 위협받는 가운데, 약 1만 명의 미군이 일시 순환 배치됐던 폴란드는 "러시아의 다음 침공이 우리가 될 수 있다."며 미군 영구주둔을 강력하게 요구하여 관철시켰다.

사우디아라비아도 미국과 최근 한미동맹에 준하는 상호방위조약 체결을 논의하는 것으로 알려졌다. 상대방 국가 공격을 받을 경우 군사지원을 제공하겠다고 약속하는 것이다. 미국이 사우디와 이스라엘의 관계 정상화를 추진하면서 빈 살만 사우디 왕세자가 강력하게 내건 조건인데, 사우디측은 상호방위협정이 이란이나 드론 무장 파벌들의 잠재적인 공격을 억제하는 역할이 될 것이라고 판단한다.

반면 필리핀은 1992년 미군을 철수시킨 후 경제와 안보 두 마리 토끼를 모두 잃어버렸다. "미군을 몰아내고 그 자리에 외국인 투자 공단을 만들면 글로벌 기업이 몰려온다."는 구상이었지만, 안보 리스크가 커진 나라에 투자하는 글로벌 기업은 없었고, 경제는 날로 내리막을 탔다. 미군이 사라지자 중국이 스프래틀리 군도(중국명 난사군도) 일부를 무력으로 점령하고 필리핀 어선에 총격을 가하는 등 횡포를 부리고 있지만, 필리핀 정부는 속수무책인 처량한 신세가 돼 한미우호의 굳건한 동맹을 한없이 부러워하고 있는 실정이다.

28. 대북전단 금지법은 위헌 아닌가
 # 북 핵사용 땐 한미동맹으로 정권 종식
 # 국군, 주한미군 서울 시가지서 첫 동반 시가행진

 헌법재판소가 '북한 김여정 하명 법'으로 불리는 '대북 전단 금지법'에 대해 위헌(違憲) 결정을 내렸다. 이 법은 지난 문재인 정부 당시 한 탈북민 단체가 대북전단 50만장을 북한 상공으로 살포한 데 대해 김여정 노동당 제1부부장이 "쓰레기들의 광대 놀음을 저지시킬 법이라도 만들라."고 하자 문재인 정부가 처벌 조항을 신설한 것이다. 이후 문재인 정부에서는 대북전단을 살포한 탈북민 단체의 설립허가를 취소했고, 이 단체의 대표는 이후 대북전단을 추가 살포한 혐의로 기소돼 재판을 받고 있다.

 헌법재판소는 22년 9월 26일 '대북전단 금지법(남북관계 발전에 관한 법률)'에 대한 헌법소원 사건에서 '위헌 7대 합헌 2' 의견으로 위헌결정을 내렸다고 밝혔다. 이 헌법소원은 2020년 대북전단을 살포한 탈북민 단체인 '자유북한운동연합'의 박상학 대표 등이 낸 것이다. 이는 국가형벌권의 과도한 행사라며 "이는 표현의 자유를 지나치게 침해한다."고 판단했다고 주장했다.

한편, 대북전단 금지법은 일명 '김여정 하명 법'으로 불린다. 이에 문재인 청와대는 "대북 삐라는 백해무익한 행위"라고 했고, 경찰은 대북전단 살포활동을 해온 탈북민 단체를 압수 수색했다. 이에 대해 국제 사회는 "터무니없는 일" "끔찍한 구상" "한국이 민주주의 국가가 맞느냐?"라며 비판했다. 이재명 당시 경기도 지사도 문재인 정부의 대북전단 금지법에 엄벌하라고 보조를 맞췄다. 한마디로 같은 좌익임을 증명했다.

한편, 윤석열 대통령은 9월 26일 경기도 성남 서울공항에서 열린 제75주년 국군의 날 기념식에서 "북한이 핵을 사용할 경우 한미동맹의 압도적 대응을 통해 북한 정권을 종식시킬 것"이라고 당당하게 말했다.

윤 대통령은 이날 서울 광화문, 숭례문 일대에서 열린 국군 시가행진에도 참여해 장병, 시민들과 함께 비를 맞으며 걸었다. 윤 대통령은 기념사에서 "굳건한 한미동맹을 바탕으로 한·미·일 안보협력과 나아가 강력한 안보태세를 확립해 나갈 것"이라고 밝혔다. 또한 우리 국민은 북한 공산세력, 그 추종세력의 가짜평화 속임수에 결코 현혹되지 않을 것이라고 했다.

윤 대통령은 우리 군이 추진 중인 한국형 3축 체계구축, 전략사령부 및 드론작전사령부 창설 등을 언급하며 "무엇보다 강력한 국방력 원천은 투철한 군인정신과 확고한 대적관(對敵觀)"이라고 했다.

건군 75주년을 기념해 주한 미군과 함께 서울 도심에서 시가행진을 했다. 군 시가행진은 2013년 이후 10년 만으로 특히 미군 전투부대원이 함께한 것은 창군 이래 처음이다. 이날 성남 서울공항과 서울 도심 시가행진에서 실시된 행사에는 고위력 탄도미사일과 스텔스 무인기, 국산 장거리 요격미사일 L-SAM 등 한국군의 첨단 신무기들이 처음으로 공개됐다. 특히 북한 핵, 미사일위협 고도화에 대응하는 한국형 3축 체계는 30분 내에 북 미사일 이동식 발사대 등을 타격하는 '킬 체인(kill Chain), 날아오는 북미사일을 요격하는 한국형 미사일방어체계, 북 핵공격을 받았을 때 북 지역을 완전히 초토화하는 대량응징보복(KAMD)체계 등으로 구성돼 있다. 고위력 미사일은 KMPR의 핵심무기다. 이날 공개된 현무 4급 미사일은 탄두중량 2톤급으로 2021년 9월 영상이 공개된 적은 있지만, 실물을 선보이기는 이번이 처음이다. 군은 세계에서 가장 무거운 탄두중량 8~9톤을 자랑하는 괴물미사일 현무5도 개발했지만, 이날 공개하지는 않았다.

현무5 한 발로 북한 주석궁 금수산태양궁전, 지하 100m 이하에 있는 '김정은 벙커'를 완전히 무력화할 수 있는 것으로 알려져 있다. 만일 북한이 초강도 도발을 할 경우 공개하는 현무5는 일종의 '히든 카드'로 남겨두기로 한 것으로 안다고 말했다.

방패에 해당하는 KAMD를 구성하는 미국제 패트리엇 미사일과 국산 천궁2 및 L-SAM도 등장했다. 이날 처음으로 공개된 패트리엇은 최대 50~60km 고도에서 북의 탄도 미사일을 요격

할 수 있는 한국형 사드로 불린다.

최근 양산이 결정된 MUAV는 최대 100km 떨어진 표적을 감시할 수 있고, 앞으로 미 무인공격기 리퍼처럼 대전차 미사일과 정밀유도 폭탄 등도 장착하는 무인 공격기로 개량될 것으로 알려졌다.

가오리 형상의 소형 스텔스 무인기와 원거리 정찰용 소형 드론, 우크라이나 전에서 활략중인 자폭 드론과 비슷한 자폭형 무인기도 처음으로 공개됐다. 소형 스텔스 무인기는 북한이 지난해 12월처럼 소형무인기 도발을 할 경우 평양 상공까지 침투해 사진을 찍어온 뒤 공개하는 데 활용할 것이라고 소식통은 전했다. —유용원 군사전문기자

29. 우리민족의 저력은 대단하다
삶의 비극 이념전쟁(理念戰爭)을 넘어서야 한다.

필자는 철학자 산타아나의 글 "뼈아픈 과거를 기억할 줄 모르는 사람은 과거를 되풀이하게 된다. 슬기로운 사람은 경험 속에서 지혜를 배우고 지혜로운 민족은 역사 속에서 교훈을 얻는다."는 말을 기억한다.

우리민족의 파란만장했던 역사는 고난의 가시밭길이었다. 일제의 수탈과 압제, 해방 이후 남북이 갈라져 좌우 이념전쟁으로

고통 받을 때 남로당 박헌영의 지하조직에 의한 남한의 대구반란, 제주반란, 여순반란 등을 총지휘하는 동안 또다시 북한 김일성이 1950년 6월25일 새벽 4시에 38선을 부수고 쳐내려와 참화를 겪어야 했다.

1945년 8월 15일 당시 필자는 초등학교 4학년이었고, 여순반란사건이 발발했던 1948년 10월 19일이 중학 1학년생이었고, 1950년 6월 25일은 중학 3학년생이었다. 이런 나라의 소용돌이 한 가운데서 견딜 수 없는 어린 시절 초근목피(草根木皮)로 연명했다. 나라의 운명이 경각에 달렸던 날 군 자원입대 훈련 중 정전협정으로 군 입대가 무산됐다.

이 시점에서 공산주의 국가 북한과 자유민주주의 국가인 대한민국을 냉철히 한 번 비교해본다. 역사란 과거의 사실이 실제로 있었던 그대로를 정확하게 기록하는 것이다. 그러기에 역사란 살아있는 양심이며 후손들에게 참된 교육이어야 한다. 그러나 우리나라의 지금은 이념전쟁 때문에 제대로 남겨놓고 있지 못해 실로 안타깝다.

1) 해방직후의 한반도 정세의 실상

일본이 연합군에 항복하자 38선을 경계로 북쪽은 소련이, 남쪽은 미국이 군정(軍政)을 펴 서로 갈라지게 됐다. 이때부터 남쪽은 이념전쟁의 소용돌이에 휘말렸다. 북쪽의 김일성 체제 아래에서 남로당 당수 박헌영이 "토지를 국유화해 소작인들에게 전부 나눠 주고 평등하게 잘살게 해 주겠다."며 남쪽의 농민을 유혹했다. 천진난만하게 밭 갈고 논 갈아 편한 세상을 만들어준 다며 농민들을 유혹하니 이런 감언이설에 속아 남로당원에 가 입하면서 각 지역마다 지하조직이 형성되어 남조선로동당(南朝 鮮勞動黨)이 자유대한민국 땅 깊숙이 침투하면서 반란을 획책 했다. 그 시작이 대구 10·1사건이고 제주 4·3사건이며, 여순 14연대 반란사건이다.

필자가 직접 겪은 여순반란사건을 정확히 밝혀 보면, 여수순 천 남로당의 지령을 받은 여수 14연대안의 남로당원들이 계획 적으로 일으킨 반란이다. 그런 사실을 14연대 하사관 세력이 독 자적으로 일으킨 봉기라고 주장한 자들도 있는데 그것은 전혀 사실이 아니다. 남로당이 반란지령을 내렸다는 확실한 증거는 당시 여수 인민위원회소속 23명이 1948년 10월 18일 20시경 14연대 정문 앞 식품점에서 반란을 모의, 성공하기를 기다렸다 가 성공했다는 연락을 받자 인민공화국 만세를 부르며 즉시 부 대 안으로 들어가 장교 몇 명을 죽이고 김지혜 상사를 중심으로 함께 무장하고 반란에 가담했다. 하루 전날 아침에는 여수경찰 서를 중심으로 두 패로 나눠 예행연습까지 했던 사실(아침 학교 등교시간)을 직접 필자는 목격했다. 그 반란의 목적은 제주 4· 3사건을 도우러간다는 지령전문을 받고 행동에 옮긴다는 것이 다. 이는 여수 남로당에서 반란지령을 내렸다는 확실한 전문증 거다. 반란사건이지 봉기는 절대 아니다.

1948년 10월, 국방경비대의 남로당 군인들이 작당하여 제주도 4·3사건을 진압하라는 명령을 듣는 척하고 대대장을 살해한 후 여수와 순천 일대의 관공서를 급습, 불 지르고 죄수들을 감옥에서 풀어줘 이들이 시가행진을 주도해 우익인사나 자본주의자들을 모조리 여수 중앙동 로터리(필자의 집앞)에서 인민 치안재판 (국군이 여수를 수복하기 사흘 전) 한다며 죽창이나 총으로 죽이는 모습을 필자는 직접 목격했다. 당시 돈 많다고 억울하게 죽은 고무신공장 사장 김영준이나 연상회 (재산가) 기타 경찰관과 그의 가족 등 우익인사 10여 명이고, 잡혀온 20~30명이 중앙동 목욕탕 앞 2층집 지하에서 소리치며 살려달라고 울부짖는 모습이 지금도 생생하다.

이후 2년 뒤 1950년 6월 25일 일요일 새벽 4시 북에서 남쪽을 향해 선전포고도 없이 전차를 앞세워 쳐내려와 전쟁이 벌어지면서 급기야는 경상남북도만 남겨두고 나라의 운명이 풍전등화(風前燈火)로 공산주의 통일을 목전에 둔 절체절명의 순간, 맥아더 장군의 기습적인 인천상륙작전으로 반전을 시작, UN 17개국이 참전해 압록강 가까이에까지 진격해 통일을 눈앞에 두고 갑작스런 중공군의 참전으로 유엔군의 후퇴와 반격을 거듭했다. 결국 3년 반여의 지루한 전쟁 끝에 휴전, 오늘에 이르는 동안 북한은 또다시 총칼 없는 이념전쟁으로 대한민국을 바꿔놓으려고 혈안이 돼 있다.

이런 엄청난 우리민족만의 비극의 순환은 오늘도 끝없이 공산주의자들의 거짓선동을 하는 속임수에 속으며 살아가고 있는 현실이다. 필자는 우리 국민에게 절실히 되묻고 싶다. 도대체 이 나라를 어디로 끌고 가려고 하는가? 그만큼 전쟁을 겪으며 고생을 했으면 이젠 우리 국민도 정신을 좀 차릴 때도 됐는데, 공산주의가 얼마나 지독하고, 악독한 것인지를 잘 알면서도 속기를 반복하고 있다.

그런 가운데 다수당(169석) 의원들은 사법 리스크에 끊임없이 시달리고 있는 당 대표를 무조건 방어하려는 개딸들이나 극렬분자들, 여기에 법원은 구속영장청구 기각으로 그에게 면죄부를 주었다.

필자가 우리 국민들도 이젠 깨우쳐야 한다는 〈벼랑길 굴러가는 대한민국〉 책을 천안 김상돈 선생과 공저로 2019년에 출간한 사실이 있는데, 좌파 구렁에 살다 보니 낯선 분들이 "곱게 늙으라"는 등 폭력적 공갈협박을 수차 해와 애를 먹었다.

우리가 지금 북한의 현실을 냉정히 한번 비교해 보자. 북한에서는 못 먹고 헐벗어 굶어 죽어가는 김씨 일가 세습 독재정권과 자유대한민국의 GNP차를 한번 비교해 보면 그야말로 하늘과 땅 차이다. 그래도 북한 공산주의의 달콤한 말이 옳다고 믿어야 하는가? 북한사람이 오죽하면 사선을 넘어 탈북하여 우리나라로 오겠는가? 이들에게 한번 물어보자. 뭐라고 답할까? 제발 정신들 좀 차려야 한다. 나라가 있어야 우리가 있는데 오늘도 김정은은 핵으로 위협하고 있지 않는가? 비극의 전쟁을 전혀 겪어보지 않은 우리나라 70대 이하 젊은 세대들이야말로 진정 정신 차려야 한다.

월남이란 나라가 지구상에서 영원히 없어져버린 이유를 아는가? 이젠 앞으로 여러분들의 세상이다. 이렇게 잘살도록 만들어 놨으니 공산주의 극좌파 빨갱이는 정말 위험한 집단이다. 지구상에서 우리나라만이 유일하게 분단국으로 자유민주주의와 공산주의가 이념전쟁을 하고 있다. 윤 대통령이 국가보안법을 발동시켜 암적 좌파일당을 척결해야 한다.

오늘날 공산주의 원조인 구소련, 지금의 러시아를 보라. 공평하게 백성을 배불리 먹여 살릴 수 있다는 볼세비키(러시아 사회민주노동당)의 과격한 혁명주의 노선을 더 이상 견딜 수 없자 그에 따르던 위성국 모두를 고르바초프 대통령이 해체시켜 버렸다. 이후 지금은 지구상에서 오직 러시아 중국 쿠바만 절반의 공산국으로 남아있고 전통적인 공산국가는 지구상 북한이 유일하다.

중국은 그래도 등소평 때 우리나라 박정희 대통령의 한강의 기적인 경제발전의 본을 배워 나라가 부강하게 되었으나 시진핑 일당 독재체제를 구축해두고 있으며, 러시아도 푸틴의 완전 독재로 관료나 당원들은 잘 살아도 국민들은 삶이 비참하고, 북한 또한 당 간부는 초호화 생활을 누리고 있으나 백성은 굶어 죽어가며 배급제도도 없이 장마당에 나가 호구지책으로 하루하루를 버틸 수 없어 북한을 탈출하는 인구가 계속되고 있는 실정이다. 결국 공산주의란 지구상에서 영원히 사라지게 될 날이 오고야 말 것이다.

'작은 그릇은 빨리 넘친다' 는 포항공대 이상준 교수의 글을 여기에 실어본다.

최근 우리나라 돌아가는 꼴을 보면 정말 가관이다. 끓지도 않고 넘친다고나 할까? 우리 한민족의 그릇이 이 정도밖에 안 된단 말인가? 우리 기성세대의 자랑이 아니다. 우리의 과거는 정말로, 정말로 밤낮 모르고 일만 하였다. 일본을 따라가기 위해 일본어 공부를 했고, 일본의 예법을 배웠다. 일본을 찾아다니며 일본사람과 사귀었다. 그리고 일본기술자를 초대했다. 일본 제품을 베끼면서 일본의 정신을 파악했다. 그렇게 과거 우리는 밤낮없이 엄청나게 많은 노력을 했다.

일본을 이기기 위해 70년을 '와신상담' 했다. 이런 일을 스스로 겪어보지도 않은 어떤 망나니 같은 놈이 "친일 매국"이라고 말한다. 피와 땀을 흘려 전자산업, 철강 산업, 조선 산업 등 중화학분야에서 어깨를 겨루게 되었다. 이제 겨우 자식들 배불리 먹이고, 비바람 막고 잠자게 되었다. 세계에서 무시당하는 신세도 면했다.

박정희 정부가 철강기술을 가져와 '신일본제철' 과 '유니온철강' 을 이기듯이 삼성이 반도체기술을 가져와 마쓰시타와 NEC를 이기듯이, 현대가 조선기술을 가져와 가와사키와 함부르크를 이기듯이 은밀하고 치밀한 전술로 각고의 인내와 과감한 실행력이 있는 사람들만이 이루어 낼 수 있는 도전이고 성취인 것이다.

과거 우리가 일본을 비롯한 주변국들에게 침략을 당한 근본 원인은 우리가 힘이 없었기 때문이다. 인류 역사는 약육강식의 법칙이 지배했다. 징용이니, 매국이니, 죽창이니, 열 두 척이니, 이런 유치한 단어들로 선동 정치하는 짓 이젠 중단하고, 더 높은 곳, 더 먼 곳을 향해서 도전하자. 그래서 우리의 힘을 키우자.

우리 대한민국 국민 여러분! 정말 공산주의 거짓말 포퓰리즘 속에서도 우리는 이제껏 잘 버티어 왔습니다. 우리의 위상에 상응하는 품위와 위엄을 갖추고 지혜롭게 해 나갑시다. 이제 그만 기존 질서의 와해와 보복을 중단하고 자유민주주의 기치 아래 멋진 미래와 추진력을 갖추면 어떨까요?

한때 어느 사람의 칭찬을 앞세워 자화자찬만 할 것이 아니고, 검증되지도 않은 성과에 연연할 게 아니라, 닥쳐올 미래를 대비하는 원대한 계획이 필요하다고 생각합니다. 공산주의는 절대로 자유민주주의를 이길 수 없습니다.

30. 한영수교 140주년, 윤 대통령 국빈 방문
영국 찰스 3세 국왕과 왕실마차로 버킹엄궁 갔다
찰스 3세, 윤동주 시로 건배사. 윤 대통령
셰익스피어 시로 화답

윤석열 대통령은 2023년 11월 21일 런던 호스가즈 광장에서 찰스 3세 영국 국왕 초청으로 열린 국빈방문 공식 환영식을 마친 뒤 왕실 '아일랜드 마차'를 타고 버킹엄궁으로 첫 번째로 갔던 국빈이다. 참으로 대한민국의 위상을 세계 만방에 드높였다. 이 얼마나 멋진 장면인가? 꿈인가 생시인가? 필자는 나의 책을 마감하던 날 이 나이에 이런 현실을 신문이나 TV로 보면서 감격해 눈시울을 적셨다.

"To me, fair friend, the United Kingdom, you never can be old"(내게 당신 영국은 결코 늙지 않는다) 윤석열 대통령이 영국 런던 버킹엄궁에서 열린 국빈만찬에서 셰익스피어의 소네트(정형시) 104번의 한 구절을 인용해 건배를 제의했다.

앞서 만찬사에선 "양국은 자유를 지키기 위해 피를 나눈 혈맹의 동지"라고 말했다. 국빈 초청을 해준 영국에 대한 예우를 밝히고, 한 단계 높은 차원의 양국 협력을 강조하는 자리었다. 윤 대통령은 만찬사에서 "우리가 미래를 위해 함께하지 못할 일이 없는 이유가 바로 그것"이라고 피로 맺은 한영의 우정을 강조했다.

윤 대통령은 거듭 "저는 오늘 한국전 참전 기념비에 헌화하고, 영국 참전용사들과 만나면서 양국의 우정이 피로 맺었다는 점을 다시 한 번 마음깊이 새겼다."고 말했다. 또한 영국에 강한 애정도 드러냈다.

윤 대통령은 "저는 학창시절 친구들과 함께 비틀스와 퀸 그리고 엘턴 존에 열광했다. 지금 해리포터는 수많은 한국인들의 사랑을 받고 있다."고 말했다. "한국의 BTS와 영국의 콜드플레이가 함께 부른 'My Universe'는 전 세계 청년들의 공감과 사랑을 받았다."고 소개했다.

윤 대통령에 앞서 먼저 만찬사를 한 찰스 3세 국왕 역시 윤 대통령과 한국에 대한 예우를 보여주려 노력했다. "영국에 오신 것을 환영합니다."라고 한국어로 분위기를 띄운 찰스 3세는 다시 영어로 "바람이 자꾸 부는데 내 발이 반석위에 있다. 강물이 자꾸 흐르는데 내 발이 언덕위에 섰다(While the wind keeps blowing, My feet stand upon a rock, While the river keeps flowing, My feet stand upon a hill)"고 했다. 윤동주 시인의 '바람이 불어'의 구절이었다.

그러면서 찰스 3세는 "한국이 어리둥절할 정도로 빠른 변화를 겪고 있는 그 와중에도 자아를 보존하고 있는 걸 한국의 해방직전에 불행히도 작고하신 시인 윤동주가 예언한 것일지도 모르겠다."고 말했다.

찰스 국왕은 다시 한국어로 "위하여"를 외치며 건배를 제의했고, 애국가 현악연주가 만찬장소인 버킹엄궁 볼룸을 채웠다. 이날 만찬장엔 윤 대통령 부부와 찰스 3세 부부를 비롯해 양국 정부 관계자와 우리나라 이재용 삼성전자 회장과 구광모 LG그룹 회장, 신동빈 롯데그룹 회장, 김동관 한화그룹 부회장, 조현준 효성그룹 회장 등 재계인사들도 모습을 드러냈다.

한편, 영국 의회연설에서는 양국의 협력 지평은 "디지털, AI(인공지능), 사이버 안보, 원전, 방산, 바이오, 우주, 반도체, 해양 분야" 등으로까지 크게 확장돼 나갈 것이라고 말했다. 윤 대통령은 영어로 진행한 연설에서 "한영수교 140주년을 맞이한 올해는 양국관계가 새롭게 도약하는 전환점이 될 것"이라고 했다.

또, "양국은 불법적인 침략과 도발에 맞서 싸우며 국제규범과 질서를 수호해 나갈 것"이며 "양국관계는 기존 '포괄적·창조적 동반자관계'에서 '글로벌 전략적관계'로 격상된다"고 밝혔다. 다우닝가 합의 명칭은 윤 대통령이 직접 구상해 영국 측에 제안했다.

양국은 합동훈련 확대와 함께 유엔안전보장이사회의 대북제재 이행을 위한 해양공동 순찰 추진 등 국방, 안보분야 협력도 증진하기로 했다. 또 기존 한영 자유무역협정(FTA)을 개선하기 위한 협상을 시작하기로 했다.

윤 대통령은 이날 오전 찰스 3세 국왕이 마련한 공식 환영식에 참석했다. 윌리엄 왕세자 부부가 윤 대통령과 김건희 여사 숙소를 찾아와 환영식장인 호스가즈 광장으로 이동했고, 윤 대통령은 찰스 3세와 왕실 근위대를 사열했다. 윤 대통령은 버킹엄궁으로 이동할 땐 찰스 3세와 함께 마차를 탔다. -

윤 대통령이 22일 참석하는 '한영비지니스포럼'에서는 에너지, AI, 방산 등 분야에서 정부 간 6건, 기업, 기관 간 31건의 양해각서(MOU)가 체결됐다. 윤 대통령은 '한영 최고 과학기술 미래포럼'에도 참석, 2024년부터 3년간 총 450만 파운드(약

73억 원)규모 공동연구 프로그램 운영 구상을 밝혔다. 이런 엄청난 국위선양을 하고 돌아왔다.

31. 이창건 원자력과학자가 국립묘지에서 올린 4잔의 술

1948년 8월 15일 이승만 정부가 들어선 이후, 이승만 대통령은 미국으로부터 과학기술을 본격적으로 도입한 점은 큰 업적이며 당시 한국사회를 자유화하는 기틀의 역할과 실용주의와 합리주의를 표방하는 과학적 사고방식을 불러왔고, 불합리하고 인습적인 사고방식을 깨뜨리는 해방자 역할을 했다.

이승만 대통령은 이때 당시 1875년생으로 이미 70세를 넘긴 나이였다. 그럼에도 그는 자신의 생애를 초월한 20년 뒤 한국을 부흥시킬 수단 매체로 원자력을 선택하고, 사후 한국형 원자로 모델까지 개발하여 한국을 세계원자력 경쟁의 선두에 서게 했던 업적을 남겼다.

미국과 캐나다로부터 눈물의 햄버거를 먹고 배워 APR400이라는 전 세계인이 부러워하는 원자로를 개발하였다. 이는 세계 최고 최강의 안전기술이 탑재되어 있다. 이창건(93)박사는 서울대 전기공학과를 졸업했다. 1950년대 초반 이공계 엘리트 중에는 공군소속 기술 장교가 된 사람들이 많았다. 산업기반이 전무하던 시절 그나마 전공을 살릴 수 있었기 때문이다.

이때 한 사람이 제대하면서 '원자력공학 입문'이란 책을 선물 받았는데, 이 교재를 갖고 물리학, 공학전공의 공군장교 출신 12명이 스터디 그룹을 만들고 매주 한 차례 문교부 창고건물에서 세미나를 했다.

6·25때 특수 공작부대인 KLO부대 출신인 이 박사도 학과 선배의 권유로 이 모임에 가담했다. 원자폭탄은 알지만, 아무도 원자력발전소는 생각지도 못한 시절, 스승도 없던 상태에서 언제 어떻게 써먹을 수 있을지도 모르는 1956년 이때를 원자력 창시 원년으로 삼는다.

일은 늘 사람과의 만남에서 이루어진다. 그해 7월 이승만 대통령은 워커 시슬러라는 미국 전력협회 회장을 만났다. 아이젠하워 미 대통령의 과학 고문으로 국내 화학발전소 건설에도 도움을 준 인물이다.

이 대통령이 한국을 방문한 워커 시슬러에게 전력난 해결방안을 묻자 그는 갖고 있던 나무상자 하나를 열었다. 그 속에 자그마한 막대기 하나와 석탄덩어리가 들어있었다.

"리 프레지던트! 이게 핵 연료봉이란 겁니다. 같은 무게 석탄에서 나오는 에너지의 300만 배를 생산할 수 있습니다."

"시슬러 회장! 그걸 만들려면 어떻게 해야 합니까?"

"에너지는 땅에서 캐는 게 아니라 머리로 개발하는 겁니다. 헌신적인 과학기술자를 훈련시켜야 합니다."

이승만이 원자력 엔지니어 양성을 결심하는 순간이었다. 문교부 창고에서 땀을 뻘뻘 흘리며 공부하던 젊은이들에게 희망의 전화가 한 통 걸려왔다. "당신들은 미국에 유학 보낼지도 모르니 공부를 더욱 가열차게 하라!"는 전갈이었다.

국무회의에서 "우리도 원자력을 할 수 있을까? 라고 묻자 물리학 박사인 최규남 문교부장관이 즉석에서 답변했다.

"누가 시킨 것도 아닌데, 자발적으로 공부하는 젊은이들이 있습니다."라고 보고한 것이다. "당장 데리고 오시오." 세상은 늘 순수하게 준비하는 자의 것이다.

이 대통령의 지시로 국비유학생이 선발됐다. 10년간 236명의 엘리트(교복이 아닌 군복 단벌을 Always일상화한 이들)가 미국, 영국, 캐나다에서 원자력을 공부했다. 그 속에 스터디 멤버들도 포함됐다. 스터디 그룹의 좌장은 당시 서울대 물리학과 조교수였던 윤세원이었다.

윤 교수는 문교부 원자력과 과장으로 옮겨갔는데 원자력 관련 법률제정 등으로 국회를 포함, 여기저기 뛰어다녔다. 예산이 부족하자 훗날 서대문 소재 집과 용인 고향 땅까지 팔았다. 이창건 박사는 윤세원 선배가 그립다고 했다.

이 대통령은 1인당 연간소득 40달러이던 시절 1인당 6000달러가 소요되는 해외연수에 10년간 236명을 보냈다. 시슬러는 20년이 지나야 그 혜택을 볼 수 있을 거라고 이승만대통령께 말했다. 그때 이승만 대통령의 나이가 80을 넘었을 때다. 그러나 자기 당대에 덕을 보려 한 게 아니라 이 나라의 미래를 내다보는 지혜와 안목이 있었기 때문이다.

유학생들이 외국으로 출발하기에 앞서 이 대통령에게 인사차 갔다. 이 대통령은 나라를 구하기 위해 외국으로 싸우러가는 용사를 격려하듯 느릿느릿한 말투로 이렇게 말했다. "여러분들의 몸은 여러분 가족이나 여러분의 것이 아닙니다. 여러분은 공부를 열심히 하여 원자력으로 국민의 밥을 만들어주십시오. 내가 살날이 얼마나 남았겠습니까? 한국을 살릴 여러분들을 키우는 것이 저에게 주어진 책무로 생각하고 있습니다."

1956년 당시 한국의 1인당 국민소득 41달러 정도로 한 국민의 대다수가 미국의 잉여농산물 원조를 받아 끼니를 때우던 시절이었다. 이런 상황에서 이승만 대통령은 문교부에 원자력과를 만들었고, 1959년에는 당시 한국으로서는 상상하기 어려울 만큼 큰 돈인 35만 달러를 들여서 교육용 원자로를 만들었다. 외환 기근으로 당시 한국으로서는 단돈 10달러를 쓸 때도 대통령의 결재를 받아야 했던 시절이다.

1956년 4월 이창건 학생을 비롯한 한국의 젊은 유학생들이 국비 원자력 연구원으로 미국 아르곤 연구소에 피견되었다. 아르곤 연구소의 학비는 10개월 연구기간 동안 6000달러로 비쌌다.

1956년에 보낸 1기 유학생 이후 4년 동안 8차례에 걸쳐 200여 명이 외국 유학을 마치고 돌아왔다. 이들이 한국원자력연구소를 세우고 한국형 원자력 시대를 연 원년으로 삼는다.

이승만 대통령은 1965년 90세로 세상을 마감하셨지만, 이미 80줄에 나라의 20년 뒤 앞날을 바라보시고 원자력을 선택하신 위대한 공을 세우셨던 분이시다. 그러나 그가 육성한 원자력 인력들은 사후 한국형 원자로 신모델로까지 개발하여 세계 원자력 나라들을 놀라게 만들었다.

그 기술을 우리나라만이 갖고 있었던 세계 최고 최강의 안전 기술이 탑재되어 있다. 그런 위대한 업적과 원자로를 문재인 전 대통령이 판도라 영화 한 편을 감상한 후 원자력 발전소를 없애 버린 막대한 손실과 기술력을 손 놓게 만든 이 참담한 실상을 목격하면서 아직 생존해 계시는 이창건 박사는 이승만 대통령 무덤을 찾아가 무릎을 꿇고 경건하게 술 4 잔을 올렸다는 것이 다. UAE 바라카 원전건설 입찰에서 우리나라 기술을 가르쳐준 나라들을 꺾고 당당히 승리하던 날, 볼 위로 흐르는 뜨거운 눈 물을 주체할 수 없었다.

"전북 고창으로 인촌 김성수 선생 탄신 130주년 행사를 거행 하기 위해 급히 출발합니다."라는 말을 남기고 가셨다.

이제 우리는 나라 밖으로 떠나보낸 기술자들을 윤석열 정부 들어 다시 불러 모아 원자력 건설을 서둘러야 할 엄청난 책무가 남았다. 우리 국민들이 그런 비열하고 무능한 자에 속아 5년 동 안 후회하여 본들 아무 소용이 없다. 하나님마저 나라를 걱정하 시어 위기의 순간 천우신조(天佑神助)로 구출해 윤석열 대통령 을 당선시켜 주셨다

32. 우리는 무엇을 깨달아야 하는가

북한 공산주의 김일성이 1950년 6월 25일 전혀 무방비상태이던 남한 쪽을 향해 일요일 새벽 4시에 전면 남침을 개시한 시점부터, 1953년 7월 27일 정전협정을 체결하기까지 3년이 넘도록 전쟁으로 한반도가 전쟁의 소용돌이로 많은 인명과 산하가 쑥밭이 되고, 초토화되었던 그 엄청났던 전쟁의 큰 수난을 겪어야 했던 당시 필자는 중학 3년생이었다. 생각하기도 싫은 잔인했던 전쟁에서 피나는 고생을 해야 했던 과거 77년이 지난 오늘 또다시 그 전쟁의 장본인이었던 김일성의 손자인 김정은이란 자는 백성을 먹을 것이 없어 굶겨죽이면서도 아랑곳하지 않고, 핵을 만들어 놓고 세계를 향해 공갈과 협박을 일삼으며 다시금 전쟁을 일으키려고 수십 차례 핵과 미사일 실험을 자행하고 있다. 이 얼마나 비열하고 치가 떨리고 무서운 공포의 사실인가? 전쟁을 직접 겪어보지 않은 집단이야말로 반드시 척결해야 한다. 그리고 이들을 추려서 모조리 북한 땅으로 강제 추방시켜버려야 한다. 그렇게도 북한 백성을 굶겨 죽여가면서도 오직 남침만을 노리는 김정은 정부가 얼마나 잔인한 자들인가를 겪어 보지도 않고 맹목적으로 그들을 찬양하니 참으로 기가 찰 노릇이다.

이 핵 한 방이 일본에 떨어졌던(나가사키, 히로시마) 원자탄 위력의 100배 정도라는데 엄청난 이 모험을 장난이 아닌 현실로 협박하고 있다는 사실을 알고 있는가? 이러한 김정은의 무모한 짓의 시점에서 우리는 무엇을 느끼고 깨달아야 하는가? 곰곰이 통찰해봐야 할 중차대한 시점에 이르렀다.

이 엄청난 사실인 김정은의 협박에 UN을 비롯해 우방나라 전체가 전쟁의 위협에 공포감을 느끼고 있는 이때 공산주의 종주국인 러시아 푸틴이란 자가 과거 자기 나라 위성국인 우크라이나의 땅을 다시 빼앗기 위해 전쟁을 일으켜 많은 인명과 재산을 잃고 있어 UN에서 유럽 국가들로부터 무기를 공급 받아 항전하길 1년 반이 넘도록 싸움을 계속하고 있는 실정이다. 거기다가 푸틴이 이젠 핵을 사용하겠다고 협박까지 하고 있으니 코로나로 세계가 3년이 넘도록 혼돈을 거듭하는 세상에서 공산주의 종주국인 푸틴까지 전쟁을 하며 수많은 인명과 재산을 잃는 참으로 지구가 말세로 치닫는 현실이다.

이러한 전쟁의 폐허와 절망의 끝자락에 섰던 우리나라 대한민국이 전쟁 이후 박정희 대통령이 되면서 나라를 구제했던 위대한 영도자 덕에 오늘날 잘 사는 나라가 되었는데, 느닷없이 지난 문재인 정부가 들어서면서 또다시 위기의 5년 동안 소용돌이를 맞고 있던 현실에서 다행히 하나님이 윤석열 대통령의 우파 정부를 보내줘 위기의 나라에서 정상 궤도를 만들어 가고 있다.

그러나 우리민족은 세계에서 유일하게 같은 동족임에도 남북이 갈라져 있다. 이 한반도의 38선 분할은 제2차 세계대전의 종지부를 찍게 한 마무리로 남은 비극이 오늘 우리에게 남겨진 아픈 산물이다.

　일본군의 무장해제를 명분으로 이때부터 남과 북에 진주한 미군과 소련군이 38도선을 그었다.

　소련 군정하의 북한은 그동안 소련에서 미리 교육시킨 김일성을 주도로 임시인민위원회를 발족시켜 신속하게 정부구성을 단행시켰고, 남한은 미군이 한 달이 다 되어 9월 9일 서울에 입성, 점령사령부를 설치하고 총독부(옛 중앙청) 건물에서 일본군의 항복문서 조인식이 거행된 후 곧바로 미 군정청이 들어섰다. 그런 이후 남한 정부가 수립되며 이승만이 자유민주주의 대통령에 선출되어 1949년 6월 29일 주한미군이 철수하였다.

　그러나 주한 미군이 마지막 철수할 즈음 호시탐탐 기회를 노리던 북한 김일성이 다음해 1950년 6월 25일 새벽 4시 곧바로 남한을 소련제 T34 탱크 242대, 170여대의 비행기로 불시에 쳐내려왔다.

　이후 1953년 7월 27일 제159차 본회의장 판문점에서 정전협정이 체결되면서 고정 선으로 간주됐던 38선은 역사 속으로 사라지고, 대신 유동적인 휴전선이 생겨났다. 김일성으로 인해 아름다운 금수강산 산하는 황폐화돼 버리고, 수많은 사상자와 이산가족의 아픔만을 남긴 채, 60년이 넘게 막혀있는 비극이 아직도 계속되고 있다. 3년간의 전쟁으로 밝혀진 것만도 국군 62만 명, 유엔군 16만 명, 북한군 93만 명, 중공군 100만 명, 민간인 250만 명, 이재민 370만 명, 전쟁미망인 30만 명, 전쟁고아

10만 명, 이산가족 1000만 명 등 당시 남북 3000만 명의 절반을 넘는 1900여만 명이 피해를 입었다.

2023년 우리 정부는 올해 정전 70주년을 맞아 6·25전쟁 당시 우리 군과 함께 피를 흘리며 대한민국을 지켰던 각국 참전용사들을 초청, 인천공항을 통해 입국하면서 70주년 행사에서 청춘을 바친 참전용사들이 27일부터 열리는 부산행사장에서 다 함께 직접 아리랑을 불렀다.

임진강 전투에서 전사, 부산 유엔기념공원에 안장된 동료들을 향해 부르는 노래 '아리랑'. 콜린 태커리 씨는 참전 당시 처음 밟은 한국 땅이 부산이었다는데, 우연히 듣게 된 '아리랑'을 노랫말 뜻도 모르고 전우들과 함께 흥얼거리곤 했던 어설픈 한국이었지만, 이번엔 기쁜 마음으로 와 한국에서 영원히 잠든 전우들을 위해 '아리랑'을 열창하겠다고 했다.

그러나 정전 70주년이 된 지금의 북한은 지옥의 나라가 되었지만, 자유 대한민국은 경제기적을 이뤄 잘 사는 세계10대 경제 대국으로 하늘과 땅차로 벌어졌다. 그런데도 북한은 아직도 핵으로 우리를 위협하고 있다. 6·25전쟁 발발 당시 대한민국이 생존한 것은 미국을 비롯한 유엔 참전국들의 희생이 없었더라면 오늘날 대한민국은 없어져 버렸을 것이다. 전쟁 중 한국의 이승만 대통령과 미국 트루먼 대통령은 튼튼한 동맹의 기틀을 만들었고, 정전 직후에도 맺은 한미 방위조약은 자유대한민국 오늘의 번영의 주춧돌이 돼 기적의 선진국 대한민국을 이룩하게 된 것이다.

지난날 우리 국민은 밤낮을 모르고 일만 하였다. 일본을 따라가기 위해 일본을 배우며 와신상담 70년을 겪어오며 전자산업, 철강산업, 조선업, 중화학분야까지 이젠 일본과 어깨를 당당히 겨루며 오히려 삼성 LG같이 앞서는 기업들도 생겨나면서 세계 10대 경제 대국이 되었음을 세계가 인정한다.

박정희 정부가 일본 신일본제철에서 철강기술을 가져왔고, 삼성이 반도체기술을 가져와 마쓰시타, NEC를 이겨냈고, 조선업이 일본 가와사키와 함부르크를 따라잡았다. 이제 우리 대한민국은 중국을 물리치고, 일본을 넘어서 독일을 이기고 영국도 이기고, 미국까지도 이겨야 한다. 제일 어려운 일은 우리나라 안에 자생하고 있는 공산주의 추종세력들을 없애고 나라를 사랑하는 애국자들로 재결집 시켜야 한다는 것이다.

제 3 부
한·미·일 관계와 국제사회

1. 한국인과 일본인들의 생각과 생활습관의 차이점들

 여기에서 우리는 냉정하게 일본인들과의 솔직한 생각과 생활습관의 차이점이 뭔지를 비교분석해볼 필요가 있다.

 1) 한국인은 사소한 감정에도 한 번 토라지면 안면몰수로 그 은혜가 뒷전이 돼 원수로 돌아서지만, 일본인들은 조폭(야쿠자)이상으로 의리를 중시하며 신세를 졌으면 죽을 때까지 그 고마움을 잊지 않는다.
 2) 한국인은 귀한 손님을 모실 땐 외식을 즐기지만, 일본인들은 귀한 분일수록 자기 집으로 초대해 스키야키와 샤부샤부 등을 내오고 일본산 차를 마시며 정성껏 대접한다.
 3) 한국인은 상다리가 휘어지도록 차려놓고 배터지게 포식해야 좋은 것으로 생각하며, 냉장고 속에는 온갖 육류에서부터 많은 찬거리를 가득 채워 둬 1년이 다된 것들을 요리해 먹는 주부님들의 낭비성이 있지만, 일본인들은 단무지(다꾸앙) 3쪽, 김(노리) 3장, 된장국(미소쓰이)에 공기 밥 정도이고, 냉장고가 텅텅 빌 정도에 놀랐다. 또한 일본인들은 소식하는 편이지만 세계에서 제일 최장수국인 노인들 천국이다.
 4) 한국 여성은 대체적으로 명품 백이나 옷을 입어야 남부럽지 않다고 여기지만, 루이뷔통의 대부분은 모조품이라고 한다. 일본 여성들 대부분은 집에서 수를 놔 짜거나 스스로 만든 편

리한 수제품을 들고 다닌다.

5) 한국인은 부모를 봉으로 안다. 가르치고, 키워주고, 장가 보내 주고, 저금까지 내줘도 더 안 주면 부모형제간 원수가 되지만, 일본인은 성년식을 마치면 어른으로 인정하고 단돈 천원도 빌려주고 돌려받는 자립심을 키워준다.

6) 일본인은 장관이라도 20여 평 내외 아파트에 만족하나 한국인은 몇 평에 사느냐에 따라 재산평가의 기준으로 삼는다.

7) 한국인은 기록엔 빵점이다. 자기 아내 생일날도 모르고 지난 후에야 싸우고 난리다. 일본인은 과거 소련이 자기나라를 침범했다고 미사일을 발사해 300여 명이 탄 대한항공(KAL)기에 소련령 캄차카 바다에 추락하는 순간 비행기 속에서도 메모로 기록을 남겼다는 습관은 근면한 일본인들만의 특이한 장점의 태도로 기억된다.

8) 한국인은 공금을 눈먼 돈, 떡고물로 여겨 먼저 챙기는 자가 임자지만, 일본인은 공금을 가장 두려워한다. 공금 착복하다 걸리면 집안 대대로 이어온 전통에 먹칠하고, 망하는 줄 알기 때문이다. 공돈은 절대 거절한다.

9) 한국인은 작은 일에도 툭하면 소송한다. 일본인들은 먼저 대화로 서로의 입장에 서서 푼다. 송사가 한국에 비해 10분의 1 정도다. 그러나 한국은 파출소 경찰서 법원 검찰이 만원사례다. 한 예로 오사카 덴노지 어떤 파출소는 한두 평 정도인 곳엔 아예 전화기와 책상을 밖에 놔두고 경찰은 3인 한조로 우범지

역을 돌아다닌다.

10) 한국인은 교통신호를 무시하고 뛰거나, 차는 경쟁적이고 살벌하게 몰아 교통사고 세계 1등국이지만, 일본인은 서로 먼저 가라고 양보하며 아무도 없는데도 절대 신호를 위반치 않는 무사고 1등국이다. 길가에 무단정차 시는 여자 순경이 와 현장 사진을 찍어두고 30분 여유를 준다, 그래도 차를 두고 있으면 레커 차가 와 보관소로 끌고 가면 그 벌금이 한국 돈으로 최소 50만 원 정도고, 거주지에 주차장이 있다는 증명이 확실해야 차를 구입할 수 있다. 그래서 일본에는 한국보다 차가 많아도 골목길이나 대로변에 무단 주차가 거의 없다.

11) 한국인은 명품 라벨만 붙어도 구제품일망정 선호하나, 일본인은 근무복이나 작업복차림으로 결혼식장에나 데이트할 때도 거침없이 나타나지만, 오히려 떳떳하게 여겨준다. 사치를 모르고 사무직 외엔 평상복에 개미같이 부지런하다.

12) 한국인은 주량을 자랑하며 술 취하면 거리를 남녀 없이 고성방가나, 길에다 토하는 일까지 다반사나, 일본은 술 취해 비틀거리는 사람은 거의 없고, 독주 술(산토리 위스키)인 경우 한두 잔 적당히 마시고, 과하면 그 점포에 이름을 써 남겨뒀다가 다음에 가 마신다. 한국인은 외국에 가서 가장 비싼 (예로, 나포레온 꼬냑) 최고가급 양주를 앉은 자리에서 병째 들이 마셔버리면, 집주인이 술 주량에 눈이 휘둥그레진다.

13) 한국인은 의리란 찾아보기 어렵다. 믿는 도끼에 발등 찍

히는 격이다. 일본인은 의리 하나를 위해 목숨까지 바친다. 그리고 약속은 칼이다. 그것을 자랑으로 여긴다.(과거 도쿠가와 이에야스 시절의 사무라이 전통 기질)

14) 한국인은 전철이나 어디서나 남녀노소 없이 핸드폰에 정신 팔려 있고, 한 달 독서량은 0,5% 정도이나 일본인은 길가 노숙자도 독서에 열을 올리고, 직장인의 한 달 평균 독서량이 7,5권 정도다. 필자가 오사카에서 도쿄까지 히카리 신칸센 고속열차 2시간 중 90%가 책을 읽거나 조용히 휴식하고, 중간 정차 땐, 매점 여인이 "오벤또 이까가 데스까"(점심 도시락 있어요)라며 말소리를 낮춰 지나간다.

15) 일본인은 공중도덕과 준법정신이 강해 인간존중을 중시하지만, 한국인은 돈 버는 일이라면 부정한 일에도 목숨을 걸 정도로 서슴없이 저지르지만, 일본인은 정직하지 못한 이권개입은 아예 개입조차 않는다.

16) 일본인은 근검절약만이 부자의 비결이라 여기고, 벌면 무조건 은행을 이용, 작은 이자라도 받으려고 하지만 한국인은 로또나 한탕 해 떼부자 되는 것이 없나 하는 족속이 많다. 일본은 한곳에서 평생을 마무리 짓는 장인정신이 5대~10대까지 이어지는 나라로 그 모습을 자랑으로 살아가는 민족이다.

17) 한국인은 경찰을 우습게 여기고 폭행까지 해 병원에 실려 가는 일을 종종 보지만, 일본은 공권력이 엄해 데모를 하다가도 큰길에 조금만 나와도 가차 없이 잡아가 엄벌한다. 특히 일

본 사법부의 판결이나 검찰의 매서운 수사는 아무리 고위직이라도 옳지 못할 경우 끝까지 파고들어 정의로운 판결로 소문나 언제나 약자 편이며, 국민들이 경찰에 힘을 실어주고, 우범지역들에 방망이만 옆구리에 차고 다닌다. 그러나 우리나라 법원들은 좌파 하수인들이 득실거리며 비굴할 정도의 판결 등 사법부를 한마디로 똥칠해 썩은 내가 진동한다.

18) 한국인은 주먹구구식으로 계획없이 일을 많이 해 정년 후에 사업을 해 70% 이상이 망하나, 일본인은 무엇을 하려면 전문가의 조언과 지도를 받고 안전할 때 시작한다. (돌다리도 두드려 본 후 가는 식이다.)

19) 한국인은 자식이 겨울이면 추울까봐 옷을 겹겹이 입혀 내보내지만, 일본의 어린이는 한겨울에도 추위와 싸워보라며 일부러 반바지만을 입혀 추위를 견디게 하는 극기 훈련으로 단련시킨다.

20) 일본은 개인 주택마다 경계에 울타리가 없고 꽃길을 만들어 이웃과 화기애애하지만, 한국의 부촌 개인주택끼리의 경계는 감옥소를 방불할 정도로 담벽이 높아 이웃과 담을 쌓고 산다. 비둘기통 같은 아파트도 마찬가지다.

21) 한국인은 대통령을 우습게 여겨 네 명이나 감옥살이 해 세계가 놀라지만, 또 머지않은 날 한 분 부부의 재판이 시작되면 다섯 명이 될 것으로 여겨져 장차 기네스북에 올라갈 차례이나, 일본인은 멍청한 총리라도 일단 선출되면 그분 말에 절

대적으로 복종한다. 그것이 바로 애국하는 길이라고 여기는 본 보기다.

22) 한국인은 강자에겐 약하고 약자에게 강하다. 그래서 노인들이 더 힘들다. 일본인들은 누구에게나 존경스럽고 예의 바르게 대하며 '하이하이'(예 예)와 잘못하지도 않았어도 스미마센(죄송하다)라며 입에 달고 다니듯 깍듯이 인사로 대한다. 이젠 동방예의지국이란 명칭이 일본으로 바뀌어 버린 것 같다.

23) 한국인은 잘못한 줄 알면서도 일단 우기거나 CCTV에 찍혀도 무조건 오리발을 내민다. 일본인은 잘못을 끝까지 책임진다. 대를 위해 소를 희생, 총대를 메고 소리 소문 없이 자살해 버린다. 과거 다나카 총리가 록히드 항공비리 사건으로 궁지에 몰리자 그 아래 책임자가 다 둘러쓰고 자살해버린 사건은 유명하다. 또한 일본의 사법부는 3권 분립이 엄연해 검판사의 위력이 대단하다. 우리나라 노무현 대통령도 가족의 비리가 불거지자 고향 높은 산에서 초개같이 투신자살(사카다찌)해 조용해져 버린 위 실례같이 의문사했다.

24) 한국인은 최근 노인자살률이 세계 1위고, 젊은이는 실업자나 가정이나 애정에 얽힌 자살이 90%지만, 일본인의 자살이유는 불교국이라 죽어 좋은 사람으로 다시 태어나길 바란다는 기대의 자살이 90%다.

25) 한국인은 약속을 식은 죽 먹기 식으로 '중요한 일이 생겼다'는 변명으로 어기나, 일본인들의 약속은 생명과도 같다. 그

런 나라에서 필자는 과거 20분 정도를 어긴 일이 있다. 도쿄 쓰키지란 곳에 제일고주파(배관회사)의 중역진과 아침 10시에 배관 코팅성사관계로 중역진과 회의를 약속해뒀는데, 전철 열차를 잘못 타 시간을 어기게 됐다. 나중에 이해는 시켰으나 이들 일본인은 약속시간을 칼같이 지키는 게 사실이다.

26) 일본인은 자기 나라를 위해서는 자기를 희생하지만 우리나라는 그렇지 못하다.

27) 일본인은 자기가 몸담았던 조직이나 직장을 절대 배신하지 않는다.

28) 한국노조는 회사가 3000억 원의 손실이 나도 성과급을 달라고 파업하지만, 일본노조는 흑자가 나도 회사의 앞날을 생각해 임금동결을 받아들인다. 만일 회사가 손실이 나는데도 계속 파업하면 주동자수에 불문하고 가담자를 색출 증거사진을 찍어뒀다가 전 재산 몰수와 주동자를 구금과 동시에 구제불능의 거지 집안으로 만들어 버리기 때문이다. 그래서 일본에는 노조데모가 사라진 지가 오래지만, 극우파가 많다. 우리나라 민노총과는 하늘과 땅 차이다. 공산당도 있으나 한국과는 생각차가 전혀 다르다.

29) 한국인은 잘 웃지 않는다. 언제나 화난 얼굴일 때가 많다. 그러나 실제로 화난 것이 아니다. 일본인들은 잘 웃는다. 그러나 속으로는 칼을 갈고 있는지도 모른다. 일본여인들의 친절은 가히 간을 빼줄 정도다. 그리고 남자에겐 복종심이 전부다.

30) 일본은 성(性)개방 나라다. 그래서 도쿠가와 이에야스(德川家康) 시대 각 지역 성주들이 자기 성을 지키기 위한 싸움에서 많은 남자들을 잃자 천황의 하명으로 여자는 무조건 남자에게 복종, 아무 데서나 몸을 남자에 맡겨 반항치 말라는 지시로 오늘 날까지도 성이 개방된 나라이다. 그래서 쓰무기로 짠 기모노 옷을 입을 땐 일본여인은 반드시 팬티는 의무적으로 입지 않고, 등에는 바닥에 깔 담요를 언제나 챙긴다. 우리나라는 성개방은 안 돼 있으나 오늘날은 개방된 이상으로 성문란 때문에 가정파탄이 극심할 정도로 이혼율이 급상승하고 있다. 또한 옳은 사람을 만날 수 없어 결혼도 기피한다.

31) 한국인은 개인주의 정신이 강하고, 잘 모르는 것도 아는 체 하는 병이 많아 실수를 많이 저지르지만, 일본인은 아는 것도 동료에게 자문 받고, 도움 주며 경청하는 습성이 있다. 일본속담에도 "바가 산닌 아스맛떼 닛꼬 히또리 가쓰"(멍청한 세 사람이 영리한 한 사람을 이긴다)라는 말이 있다.

32) 한국인의 정치판은 애국애족이 아니라 네거티브와 당파싸움질로 날을 새우며, 우기는 거짓말 가짜선동 집단이지만, 일본인은 단합정신이 강해 국가관이 넘쳐, 해외여행가서도 자국 상품을 홍보하고 자랑한 후 빈손으로 일본으로 돌아간다. 반면 우리국민은 외국에서 돌아올 땐 비싼 양주나 루이뷔통, 담배, 시계 등등 외화를 물 쓰듯 낭비하고 돌아온다.

33) 한국인은 돈이면 안 되는 게 없어 법망에 걸려도 한탕하

고 몇 년 살다 나오면 된다는 심리로 사기, 절도, 강도, 성폭력, 이혼, 회사공금횡령을 서슴없이 저지르지만, 일본인은 노력 없이 받는 대가는 아무리 많은 거금이라도 거절하며 공과 사를 분명히 가리는 사회질서의 공중도덕심이 철저하며 정직한 편이다.

34) 한국인은 안 먹어도 먹은 척, 이빨 쑤시고 트림하며 남 앞에 있는 척 거들먹거리는 '척하는 체면 병'이 많아 과시적 성격이지만, 일본인들은 남 앞에 언제나 저자세이며 고개 숙이고 양보하며 겸손하다. 그리고 자기 회사에 큰 사건이 터지면 잘못을 서로 자신이 저지른 탓이라며 총대 메고 소리 없이 자살해 버리기도 한다. 그런데 최근 우리나라에서도 이재명 관계에 얽힌 문제들로 자살한 사람이 다섯 사람이나 생긴 톱 기록을 남겨 놀랄 일이다. 개딸이란 명칭의 여인들이란 국가관이 무엇인지 구별조차 못하는 집단이기주의자들인 것 같다.

35) 한국인은 한 가지 일을 결정하는 데 쉽게 답해버리지만, 일본인들을 아는 일에도 먼저 나서지 않고, "그래요? 생각해보지요(소데스까 간가이 시테 미마쇼)"라고 애매하게 대답한다.

2. 우리나라와 일본의 어려운 수난의 자화상
일본을 이기려면 일본을 먼저 알아야 한다

우리나라와 일본은 2차 세계대전 이후 다 같이 어려운 수난의 고비를 넘고 넘어야 했다. 우리나라 땅을 집어삼킨 왜놈들이라고 무조건 욕할 것만이 아니라, 객관적이고도 냉철하게 일본을 성찰해 볼 때, 과연 그런 적대시하는 감정과 증오심을 끝까지 가져야 할 이유가 합당한 짓인지 되새겨봐야 한다. 양국의 미래지향을 위해서 반드시 풀어야 할 실타래인데, 박정희 대통령이 양국관계를 정상화시킨 이후 다시 문재인 정부 5년 내내 국교를 멀리했던 정책을 윤석열 정부 들면서 과감하게 매듭을 풀고 다시 정상으로 동맹을 맺은 일에 우리국민은 어떻게 생각할까.

필자는 36년간 일본에 강점당했던 당시 마지막 세대로 초등학교 4학년 때 해방되던 날 담임이었던 기무라 선생이 교단에서 눈물을 흘리며 작별의 인사를 하던 날 "돈 많이 벌어 50년 뒤에 다시보자(가네모찌 상 데끼데 50넨 아도 마다 미마쇼)"라는 말끝에 하필 나를 지적해 부르며 너무 심하게 했던 일을 사죄하길 "오야마상! 미안하게 됐어. 이해 바란다.(오야마(大山) 상 스미마센네. 요로시꾸 오네가이요)"라고 했던 말을 기억한다. 그 사실은 필자가 조선말을 유독 많이 쓴다며 공부시간에 불러내 교실 옆 복도에 손들고 있으라며 벌준 일과 그 다음에는 헌병대까지 불려가 종아리를 버들가지로 맞았고, 반성문을 쓰게 했던 사실을 사죄한 것이다. 지금까지도 천안(天安)에 갈 때, 늘어진 버들가지를 보면 그때의 생각이 떠오르는 건 웬일

일까?

집에 돌아와 어머니에게 이 사실을 감추려다 절룩거리는 발을 보고 사실을 캐물어 말하니 피멍든 자국을 어루만지며 섧게 우셨던 모습과, 아버님은 통영에서 여수로 살러가시자마자 동내 구장(이장)에게 붙들려가 여수 신월리 비행장 건설현장 노무자로 해방되던 날까지 고생하셨던 기억을 지울 수 없다. 당시 한 달에 한 번 면회하러 시오리길 비포장도로를 필자가 손수 조리한 짚신을 만들어 신고 다니던 때 돌부리에 차여 엄지발가락에서 피를 많이 흘려 된장을 발라주셨던 기억이 생생하며, 양말이 없어 한겨울에 맨발로 학교 다닐 때 동상이 걸려 얼음물찜질을 한 달 내내 해주신 어머님을 잊을 수가 없다.

당시 조선인 우리민족 모두는 일제 강점기 36년의 어려운 수모를 겪은 이후, 해방을 맞은 지도 어언 77주년이 되는 오늘의 이 시점에서 그 자화상을 비춰보는 것도 필요한 때라 생각했다.

배운다는 것은 아름다운 일이라 모르면 무지한 사람이 된다. 학교에서 배우는 것은 지식이지만, 사람을 보고 배우는 것은 지혜이다. 우리가 이들 일본인의 입장에 서서 해방되던 당시를 냉정히 한 번 생각해보자. 개미같이 부지런한 이들 일본인들이 36년 동안 우리나라에서 무엇을 가르치고 무엇을 남겼는가를?

사상적으로는 일본 천황을 존경하는 정신부터 가르쳤다. 아침 조례시간이면 모두가 운동장에서 동쪽을 향해 허리를 굽혀 동방요배를 강요하는 "덴노헤이카 반사이"(일본 천황에게 감사의 만세)를 3창과 일주일에 한번은 의무적으로 신사참배에서 절을 하게했던 그 반항의 감정이 아직도 남아있다.

이런 속에서 하라는 공부는 않고, 주로 신사참배 정신교육이나 세뇌교육을 많이 받았다. 99단법을 지금까지도 일본말로 외워진다. 인성교육엔 어르신존경법, 일본어의 수신시간에는 줄서기와 정직성을 많이 가르쳤다.

일본인들이 해방이 되면서 한국에 남기고 간 공장이나, 도로, 철도 등 의식주에 필요한 부분과 사회간접자본이야말로 해방 후 남겨진 부산물로 큰 도움이 되었다는 사실은 앞에서 지적한 바와 같이 부인할 수가 없다.

우리나라를 완전히 일본화해 버리려던 목적을 이루려던 과정에서 당시 대동아전쟁을 일으켜 미국과 싸움에서 반드시 승리할 것이란 자신감에서 전투기에 필요한 기름이 부족한 것을 보충한다며 소나무의 수액인 송진을 채취하러 산으로 다녀야 했던 일을 잊을 수가 없다. 그 전쟁은 결국 히로시마, 나가사키 두 곳에 원자폭탄이 투하되자 일본 천황이 무조건 항복으로 끝났다. (필자는 무역업 당시 파괴된 도시를 그대로 본보기로 둔 히로시마 그 현장과 전시장을 직접 답사해본 바 있다.)

해방될 무렵 공부하다가도 미국 비행기 B29가 여수종고산 위에 떴다는 사이렌이 울리면 보자기에 책을 싸서 허리에 차고 무조건 토굴로 달렸던 기억이 생생하다. 전쟁 패망 직전 막바지 때라서 피죽도 못 먹을 정도로 굶기를 밥 먹듯 했고, 산에 가 소나무 속껍질인 송기를 벗겨 먹거나, 칡뿌리를 캐 먹었고, 쉬는 날은 어머님 따라 형님과 산에 가 솔가리를 긁어모아 경찰서 옆의 동정시장바닥에 지게 짐을 부려두면 그 판돈으로 두부나 비지를 샀고, 버린 무청이나 배춧잎을 주워 말린 시래기로 된장국이나 풀떼기로 배를 채워야 했던 참으로 어려운 시절이었다. 며칠씩 굶다 보니 어떤 때는 일본인 청루(요정)에 새벽같이 가 누룽지를 얻기 위해 줄섰으나 차례가 되지 못해 그냥 돌아서야 했던 고난의 시절을 도저히 머릿속에서 지울 수 없다.

8월 15일 해방되던 그날은 남녀 할 것 없이 거리로 몰려나온 시민들의 태극기물결이 거리에 가득했다. 당시 어린 시절 해방의 과정을 몸소 체험하며 느낀 소감은 우리민족이 많은 핍박의 수난을 당하며 잃은 것도 많았지만, 한편으로 그로 인한 산업의 기반이 구축되었다는 깨우침을 얻게 된 것도 사실이다. 정신적인 민족단합정신과 유교적 가족사랑, 부모공경법, 정직성, 공중질서의식을 배웠고, 일본인들로 인한 나라사랑애국심을 한층 공고하게 느낀 것 같았다.

일본인들은 해방 이후 본국으로 빈손 들고 돌아간 이후 가난을 면치 못해 미군이 진주해 있던 일본 내 사세보 기지에 남자들은 노무자로, 여인들은 머리칼을 잘라서 팔거나 몸을 팔아 달러를 벌어 생계를 유지한다는 뉴스를 듣기도 했다. 이런 때 우리는 통일이 되지 못한 채 분단된 이후 남쪽은 미군정하에 대한민국이 초대 이승만대통령으로, 북한은 소련의 인민공화국으로 김일성이 수상이 되는 분단의 아픔이 다시 시작되었다.

남북이 분단된 이후 3년 뒤 북한 김일성이 계획적인 남침을 감행, 6·25전쟁이 발발하자 초대 이승만 대통령이 미국 트루먼 대통령에게 직접 항의하자 미군이 전쟁에 참여했지만, 막상, 미국에서 한국까지 전쟁 물자를 싣고 오는 한 달 정도의 긴 기간이 걸렸다. 이때 UN총회에서의 결의로 한국전쟁을 도운 나라가 16개국이나 된다. 또한 이 기회를 잘 포착한 일본이 미국에 전쟁 물자를 대신 생산 공급해주겠다는 협약을 맺고, 어부지리로 패망했던 거지 나라에서 공장을 다시 가동해 3년 반 동안 미쓰비시, 미쓰이, 스미토모, 소니 등 거대산업들이 물자를 공급, 일시에 떼부자가 되었던 것이다. 결국, 우리는 동족끼리 전쟁을 치르며 많은 목숨을 잃어갈 때 일본은 우리 때문에 떼돈을 벌어 일시에 경제대국으로 성장하는 기반을 닦았다.

전쟁으로 폐허가 된 대한민국은 당시 완전 거지 나라로 세계 최하빈국으로 1인당 국민소득 76달러에서 박정희 대통령이 당선되면서 "우리도 잘살아 보자"는 구호로 뭉쳐 세계강국으로 발돋움, 오늘날 경제대국이 됐다.

결국 일본이 이렇게 많은 돈을 벌어 부자 나라가 된 깊은 사실을 안 사람은 필자의 나이 또래 정도다. 이때 당시 일본을 필자는 많이 출입하며 일본 도쿄 삼호무역 (교민 尹友順·당시 김대중 대통령부인 이희호 여사와 과거 이화여중 동기동창이라고 소개받음)분과 필자가 도쿄에서 무역업에 동업키로 협의했다, 그때 처음으로 소개받은 배관업체 하나였던 제일고주파(도쿄쓰키지 소재 히라야마 회장, 나가이(長而) 사장, 하나모토(花本) 지바공장장과 행거메이커 니혼핫쇼(日本發粗)의 설계기술자들을 한국으로 불러들여 울산 경화동에 소재한 현대호텔에 투숙시키며 견적서를 받아 현대중공업 배관부와 연결시켜 줬다. 또한 오카노 발브, 기다사와 발브 기타 기자재회사와 기술자들에게서 견적서를 받아 대신 납품 성사시켰던 경력도 있다. 필자는 당시 여수 3년 선배인 백충기 현대미포조선 사장과 죽마고우인 노종수 현대중공업배관부장의 도움을 받아, 공단 기자재 특수운활유 등 자재부품에 이르기까지 많은 거래업적을 남기며 국가건설 사업에 기여했다고 자부한다.

3. 한국과 일본인의 호감도 평가가 양쪽 다 증가

2023년 10월 12일 현재 일본인의 한국에 대한 호감도는 상승한 반면, 한국인의 일본에 대한 호감도는 오히려 떨어진 것으로 조사됐다. 정부가 강제징용해법 발표 등을 통해 관계개선을 적극적으로 견인해도 일본의 호응이 뒤따르지 않으면 한국인의 대일 호감도가 오르기 어렵다는 분석이다. 동아시아연구원(EAI)과 일본 언론(겐론) NPO는 한국인 1008명, 일본인

1000명 등 총 2008명을 대상으로 지난 8월과 이달 중 실시한 "한·일 국민상호인식 조사" 결과를 발표했다. 이번 조사에서 한국인의 경우 '현재 한일관계가 좋다' 는 응답이 지난해 4.9%에서 올해(2023년) 12.7%로 두 배 이상 뛰어 올랐고, '나쁘다' 는 응답은 지난해 64.6%에서 42%로 줄었다. 일본인 역시 긍정적 평가는 지난해 13.7%에서 올해 29%로 두 배 넘게 늘었고, 부정적 평가는 같은 기간 39.8%에서 21.3%로 줄었다. 반면 서로에 대한 호감도는 엇갈렸다. 일본 응답자의 경우 '한국인에 좋은 인상을 갖고 있다' 는 답변이 지난해 30.4%에서 올해 37.4%로 올랐고, '좋지 않은 인상을 갖고 있다' 는 응답은 40.3%에서 32.8%로 떨어졌다. 하지만 한국인 중 '일본에 좋은 인상을 갖고 있다' 는 응답은 지난해 30.6%에서 올해 28.9%로 오차범위 내에서 소폭 줄었다. '좋지 않은 인상을 갖고 있다' 는 응답 또한 52.8%에서 53.3%로 오차범위 내에서 소폭 늘었다.

동아시아원구원은 "일본 여론은 자국 정부 및 한국 정부 관계개선 노력을 지지하지만, 한국 여론은 자국 및 일본 정부의 관계개선 노력을 그다지 지지하지 않는 것"이라고 분석했다. 일본 정부가 시작한 후쿠시마 원전 오염수 방류에 대해 한국인은 "국제원자력기구의 검증과 무관하게 방류하지 말아야 한다"는 의견이 39.1%로 가장 많았다.

일본인의 경우 "IAEA의 과학적 검증은 신뢰할 수 있으나 일본 정부는 사회적 불신해소를 위해 추가적 노력을 기울여야 한다"는 응답이 47.2%로 가장 많았다.

한국인은 한·미·일 협력과 한미동맹 강화를 위해 한일 관계 개선의 필요성을 비교적 강하게 인식하는 것으로 나타났다. 한국인의 71.6%가 "한미 동맹의 발전을 위해 한일 관계 개선이 필요하다"고 답했다. 한·미·일 3각 군사안보협력강화에 동의하는 비율도 한국인 60.6%, 일본인 49.9%에 달했다. 특히 일본인의 긍정응답 비율은 문항조사를 시작한 2018년 이후 가장 높은 것으로 나타났다.

이상의 자료는 중앙일보 박현주 기자가 밝힌 조사다.

4. 일본 역사 속에 우리나라 영암 왕인박사가 있었다
영암 왕인박사 유적지(전라남도 기념물 제20호)

우리나라 전남 영암에 있는 왕인박사유적지는 구림마을의 동쪽 문필봉 기슭에 자리 잡고 있으며, 일본 역사에서 왕인이 새롭게 조명되면서 그의 자취를 복원해 놓은 곳이다. 왕인박사의 탄생지인 영암 성기동과 박사가 마셨다고 전해오고 있는 성천(聖泉)이 있으며, 탄생지 옆에는 유허비(幽墟碑)가 세워져 있다. 또 월출산 중턱에는 박사가 공부했다고 전해오는 책굴(冊屈)과 문산제(文山祭)와 양산제는 박사께서 공부하면서 고향

인재를 길러 낸 곳으로 매년 3월 3일에 왕인박사의 추모제(追慕祭)를 거행하고 있다.

책굴 앞의 왕인박사 석인상(石人像)은 박사의 후덕을 기리기 위해 세운 것이라 한다. 성기동 서쪽에 있는 돌정고개는 박사가 일본으로 떠날 때 동료, 문하생들과의 작별을 아쉬워하면서 정든 고향을 뒤돌아보았다 하여 돌정고개가 되었다 한다. 상대포(上臺浦)는 박사가 일본으로 떠날 때 탔던 곳으로 당시의 국제무역항이었다.

왕인박사는 백제인으로 일본 응신천황(應神天皇)의 초빙으로 논어 10권, 천자문 1권을 가지고 5세기 초 일본으로 건너가 그 해박한 경서(經書)의 지식으로 응신천황의 신임을 받아 태자의 스승이 되었다고 한다.

이것이 일본의 문화를 깨우치는 중요한 계기가 되어 그의 후손은 대대로 학문에 관한 일을 맡고 일본조정에 봉사하여 일본문화의 발전에 크게 공헌하게 되었다. 일본 최초의 역사서인 고서기(古書記) 화이길사(和邇吉師) 일본서기에는 왕인이라고 그의 이름이 나타나 있다.

왕인박사는 논어와 천자문을 전한 것은 물론 기술공예의 전수, 일본가요의 창시 등에 공헌함으로써 일본 황실의 스승이며 정치고문이 되어 백제문화의 전수를 통하여 일본사람들을 계몽한 일본문화사상(日本文化史上)의 성인(聖人)으로 일본 비조문화(飛鳥文化)의 원조가 되었다.

1973년에 왕인박사 유적지 조사단이 구성되었고, 1976년에는 전라남도에 의하여 성기동 일대가 전라남도 기념물 제20호로 지정되었으며 1985년부터 1987년까지 사당을 비롯한 유적지 정화사업을 시작으로 왕인공원 등 성기동 문화관광 사업을 계속 진행하고 있다. 그래서 일본에서는 일본의 역사를 다시 재조명하고 알기 위해 왕인박사의 고마움을 잊을 수 없어 지금까지도 한국에 관광 오는 일본인들 중에는 전남 영암 왕인박사 전적지를 꼭 둘러보고 가는 관광객들이 날로 늘어나고 있다.

한편, 대한민국 전통 궁중 진상품 천하일미로 '영암 어란'이 있는데 8대 장인인 영암 군서면 신흥동의 최태근 장인이 이의 명맥을 잇고 있다. '영암 어란'은 영암 상대포에서 직접 잡은 숭어의 어란을 즉시 채취하여 100년 전통의 씨간장만으로 맛을 내어 수공업으로 가공건조해 궁궐 임금님께 진상했고, 사대부집에서 대사를 치를 때 혼례 이바지로 보내는 매우 귀한 궁중 진상품이었다. 2020년에는 탤런트 최불암 씨가 한국인의 밥상프로에까지 직접 답사로 영암을 다녀가기까지 했었다. 영암의 유지로 알려진 손재필 선생의 안내로 필자는 직접 현장을 답사할 수 있었다.

#상기 자료를 주신 손재필 선생은 고려대를 졸업한 후 역사연구탐험가로 세계 73개국을 다니시며 역사학 연구에 다방면 박

식한 분으로 필자가 피지(FIJI)에 이민 가 있을 당시 뵙던 분인데 이후 피지한인회장 전정묵 대학후배님이 한국에 다녀갈 때 손재필 선생을 대동하고 강진에 필자를 찾아와 깜짝 쇼를 벌였다. 알고 봤더니 강진에서 제일 가까운 영암 고향에 거주한다며 자수성가하여 현재 영암유지로 활동하신다. 손 선생의 안내로 왕인박사유적지와 영암박물관과 '영암 어란' 현장을 직접답사 안내 받았다.

위치: 전남 영암군 군서면 왕인로440(동구림리 산18)

사적: 전라남도 지방기념물 제20호

5. 대마도(對馬島)가 우리 땅이란 역사적인 진실
부속 섬 포함 708,5평방Km

대마도가 분명한 우리나라 영토이며 한국이 반환받는 데 아무런 문제될 것이 전혀 없다는 사실을 우리 국민은 아는가?

1592년 도요토미 히데요시의 명령으로 일본인 '구기'가 제작한 '조선팔도 총도'에 울릉도와 독도가 그려져 있고, 대마도가 경상도에 속한 것으로 그려져 있었다. 또한 1830년 일본에서 만든 조선국도에도 울릉도, 독도, 대마도가 조선 영토로 그려져 있다. 그런데 일본은 스페인, 영국 등 서구 근대세력들의 해양영토약탈 시기인 임진년과 식민지시기에 연이어 조선의 불행한 소용돌이를 이용해서 소리 소문 없이 '대마도'를 슬그머니 1871년에 일방적으로 '이스하라현'으로 한 후 1876년에는 '나가사키현'에 편입시킨 후 아예 자기들 영토로 삼아 오늘에 이르고 있다.

일본의 왜곡된 역사를 반드시 바로잡아야한다. 일본은 대마도(對馬島) 한국영토거론이 두려워 독도를 시비 걸고 있는 것이다. 독도는 역사적으로 신라 때 이사부 장군이 점령 접수했고, 일본 메이지(明治)때 태정관지령(太政官指令)에서도 '독도'는 일본영토가 아님을 인정했다는 사실을 일본도 잘 알고 있다. 그런데 저들이 왜 이렇듯 독도 시비를 멈추지 않고 있는 꿍꿍이 이유가 무엇일까? 그게 바로 '대마도'가 엄연한 한국영토라고 불거지는 것을 미연에 막기 위한 고도의 작전술인 것이다. 대마도가 한국영토라는 사실이 거론되는 것부터가 두려운 일본은 이것을 미연에 막기 위해서 '독도'가 자기 땅이라고 우선 시비를 걸고 물고 늘어져야 한다는 깊은 뜻이 숨어 있는 것이다.

"대마도는 본시 우리 땅이다(對馬島本是我國之地)"라고 세종대왕이 선언한 것은 이조실록에서 기록하고 있는 글귀이며, 대마도란 지명은 마한(馬韓)과 마주보는 땅이라 하여 우리 선조들이 '대마도'라 명명하였던 것이다. 역사적으로도 조선조정(한국)은 어떤 형태로든 일본에 대마도를 넘겨준 일이 전혀 없었다는 사실이다.

도둑질해간 대마도를 두고 36년간 식민지시대를 거치면서 대마도는 일본 땅이라고 한국뿐만 아니라 그들 후손들에게까지도 세뇌(洗腦)시켜 버렸던 게 사실이지만, 이제라도 우리 후손들이 반드시 되찾아야 하는 가장 중차대한 사실이다. 그러려면 우선 우리가 국력을 길러 일본이 꼼짝 못하고 돌려주도록 진실을 밝혀야 한다.

우리는 이 세뇌작전과 특히 조작된 일제 식민사관에 젖어 지금까지 대마도는 일본 땅이라고만 여기고 살았던 마음부터 반드시 바꿔야 한다.

이승만 초대 대통령은 1948년 8월 15일 대한민국 정부 수립을 선포하고 난 불과 사흘 후 8월 18일 "역사의 진실은 어쩔 수 없다. 대마도는 우리 땅이므로 일본은 하루속히 반환하라."고 천명한 사실이 있다. 이후 6 · 25직전까지도 3년여 동안 60여 차례나 반환을 요구한 사실이 있다. 일본은 역사학회, 고고학회 등으로 하여금 대마도에 관하여 거짓되고, 왜곡된 논문들을 발표하면서 변명을 일삼고 있다.

쓰시마의 역사적 위치(1949), 대마문제(1951) 논문 등이 그 예이다. 1950년 6 · 25가 발발하고 미 · 소가 대립하자, 일본은 "이때다"하고 미국에 로비를 했고, 1951년 미국은 한국을 배제한 채 일본과 다음과 같이 전후(前後)처리(샌프란시스코 협정)를 해 버렸다.

일본은 한국의 독립을 인정하고, 제주도 거문도 및 울릉도를 비롯한 도서는 한국에 모든 권리와 소유권이 있으므로 청구권을 포기한다.

이 샌프란시스코 협정에서 미국은 독도와 대마도에 대해 영토 속국을 명백히 하지 않고 빼버린 것이다. 이승만 대통령은 이에 불복하고 우선 평화선 선포를 통해 우선 독도라도 어족보호 명분을 들어 독도를 실효 지배할 수 있도록 조치하였다. 지난 2005년에 확인된 미국 국무부 외교문서에 따르면, 1951년 4월 27일 한국 이승만 대통령은 대마도에 관해 다음과 같이 요구하고 있다.

"한국은 일본이 대마도에 대한 모든 권리, 호칭, 청구를 분명히 포기하고 그것을 한국에 돌려줄 것을 요청한다." (In view of this fact the Republic of Korea request that Japan specifically renounce all right, title and claim to the island of Tsushima and return it to the Republic of Korea)

여기에서 specifically renounce 구절을 주시해야 한다. 이는 외교문서로서는 최고로 강력한 의사표시였다.

대마도 반환문제는 남북통일과 마찬가지로 우리 7000만 민족의 숙원이다. 대마도를 우리 땅으로 회복하는 문제에 있어 국제관례의 관점에서 아무런 제약이 없다. 왜냐하면 1862년에 미국의 영토가 된 일본 남부 오가사와라(小粒原) 군도를 일본이 미국으로부터 일본 영토로서 인정받고, 반환받았던 이러한

국제적 사례가 있기 때문이다. 이것은 대마도 반환에 있어서 결정적 역할을 할 것이다.

그때 일본이 내놓은 지도 삼국접양지도 하야시 시헤이(林子平)제작, 프랑스어 판이 그 근거이다. 미국의 오가사와라 군도가 일본영토임이 맞다고 판단하게 한 그 지도에 오가사와라 군도가 일본 영토로 되어 있었기 때문에 가능했다. 이때 미국은 아무 소리 못하고 이 미국 영토를 일본에 반환했던 것이다. 그런데 바로 이 지도에 독도와 대마도가 분명히 한국 영토로 표기돼 있었다. 정말 놀라운 사실이 아닌가?

최근에 이에 준하는 증거가 또 발굴되었다. 지리학자로 영국에서 활동하였던 이탈리아인 J,H,Kernot 씨가 1970년에 작성한 '일본과 한국'이라는 지도에서 울릉도와 독도뿐만 아니고 대마도도 한국영토로 그려져 있는 사실이 발굴(견)되었다는 사실이다. 이 지도에는 대마도가 대한해협(STRAIT OF COREA)으로 표시돼 있고, 특히 독도와 울릉도 대마도의 관할 국가를 표시하는 지도 바탕 색깔을 한국 본토와 같은 황색으로 나타내 이들 섬이 한국령이라는 사실을 한눈에 알 수 있게 하고 있다. 세종대왕은 이종무로 하여금 대마도에서 해적질하며 살고 있는 왜구를 토벌하고, 확실하게 한국령인 경상도에 예속시켰던 것이다.

"백두산은 머리고, 대관령은 척추이며, 영남의 대마와 호남의 탐라를 양발로 삼는다(以白山爲頭 大嶺爲背 嶺南之對馬 湖南之耽羅 爲兩趾)". 이 글귀는 1750년대 '해동지도'에 있는 글귀이다. 이렇게 대마도가 우리의 분명한 땅이고, 우리민족 한쪽 다리인 것이다. 그런데 일본이 그 대마도를 자기들 멋대로 자기 영토로 편입시켜 버린 비열한 자들이다. 대마도는 일본이 잘라간 우리의 한쪽 다리인 것이다. 그 한쪽 발(嶺南之趾)을 반드시 되찾아야 한다. 그리고 일본은 당연히 순수하게 반환해야 한다. 일본은 이러한 일련의 사실이 부각되는 것이 두려워 시도 때도 없이 독도를 시비 걸며 계속하여 분칠하고 있는 것이다. 대마도는 명백한 우리나라 영토이다.

대마도를 우리 땅으로 회복하는 문제에 있어 국제관례의 관점에서 아무런 제약이 없다. 일본은 이러한 일련의 사실이 부각되는 것을 차단하기 위해 독도시비를 계속하며 분칠하고 있는 것이다. 그들의 속셈이 진정 가증스럽다.

부산에서 대마도까지는 49km, 일본 후쿠오카에서는 139km이다. 이 대마도에는 고대로부터 우리 한국인이 건너가 살고 있었던 곳이다. 이처럼 일본의 얄팍한 속셈이 가증스럽지 않은가? 대마도는 본시 우리나라 땅이다. 우리는 남의 나라를 한 번도 넘본 적이 없고, 다른 나라의 수없는 침략 속에 살아온 백의민족이다.

세종대왕께서 선언한 이 확실한 사실을 우리가 못하면 먼 훗날 우리의 후손들이라도 할 수 있는 계기가 될 수 있도록 전 국민 모두가 잘 알고 우리의 국력을 길러 이들의 얄팍한 수법에 빠지지 말며 독도시비에 휘말려 더 이상 속지 말고, 널리 이 사실을 알려 대마도 반환운동의 초석이 되었으면 하는 것이 필자의 진심 어린 바람이다.

정치권에선 나 몰라라 하는 형국이니, 우리 네티즌만이라도 이글을 여러 카페로 올려 여론을 형성하고, 독도를 떠나서 대마도 반환운동의 계기가 될 수 있게 하는 초석이 되고자 필자가 본 저서에 올리며, 우리가 못하면 우리 후손들이라도 할 수 있는 계기가 되어 여론화시켜야겠다.

6. 일본 반도체를 침몰시킨 이건희 회장의 자쿠로 결단

2001년 8월 일본 도쿄의 오쿠라 호텔 근처의 샤부샤부 집에 삼성전자 메모리 사업부장에 갓 선임된 황창규 사장은 이건희 회장, 윤종용 부회장 등 삼성 수뇌부와 마주 앉았다.

반도체 왕국 일본의 대표기업인 도시바가 삼성에 낸드플래시 메모리합작 법인 설립을 제안한 때였다. 낸드플래시는 전원이 꺼져도 데이터를 저장할 수 있는 반도체로, 스마트폰, 노트북 등 모든 IT기기의 저장장치로 쓰인다.

삼성은 당시만 해도 도시바의 특허 기술을 쓰기 위해 막대한 특허료를 지불하고 있었다. 그런 도시바가 삼성의 성가신 추격을 의식해 아예 공동사업을 제안했고, 삼성 수뇌부도 긍정적으로 받아들이는 분위기였다.

하지만 황창규 사장은 당차게도 독자사업을 하겠다고 했다. 이건희 회장은 세 가지 질문을 던졌다. "해볼 만한가? D램도 미래에는 없어진다는데? 자신 있는가?"라는 질문을 받은 황 사장은 모바일용 메모리의 성장 가능성과 함께 생산라인 준비 등 그동안 어떻게 독자사업에 대비해 왔는지 설명했다.

이윽고 이 회장은 "도시바의 제안을 정중히 거절하고 독자사업으로 가자."고 결정했다. 삼성 메모리사업을 이끈 황창규 전 사장의 저서(著書) '황의 법칙'에 나오는 결단의 순간이다. 삼성은 그해 최악의 반도체 불황에도 대규모 투자를 단행했고, 1년 반 만에 도시바를 앞질렀다. 다시 1년 뒤에는 플래시메모리 전체 시장에서 세계1위 인텔을 꺾었다. 삼성은 이어 당시 세계 최고의 휴대폰 제조사인 핀란드 노키아와 애플의 아이팟, 아이폰에 제품을 공급하면서 낸드플래시를 한국 반도체의 핵심 축으로 키웠다. 이제는 낸드를 쓰지 않는 스마트폰이나 노트북은 상상하기조차 힘들다. 반면, 도시바는 삼성에 순위만 뒤진 게 아니라 아예 몰락했고, 인텔도 플래시사업을 결국 매각했다.

삼성의 플래시메모리사업은 후발주자로 출발해 세계 1등에 오른 한국산업계의 대표적인 혁신 사례로 꼽힌다.

미래에 대비한 R&D(연구개발)와 경영진의 정확한 시장 예측, 불황기에 무모해 보일 정도로 투자를 단행한 오너의 결단, 300개 공정을 거치는 반도체 신제품 생산을 단 9개월 만에 완료해 노키아에 납품한 임직원의 헌신이 어우러진 결과다. 비행기 고장으로 첫 미팅을 펑크 낸 황 사장은 불같이 화를 내는 스티브 잡스 CEO를 상대로 끝내 제품공급을 성사시켰다. 문제는 국내 기업들 사이에서 이런 혁신 스토리를 갈수록 듣기 힘들다는 사실이다. 비대해진 한국 기업들이 품질보다는 수익성을, 위험을 무릅쓴 도전보다는 리스크 관리, 주가관리에 더 신경을 곤두세우는 경향이 짙어지고 있다. 기업혁신이 국가 경제에 어떤 영향을 미치는지는 일론 머스크 테슬라 CEO 같은 미친 기업가들이 끊임없이 쏟아져 나오는 미국과 과거의 위대한 유산을 팔아먹는 데 안주한 유럽을 비교해보면 극명하게 드러난다.

국제통화기금에 따르면 2008년 EU(유럽연합)의 GDP(국내총생산)는 14.22조 달러(약 1경 9012조 원)로 미국(14.77조 달러)과 큰 차이가 없었지만, 올해는 15.07조 달러로 미국(26.86조 달러)의 60%에도 못 미친다.

지난 15년간 미국이 82%나 성장한 반면 EU 성장률은 고작 6%에 그친 탓이다. 지금의 추세가 계속될 경우 2035년엔 미국과 유럽의 1인당 GDP격차가 지금 일본과 남미 에콰도르의 격차만큼 벌어질 것이란 전망도 있다.

자동차 강국 독일은 전기 차 전환을 등한시하다가 자신들의 기술을 전수해준 중국의 전기 차에 밀려 안방까지 내줄 처지다. "독일 자동차산업의 지붕이 불타고 있다."는 탄식이 나올 정도다.

또, '해가 지지 않는 제국'의 역사를 자랑하는 영국은 제조업의 몰락으로 무려 1100만 명의 인구가 배고픔에 시달리고 있다는 충격적인 보도도 나온다. 고령화와 과도한 중국 의존도, 기존 주력산업의 쇠퇴 등 독일과 비슷한 고민을 안고 있는 한국경제는 과연 미국과 유럽 중 어느 쪽으로 향할까? 5년, 10년 뒤를 생각하면 등에 식은땀이 흐른다는 고 이건희 회장의 말이 새삼 와닿는다.

7. 우리 반도체는 위기인가? 다시 기회인가?

도쿄선언 40년 K반도체

1983년 삼성의 반도체 진출을 선언한 고 이병철의 도쿄 선언이 나온 지 40년이다. 256M, 1G D램 등 세계최초 기록을 세우며 삼성은 메모리 반도체분야에서 30년간 세계 1위를 달리고 있다.

반도체는 여전히 우리 수출의 20%를 담당하는 핵심 산업이다. 하지만 위기론이 나온다. 대만의 경쟁자 TSMC가 우리보다 앞서 달리고, 미·중 기술 분쟁으로 지정학적 리스크도 고조돼 있다. 고 이건희 회장이 왕성하게 활동했던 1990~2000

년대 삼성반도체엔 혁신이 넘쳤다. 황창규 전 삼성전자 시장은 그 시기 메모리 칩 성공을 이끌었던 인물이다. 그에게 반도체 현안을 물었다.

#TSMC추격의 기회가 보인다. 우리 반도체는 위기인가?

내가 삼성의 반도체를 맡았던 20년(1989~2009)동안도 매일 이 위기 아닌 적이 없었다. 당연히 실패과정도 거쳤다. 지금 위기론의 핵심은 대만 TSMC에 밀렸다는 것이다. 그 밀린 이유는 반도체를 위탁 생산하는 파운드리는 다양한 기업이 요구하는 사양에 맞춰 제품을 만들어 줄 수 있어야 한다. 그래서 풍부한 IP(지식재산권)를 갖고 있어야 하는데 우리가 소홀했다. 또 자동차부터 우주산업에 이르는 다양한 기업을 찾아 설명하고 기술을 세일즈해야 하는데 그 인력양성이 덜 됐다. 인력을 양성하고, 고객관리를 개선해야 하니까 시간이 많이 걸렸다. 하지만 이제 상당히 준비가 되어가고 있다. TSMC는 결코 넘지 못할 산이 아니다.

그 추격 기회는 보이는가?

최근 뉴스를 보면 TSMC가 사용하는 3차원공정 기술인 핀펫(FinFet)에 문제가 있는 것 같다. 이 제품을 쓰는 아이콘15의 발열 문제가 이것과 연관이 있다는 보도가 나온다. 삼성은 핀펫이 아닌 공정난도가 높은 GAA(게이트 올 어라운드) 기술을 쓰는데 이를 더 확장하고, 구조를 더 다양하게 만들었다. 최첨단 제품인 2나노부터는 GAA기술을 쓸 가능성이 높다. 우리가 유리할 수 있다.

AI시대엔 메모리가 더 많이 필요하다고 하는데.

반도체 메모리 용량이 1년마다 2배씩 늘어나는 '황의 법칙'은 AI 발달로 더 지속될 것이다. 엔비디아가 쓰는 H100이라는 GPU(그래픽 처리장치)는 AI 관련 서버당 8~16개씩 들어간다. 거기에 들어가는 메모리가 HBM이다. 이 시장은 우리에게 또 다른 기회가 될 것이다.

큰 투자 결정은 오너가 할 수밖에 없다.

'칩워'의 저자 크리스 밀러 교수는 TSMC 창업자 모리스 창의 성공시점을 2008년 금융위기 때로 꼽았다. 이때 공격적인 투자를 했다는 것이다. 삼성은 그해 이건희 회장이 상속문제 등으로 특검조사를 받고 뒤로 물러났다. 오너의 부재가 투자결정에 영향을 미친 것 아닌가?

큰 투자결정엔 오너의 결단이 절대적이다. 예를 들어 2000년에 삼성반도체 메모리 사업을 맡았을 때 플래시메모리 시장점유율이 4.6%에 불과했다. 특히 낸드플래시에선 도시바가 기술을 선도하며 시장점유율 45%를 보였다.

그런데 도시바가 삼성전자와 함께 조인트 벤처를 만들자고 했는데 거절했다. 플래시 메모리 독자 사업을 선택했다. 이건희 회장이 도쿄로 나를 불러 얘기를 들은 뒤 결정했다. 메모리부문 사업부장인 내가 아무리 최선을 다해 준비했다고 하더라도 그룹 전체가 휘청거릴 수 있는 큰 결정은 오너가 할 수밖에 없다. 이 결정으로 1년 반 만에 낸드플래시 1위로 올라서 도시바와 삼성의 위치가 바뀌었다.

이재용 회장도 그런 짐을 지고 있지 않은가?

그렇다. 이건희 회장은 인재 제일주의라고 하는 이병철 회장의 철학을 실현하신 분이다. 이재용 회장 역시 아버지를 닮았다. 리더로서 위임할 것은 과감하게 위임하고 내면에서 불꽃이 튈 정도로 활기 넘치는 환경을 만들어 나가야 한다.

20년 전 미 통상, 일 장비로 괴롭혀…… 미·중 기술 분쟁으로 중국 내 삼성, SK공장이 어려움을 겪고 있는데.

미국이 우리의 중국내 반도체 공장을 '검증된 최종 사용자 (VEU)로 지정하면서 장비반입 문제는 일단 풀렸다. 앞으로 미·중이 싸운다고 하더라도 헤쳐 나갈 수가 있다. 우리만 갖고 있는 확실한 제품이 없으면 미·중 간섭은 계속될 것이다. 그런데 20년 공백이면 인력이 문제가 된다. 반도체는 일사불란하게 움직이며 오너가 적기에 결정을 내려야 하는 티이밍 사업이다.

미·중 기술분쟁이 결국 우리 기업에 도움이 될 것인가?

미·중 갈등이 도움이 된 것 맞다. 하지만 전제가 필요하다. 우리가 자신 있고, 준비돼 있어야 한다. 그러지 않으면 어부지리도 생길 수 있다. 우리 국가 예산이 부서별로, 심지어 과별로 다 쪼개져 있다. 세상은 융합시대로 돌아간다. 시너지가 날 전략을 짤 사람이 있어야 한다. 국가 최고 기술자(CTO)가 필요하다고 본다. 정권을 갖고 결정해서 비효율적인 예산지출을 바꿔야 한다.

8. 일본 대학생들의 박정희를 보는 관점
장진성 교수가 밝힌 글

도쿄 신주쿠에 있는 한 한국음식점에서 일본 대학생들과 우연히 마주쳐 함께 장시간 대화할 기회가 있었다. 이들 4명이 한국말을 잘 구사해 내가 묻기를 어찌 그리 한국말을 잘 하느냐고 물었다. 그랬더니 자신들은 국제외교정치를 전공하는데 이들 다가 과거 한국 연세대학이나 고려대학에 유학경험을 갖고 있다고 말했다.

북한이 해안포를 발사하면 그 소리가 한국에서보다 더 크게 들리는 나라가 일본이란다. 그만큼 안정된 질서와 기나긴 평화에 체질화된 일본인들이어서인지 분단 상황이면서도 드라마틱한 이웃 한국의 현대사에 대한 관심이 상당히 크다고 말했다.

그 말 대답에 그렇다면 한국역사에서 가장 존경할 만한 인물이라면 누구를 꼽느냐? 고 물었다. 그러자 이들 4사람 모두가 같은 말로 일제히 박정희라고 합창했다.

그 말에 나는 순간 눈이 휘둥그레졌다. 한국 대학생들에게도 잘 들어보지 못했던 말을 일본 대학생들에게서 듣는 순간, 전율 같은 감동이 솟구쳤다. 그들은 우선 박정희 대통령의 가장 큰 장점은 "청렴함"이라고 했다. 미리 준비하고 말한 것도 아닌데, 총에 맞아 급사했는데도 자기와 가족을 위한 비자금이 발견되지 않았다는 것이다. 그러면서 과거에 일본이 3억 달러를 원조했는데도 필리핀의 마르코스나 다른 나라 대통령들 같은 경우 그 돈을 횡령하여 혼자만 부자가 된 반면, 박정희는 경제개발을 위한 독제를 했으며 분단시대의 두 가지(長期) 체제를 비교했다. 그러자 우리나라에선 개발독재라는 표현도 일본 대학생들은 개발독선이라고까지 표현했다.

박정희 대통령이 비록 밀어붙였지만, 결국은 옳지 않았느냐? 며 그때 경부고속도로 건설을 반대했던 이른바 민주투사들이란 사람들이 과연 역사 앞에 당당했으며 진실했냐고 오히려 반문했다. (김대중, 김영삼 두 분이 건설현장 도로에 들어 누어있는 모습을 지적하면서) 우연의 일치 일런진 모르지만 필자도 2019년 10월21일 〈벼랑길 굴러가는 대한민국〉 저서 53쪽에 그

두 분의 누어있는 현장사진이 실림)

이분 박대통령은 전기를 아끼느라 청와대 에어컨을 끄고 파리채를 들었던 사실이며 서거 당시 착용했던 낡은 벨트와 구두, 화장실 변기에 사용했던 벽돌까지 그들은 박대통령 일화를 참으로 많이 알고 있었다.

누구에게 들었는가? 라고 물었더니 박대통령을 연구하기 위해 자료를 찾던 중〈조갑제〉닷컴에서 출판한 "박정희 전기"를 모두 읽었다는 것이다. 나는 그때 우리 한국대학생들 중 13권에 이르는 그 방대한 전기를 끝까지 읽은 학생이 도대체 몇이나 될까? 하고 속으로 생각해 보았다.

그들(한국인)은 박정희 대통령 덕에 잘 살면서도 그 위업을 경시하는 한국의 현대사를 편향된 일방적 민주주의라고 규정했다. 잘한 것은 잘 했다고 평가하는 것이 솔직한 역사인식이 아니겠는가? 그런데 한국인은 옳지도 않는 민주화의 역사만을 정당화한다고 이들은 말한다.

한국인들 대부분은 오늘날 잘 사는 것이 그저 '한강의 기적'이라고 자처하면서도 정작 한강에 가보았으나 그 (박정희)상징물이 하나도 보이지 않는 나라인 것에 실망했다고 말할 때 머리 뒷 끝이 순간 쭝 깃 함을 느꼈다. 이들은 다시 "박정희 대통령 동상을 그 자리에 새워두는 것이 바로 역사적이고 애국하는 길이며 후대들의 예우가 아니겠는가?" 라고 말하며 한국은 일본의 과거를 자주 문제 삼는데, 우선 저들의 현재부터 세우는 것이 먼저라고 비판했다. 심지어 박정희 무덤에 쇠말뚝까지 박는 무뢰한 짓까지 한 무지한 일도 있었다는 걸 다 알고 있다고 했다.

만약, 박정희 대통령 같은 인물이 먼 옛날이 아니라 우리 부모 세대에 일본을 구원했다면 자기들은 우리의 가까운 역사로 자부심을 가지겠지만, 한국의 젊은이들은 그렇지 않으니 매우 이상해 했다. 그러면서 한국에 있을 당시 견해차이로 한국대학생들과 박정희 대통령에 대해 논쟁을 많이 했다는 이야기도 했다.

한국 대학생들이 생각하는 박정희는 그저 독재자일 뿐이고, 왜 독재를 하게 됐는지? 에 대한 그 결과가 과연 옳았는지에 대한 깊은 이유에 대해서는 전혀 설명도, 분석하려고도 하지 않았다고 했다. 마치, 그들(한국 젊은 대학생들)의 주장은 논리에 근거한 것이 아니라 사고의 형식과 틀에 의존한 교과서적인 것 같았다고 말했다. 그들은 광우병(mbc)엉터리 촛불집회 시위에 대해서도 남이 하니 나도 한다는 비꼬듯 웃음으로 비판하는 것이었다. 참으로 무서운 일본 젊은이들의 깊은 통찰력에 놀랐다.

일본인들은 어디서나 스미마생(죄송하다)으로 통한다. 남에게 불편을 줄 때는 물론 상대를 부를 때조차도 먼저 미안하고 죄송하다는 강박관념이 사로 잡혀 있다. 그래서 미안하지 않기 위해 거리에 담배꽁초 하나도 함부로 버리지 못하고 공동장소에서는 큰 소리로 말하지 못하며 자기 집 앞에도 깨끗이 청소한다는 것이다.

그런데 한국에서 잦은 데모나 시위들을 보면 남들에게 불편을 끼쳐서라도 자기들의 욕구와 이익만의 뜻을 반드시 관철시키겠다는 공중도덕심이 전혀 배제된 의식수준에서만의 국민정서의 결정판이라는 사실이다.(일본에서 그런 시위란 찾아볼 수 없는데......)라고 말했다. 간판이 질서 없이 곳곳에 붙어 있거나 떨어져 흩날려도 한국에선 그게 용인되는 사회, 아니 법치에 도전해도 무방하다는 시민의식이 몸에 벤 그게 바로 한국인의 대표적인 잘못된 후진성이라는 지적이다. 참 바르게 본 일본 젊은이들의 한결같은 비판의 소리였다.

저는 이들과 오랜 시간동안의 대화를 나누면서 마지막으로 일본의 한류열풍에 대한 이야기로 즐거운 술잔으로 '간빠이' 소리 내며 나누었다. 일어서면서 오늘밤 좋은 말과 만남을 기억되게 하기 위해 내가 밥값 전부를 내겠다고 했지만, 그들은 그럴 필요 없다며 더치페이(다 같이 각자 내는 것)가 민주주의라며 저마다 계산한 후 지갑을 열었다. 이들 일본 젊은이들의 한국관에서 한국 젊은이들과의 생각차를 느끼게 했다.

9. 한국과 일본은 형제국이었다

윤석열 대통령은 한미정상회담에 이어 한일정상회담을 하였다. 국가는 1이 국방이고, 2가 외교이고, 3이 경제다.

경제는 문재인이 5년 동안 너무나 망쳐놓아 윤대통령 5년 동안에 제자리로 돌려놓기는 시간이 부족할 듯하다. 그러나 문정부가 흐트러 놓은 외교와 국방은 속도 있게 제자리로 돌려놓고 있다. 우리의 현실을 보면 대륙문명에 줄을 서면 대한민국은 없어진다. 그것이 적화통일일 테니까. 그래서 우리는 해양문명에 줄을 서야 미래의 희망이보인다. 이런 의미에서 윤석열 대통령은 가닥을 잘 잡아가고 있다.

아직도 좌파 쪽에서는 일본에 대한 구원(舊怨)을 못 벗어나 반일감정 그대로인데, 진정 이제부터라도 그런 착각의 감정들을 버리고 과거를 거울삼아 일본과 손잡고 나기야할 절실한 때다.

과거 우리는 이씨조선의 쇄국정책(鎖國政策) 때문에 우물 안 개구리가 되어 나라 밖의 세상을 너무 모르고 있다가 먼저 개방되어 있던 일본에 뒤떨어지게 되고 결국 나라까지 먹혀버렸다. 그래놓고도 정신들을 못 차리고 압제를 겪어야했던 못난 우리 탓은 뉘우치지 않고, 또다시 국교를 돌이킬 수 없는 지경으로까지 만든 좌익 정치인들. 그 당시 국제질서는 약육강식의 질서가 정당화 됐었고, 약자가 지배당했던 것이 정의(定義)였을 정도였다.

2001년 12월10일 롯데호텔에서 한일문화교류협회 회장 이취임식이 있었는데, 송호수 박사가 연사로 초청되어 아래와 같이 말했다.

백제가 660년 라당연합군에 의하여 패망할 당시 일본 37대 제명여왕이 백제를 돕기 위해 배 1척을 제주도 앞 바다까지 출전시켰는데, 항해중에 "백제의 의자왕은 이미 당나라에 끌려가 당의 왕 앞에 무릎을 꿇고 술잔을 올리고 있다"라는 비보를 듣고 포기하고 돌아가 속이 상한 나머지 병으로 죽게 되었는데, 그 제명여왕이 의자왕의 동생이었다. 제명여왕의 뒤를 이은 38대 천지왕은 제명여왕의 조카 즉, 의자왕의 아들 부여용이었다.

천지왕 때 비로소 "우리는 본국이 망하였으니 이제 독립국가다."라고 선포하고 "왜"를 "일본(日本)이라 국명을 정하고 독립국가가 되었다. 일본 왕실에 가서 살고 있던 부여용의 동생 '부여 풍'을 백제로 보내어 왕위에 등극하게 하고, 백제 재건을 도모했으나 실패함으로 백제역사는 마감되었다.

이렇게 일본 고사기에 엄연히 나와 있는데, 어째서 일본에서는 이 내용을 인정하지 않는가? 라고 하였는데 그로부터13일 후 일본의 천황 아키히도(헤이세이(平成)1989년)의 생일날 일본 언론에 공개한 사실이 있다. 그 사실의 말을 "우리 일본 황실에 백제 왕실의 피가 흐르고 있다."고 했다. 이렇게 현 일본의 황실은 의자왕의 후손임을 분명히 밝혔다. 황실에 족보가 있는데 의자왕이 시조(始祖)로 되어 있다는 사실이다.

이렇듯 일본 자체에서 확실하게 밝힌 우리와의 관계는 형제국가라고 인정했다. 우리는 흔히 한 가정 집안에서 형제간에 언쟁이나 싸움질이 있게 마련이다. 그 싸움으로 하여 죽을 때까지 원수로 살다 가야 하는가? 결국 우리는 일본과 형제간의 싸움이었던 이웃이다. 이제라도 완전히 풀어야 할 때다.

이후 일본이 우리의 역사를 왜곡하기 위해 사서(史書)30만 여 서를 수거해 없애려 했으나 〈삼국사기와 삼국유사〉만을 남겨뒀는데, 삼국유사에 홍익인간(弘益人間)의 문구가 있어서 홍익인간을 역사기록에서 지워버리지 못하고 살려뒀던 것이 후에 일본 천황 아키히도 가 생일날 발표하게 되었던 것이다.

지금 우리나라가 좌파들의 종북과 종중으로 백척간두(百尺竿頭)에 처해 있어 애국 우파들은 분노하며 밤잠을 제대로 못자는 사람들이 많다.

그러나 긴 역사에서 보면 한 찰라 라고 말 할 수밖에 없다. 이제라도 우파 애국인들은 혼돈의 시대가 가고 홍익의 시대가 오고 있다는 것을 깨달아야 한다.

10. 우리가 꼭 알아야할 두 나라(미국과 일본)
미국의 무서운 저력을 알아야한다.

오늘날의 세상은 초강대 패권국 미국과 중국으로 좁혀지고 있는 가운데 러시아와 북한이 핵과, 중동종교전쟁으로까지 위협받으며 전쟁일보직전에 살아가고 있다.

그러나 좌파들이 말하는 부익부 빈익빈 시대의 이론은 빛을 잃어가고 지금은 자유민주주의 자본주의가 공산주의보다 훨씬 바른 길이란 인식 속에 살아간다. 그러나 오늘날의 크고 작은 이념전쟁은 계속되면서, 누가 국제질서를 지배해야하는가의 문제는 힘의 균형상 미·중의 양대 산맥 속에 러시아와 북한의 핵위협을 빼 놓을 수 가 없다. 그러나 지구상에서 지금의 미국이 세계최강의 나라임을 모르는 사람은 아무도 없다. 정말 미국이야말로 전쟁을 싫어하고 평화롭게 질서유지를 꾀하려는 패권국가지만, 이에 반하는 몇몇 나라들이 핵으로 위협하는 말세 같은 나날로 이어가고 있다.

미국은 2차 세계대전에 참가했고, 일본과도 전쟁을 했지만, 가능하면 전쟁을 회피하고자 하는 나라인데, 다만 자기나라에 위해를 입히거나 위해를 입힐 위험이 있으면 미국은 가차 없이 응징하고 전쟁도 불사하는 무서운 나라다.

그런 미국이 일본과 전쟁을 하던 막바지 때 독이 오른 일본전투기가 천황이 하사했다는 독주 한잔씩 받아 마시고 그 길로 미국 항공모함 굴뚝 속으로 줄줄이 직행 자결하는 독종을 보고 미국사람들도 혀를 내둘렀다. 그러나 미국이야말로 무서운 저력이 무궁무진한 나라며, 일본은 그 보다 더한 독종의 나라라고 표현해도 과언이 아니다. 그런 두 우방을 좌파국가들이 얕잡아보고 핵을 무기로 폭언을 일삼는다는 사실이다. 그 예를 살펴보자. 미국은 유럽의 일에 간섭하지 않는 정책으로 1차 대전에서도 참여하지 않았으나, 독일의 '치머만 외교관'이 미국 참전을 막기 위해 멕시코에 "독일이 전쟁에 승리하면 미국이 강제로 빼앗은 Texas, New Mexico, Arizona주 등을 되찾아주겠다."는 약속과 함께, 만일 "미국이 참전하면 멕시코가 미국을 공격해 달라"는 긴급전문을 보냈다. 이 극비의 전문을 영국 정보부가 입수하여 공개하자 불과사의하게 독일 외교관이 사실을 인정해 버렸고, 이에 분노한 미국이 1차 세계대전에 참여하여 결국 독일은 패하고, 미국을 포함한 연합국의 승리로 끝나게 된 것이다. 그런데 최근 미국 본토를 위협하는 나라가 북한이다. 대륙간 탄도미사일(ICBM) 시험발사를 성공하면서 김정은은 겁도 없이 미국을 겨냥, 공갈 위협을 가하고 있다.

북한은 한미동맹이 있는 한 핵으로 전쟁을 꿈꾸는 철없는 짓을 저지르는 그날로 김정은이 지하벙커 100미터 아래 숨어있어도 폭파되는 엄청난 무기를 한국은 이미 보유하고 그날로 종지부를 찍게 될 것이다.

또, 미국은 전쟁을 무서워하지 않고, 군인은 나라를 지키는 영웅으로 떠받는 나라이다. 그 이유는 미국이란 국가에서 찾아볼 수 있다. 치열한 전쟁에서 흘린 피와 살아남아 펄럭이는 성조기를 찬양하는 애국의 노래이기 때문이다.

국가(國歌)속에서 알 수 있듯이 로켓의 붉은 섬광(And the Rocket's red glare)공중에서 폭발하는 폭탄(the bombs bursting in the air) 밤새 치른 용맹한 전투의 혼란 속에서도 성조기는 아직도 휘날리고(Gave proof through the night that our flag was still there) 우리들 방어진지 위에 흩어진 피는 너무도 고결하게 물줄기로 흘러내렸음을 본다.(O' er the ramparts we watched, were so gallantly streaming) 여긴 우리의 자유가 깃든 땅, 용맹이 스민 집이다.(O' er the Land of the home of the brave)

　미국은 이렇게 무서운 나라인데, 북한 김정은은 핵을 무기로 삼아 미국을 자극하고 있었으며 문재인 정권은 그 하수인으로 한미동맹을 위협하는 반미정책으로 미국의 심기를 건드리는 어리석음을 범하곤 했었다.

　또한, 일본에 우리가 36년을 강점 당한 것은 그나마 다행한 일로 죽일 놈이라고 욕할 것만은 아니다. 한국과 일본은 한일협정과 한·미·일 동맹의 틀 안에서 일본과는 가까운 우방이고 경제와 안보의 동반자로 협력하면서 국교가 정상화 돼 있던 즈음 문재인 정부가 들어서면서 반일감정을 부추기자 급기야 일본은 2019년 7월1일 불화수소 등 반도체 관련 3가지 품목을 규제해버리며 양국관계를 완전히 파기시켜 버렸다.

11. 정전 70년, 기적이룬 남(南) 거지나라 된 북(北)

2023년은 6·25전쟁 정전(停戰)협정 체결 70주년이다. 70년 전 포성이 멈췄을 때 정전협정에 조인한 클라크 사령관은 "나는 승리하지 못하고 정전에 조인한 첫 미국 사령관이 됐다."고 탄식했다. 38선에서 시작된 전쟁이 38선 부근에서 끝났기 때문이다.

그러나 이후 남과 북이 걸어온 상반된 길로 역사의 승패는 너무도 분명하게 갈라졌다. 한국은 자유민주주의를 바탕으로 산업화 민주화로 성공, 서방선진 7개국(G7)가입을 거론할 정도로 부상했다. 단군 이래 최고 극성기(極盛期)라고 해도 과언이 아니다. 그러나 북한은 왕조 3대독재로 주민이 굶어죽는 세계 최빈국 거지나라가 됐다. 그런데도, 아랑곳 않고 최근엔 중거리 핵 발사 탄도미사일로 미국까지 위협하며 무력도발을 꾀하고, 심지어는 고체연료사용 탄도미사일 발사를 러시아에서 기술제공까지 받아 서슴없이 자행하고 있다.

이에 대비 한국에서도 해상 이지스함에서 바로 발사대응 할 수 있도록 L-SAM무기를 도입하고 있으나 육상방어 상태가 만전을 기하기가 아직은 미흡한 상태다.

인권탄압은 물론 영국 BBC방송이 최근 평양에서도 굶어죽는 사람들이 날로 늘어나고 있다고 보도했다. 10년 전 정전 60주년 행사에서 오바마 미 대통령은 "한국전쟁은 승리한 전쟁이었다. 한국인 5,000천만 명이 활력 있는 민주제도와 세계에서 가장 역동적인 경제대국이 되어 자유롭게 살고 있기 때문"이라고 했다.

그러나 전쟁을 일으킨 북한, 중국, 러시아는 이날을 '승전날'로 부르며 성대한 기념식을 매년 해 왔다. 러시아는 전쟁 중인데도 국방장관을 필두로 한 대표단을 평양에 보냈다. 중국 대표단도 도착했다. 이들이 모인 가운데 북한열병식이 열렸다. 북, 중, 러 3국의 이런 움직임은 한반도의 현실을 보여주고 있다. 북은 이제는 핵으로 우리를 위협하고 있다. 북이 중, 러와 맺은 관계를 강화하는 움직임은 예사롭지가 않다.

한미협력 그룹(NCG)의 활발한 활동과 한·미·일 3국 협력 복원 등으로 대비태세를 가다듬어야한다. 무엇보다 북의 기습남침으로 3년 동안 민족 전체가 겪어야 했던 비극과 참상을 되새기고, 다시는 당하지 않겠다고 다짐하는 것이 정전 70년을 맞는 우리의 기본 자세가 돼야한다.

6·25전쟁에서 대한민국이 생존한 것은 미국을 비롯한 유엔 참전국들의 희생덕분이다. 미국의 주도로 UN이 적시에 참전하는 결정을 내리지 못했다면 한반도 전역이 적화됐을 것이다. 전쟁 중 한국 이승만 대통령과 미국 트루먼 대통령은 동맹의 기틀을 만들었고, 정전직후 맺은 한미상호방위조약은 대한민국 번영의 추춧돌이 됐다. 경북 칠곡군 다부동 전적지에서 두 사람 동상 제막식이 열렸다. 6·25를 이겨내고 오늘의 대한민국 번영을 이룬 기적의 한 상징이 될 것이다.

12. 우리의 염원 '통일'은 요원한 로또 당첨일까?
탈 북한 남북 '작은 통일' 가을밤 음악회
(서울 롯데 콘서트 홀)

북한에서 못 살겠다며 목숨을 걸고, 사선을 넘어 탈북 해 자유대한민국 품으로 귀순해온 수만도 3만5000명이 넘는다고 한다. 이들이야말로 먼저 온 '작은 로또 당첨자'들로 꿈에 그리던 '대한민국 주민등록증'을 교부받았다.

대한민국 땅에 와서 처음 느낀 소감은 꿈에 그리던 자유와 천국에 온 느낌이며, '먼저 온 통일'이라 부른다. 그러나 남한에서 이들의 삶은 녹록지 않다. 같은 민족인데도 탈북민이라는 꼬리표와 편견, 차별에 부딪혀 대한민국 사회에서 따돌림을 당하며 우리 사회의 '경계인'으로 겉돌고 있다.

극동방송(이사장 김장환 목사)은 정전70주년을 맞아 한만도의 평화를 기원하며 탈북민들과 북방선교, 남북통일을 위해 헌신하는 관계자들을 초청해 위로하고 격려하기 위해 가을음악회를 2013년11월16일 서울 송파구 롯데콘서트홀에서 열었다. 음악회에는 북녘 고향을 그리워하며 향수를 달래기 위한 이들로 붐볐다.

이 자리에서 김장환 목사는 "올해 가을음악회는 반세기 분단의 아픔을 가진 한반도 신앙과 인간의 존엄, 진정한 자유를 위해 북한을 탈출한 우리의 동포들을 위로하고, 안타까운 마음을 나누며 음악으로 보듬어주는 자리"라며 "음악회를 통해 이 땅의 평화는 물론 지금 전쟁으로 신음하고 있는 모든 곳에 하늘의 평화가 속히 오기를 소망한다."고 말했다.

음악으로 하나 된 남북

가을음악회는 KBS관현악단장 박상현 지휘자가 이끄는 모스틀리 필하모니 오케스트라 연주에 맞춰 배우 박영규가 '눈물 젖은 두만강'을 부르며 잘 알려진 북한 인기가요 '반갑습니다' '임진강' '휘파람' 등을 연주하자 관객들은 손뼉을 치며 함께 박자를 맞췄다. 탈북민들의 기도를 담은 찬양곡 '내 영혼이 그윽히 깊은 데서' '누가 널 위해 기도하네' '험한 십자가 능력 있네' 등을 불러 감동을 선사했다.

북한에서 연주 활동을 했던 탈북민 음악가들도 참여했고, 황상혁 피아니스트는 "통일 아리랑"을 연주해 관객들의 뜨거운 박수갈채를 받았다고 한다. 탈북민 여성 35명으로 구성된 물망초합창단은 '주 날 인도하시네'를 부르며 여기까지 인도해주신 주님의 손길에 감사했다.

탈북청년 오명경씨는 가족에 대한 그리움을 담아 편지를 읽었다.

"사랑하는 언니 오빠 나의 귀여운 조카들 잘 지내고 있어? 항상 사랑이 넘치고 웃음이 가득했던 우리 집이 지금은 어떻게 변했을까? 이곳에선 행복할 때도 슬플때도 함께 나눌 가족이 없어 더 힘든 것 같아. 나는 하루빨리 통일돼 사랑하는 가족을 만날 수 있게 해달라고 매일 기도하고 있어, 다시 만나는 그날까지 아프지 말고 건강한 모습으로 만나. 사랑해"

목포극동방송 가을음악회는 2014년 '찬송과 가곡의 밤'을 시작으로 매년 다음세대 육성을 위한 장학금 마련과 소외계층을 위한 사랑 나눔 음악회로 진행되고 있다한다. 이번 음악회를 통해 모아진 수익금은 경제적으로 어려운 탈북민, 소외계층, 선교사 가정, 한 부모가정들을 돕는 장학금으로 사용될 예정이라 했다.

13. 우크라이나와 러시아는 왜 견원지간이 되었을까?
같은 뿌리인 종족 적대관계의 까닭
우리나라 공산당 현실과 비교해 본다

우리 한민족이었던 고구려, 신라, 백제가 같은 동족이었지만 싸워 신라가 통일되었던 예와 같이 우크라이나와 러시아, 밸라루스는 키예프 공화국이란 같은 뿌리에서 갈라진 나라이다.

키예프 공화국의 수도 키예프는 현재 우크라이나의 수도이다. 같은 뿌리의 국가라서 3개 나라의 언어는 따로 공부하지 않아도 서로 소통될 정도로 유사하다는 것이다. 그런데 어쩌다가 이렇게 적대적인 관계가 되었을까? 그 이유가 무척 궁금하다.

소련 공산당 스탈린 시절의 홀로도모르(Holdomor)라고 불리는 대기근 사건이 주원인이다. 우크라이나는 세계 3대 곡창지대 중의 하나이다. 우크라이나 땅은 흑토이며 뭘 심어도 잘 자라는 풍요의 땅이다. 그런데, 공산혁명 후 스탈린이 부농(쿨라크)들을 처형시켜버렸다. 클라크가 가진 농지를 몰수하고 집단농장 체제로 만들어 운영, 집단농장마다 생산량을 할당했다. 그러다보니 농산물 생산량은 확연하게 줄어들었다. 농사짓는 기술을 가진 부농을 다 처형시켜버렸으니 열심히 일해도 자기 것이 안 되니 누가 열심히 농사짓겠는가? 그런 가운데 소련은 농산물이 줄어들어도 목표량을 수탈하고 또 수탈했다. 그래서 그 세계 3대 곡창지대가 굶어죽는 사람이 1933년에는 단 하루 만에 28,000명이나 됐다. 집단농장의 인구가 1/3로 쪼그라들었다. 배고픔을 참지 못한 우크라이나 사람들이 쥐, 개, 고양이, 벌레 등 닥치는 대로 잡아먹었고, 나중에는 부모들은 자식을 서로 잡아먹었고, 나중엔 인육을 파는 곳까지 생겼다.

그런데, 더 놀라운 사실은 당시 소련은 연 천만 명의 인구가 먹을 수 있는 여분의 식량을 가지고 있었다는 사실이다. 소련은 식량을 가지고 있었음에도 불구하고 우크라이나인들을 굶겨 죽였다. 당시에 약 500만~1000만 명이 굶어 죽었다고 한다. 우크라이나 인들은 이 대기근을 '홀로도모르'라고 부르며, 매년 기념일엔 곡식 낱알을 흩뿌리며 원혼을 달랜다고 한다.

상황이 이렇다보니 우크라이나인들은 공산당에 대한 반감이 엄청 커져갔다. 독일이 우크라이나지역으로 쳐들어오자 해방군이라고 오히려 환영했다고 한다. 당시에 홀로코스트를 집행하는데 조력을 한 이들이 우크라이나인들 이라고 러시아 인들은 주장하며 푸틴이 우크라이나를 친 나치세력이라고 비난한 이유이기도 하다. 이렇게 두 나라는 뿌리가 같은 나라이지만, 결국 반감이 짙은 적이 되었다.

최근에 우크라이나의 돈바스 지역은 왜 화약고가 되었나? 그곳은 우크라이나의 우측 돈바스 지역은 도네츠크와 루한스크 두 지역을 합쳐서 부르는 지역 이름이다. 이 두 지역은 러시아어를 사용하는 친 러시아인들이 많이 산다.

그런데 우크라이나에 친 서방정권이 들어서면서 러시아어를 금지시켜버리고, 우크라이나어만 사용하게 하고 나토가입을 결정하자 친 러시아인은 반발하였고, 돈바스지역을 중심으로 독립을 선포하였다. 그래서 우크라이나에서는 정부군과 독립 선포한 돈바스지역간에 내전이 발생한 것이다.

이들 지역의 민스크협정은 2014년 9월5일 우크라이나와 러시아, 도네츠크 인민공화국(DPR) 루간스크 인민공화국(LPR) 사이에 서명한 돈바스전쟁의 정전협정이다. 이 협정내용은 중화기를 사용하지 못한다. 돈바스지역은 우크라이나에 속하지만, 연방제 방식으로 자치권을 확대한다 등등이었다.

그런데 푸틴이 돈바스의 두 자치구(도네츠크와 루한크)를 독립국으로 인정하자 이에 독일 총리는, 러시아가 민스크 협정을 위반하였다고 비난했다. 그러나 푸틴은 오히려 우크라이나가 민스크 협정을 지키지 않았다고 비난했다.

아무튼 푸틴은 돈바스 지역을 독립국으로 인정함으로서 우크라이나로부터 크림반도에 이어서 돈바스 지역까지 빼앗았다. 그 갈등의 주요 원인을 제공한 것은 공산주의이념으로 파라다이스를 약속했지만, 실제는 원한과 분노 그리고 질투심을 부축일 뿐, 지옥으로 가는 길은 언제나 선의로 포장되었다.

#이상의 동맹 없는 우크라이나 사태를 바라보면서 그렇다면 과연 한국은? 평화타령을 불태우면 평화가 온다고 믿는 멍청이들이 아직도 꾀나 많은 가 보다.

우크라이나를 보라! 우크라이나가 힘이 없으니 평화도 없다. 우크라이나 국민들은 평화를 원한다. "우리는 전쟁을 원치 않는다"고 아무리 소리쳐도 소용이 없다. 우크라이나 단독으로는 러시아에 대항할 힘이 없으니 NATO에 가입하려고 몸부림치는 저 모습을 보라. 동맹을 간절히 구하고 있다. 그러나 러시아와 충돌을 원치 않는 NATO에서는 완곡하게 거절했다.

우리 대한민국의 현실은 어떠한가? 대한민국은 세계 최강대국 미국과 1953년 〈한미상호방위조약〉을 이승만이 맺은 후 70년이 되었다. 그동안 평화와 번영을 누려왔다. 그러나 북쪽에 북한은 백성을 굶겨 죽여가면서도 공산국 러시아와 참전국 중국의 끈을 믿고 거기에다 핵까지 만들어 놓고 위협하고 있다.

만일, 이승만 대통령이 〈한미상호방위조약〉을 맺어두지 않았으면 대한민국의 운명은 어떻게 되었을까? 조선조 70여 년 동안 사건들을 정리해본다.

1) 임오군란과 대원군 납치. 1882년 임오군란이 터지자 이를 기회로 청나라 군대 3,000명과 일본 군대 400명이 조선으로 들어왔다. 청나라 군대는 숭례문(남대문) 밖에 주둔 했었는데 이 부대를 외교 차원에서 방문한 흥선대원군을 납치, 청나라 텐진(天津)으로 압송, 당시 청나라의 실권자였던 리홍장이 멋대로 대원군을 심문하고 텐진 서쪽 바오딩(保定)에 구금시켰다. 3년이 흘러 1885년이 되어서야 대원군을 풀어줘 겨우 귀국했다.

2) "동학란과 청일전쟁"

1894년 학정에 못 견딘 전라도 고부(정읍)지방 농민들이 전봉준과 동학교도들을 중심으로 난을 일으켰다. 그러자 이를 기화로 일본이 조선에 대규모 군대를 보내었고, 조선에서의 지배권을 놓고 청나라와 일본 양국 간에 청일전쟁(1894~1895년)이 터졌다.

3) 이 때 일본군이 한양으로 들어와 경복궁을 지키는 조선군과 전투가 벌어졌다. 접전 끝에 일본군이 승리하고 고종은 일본군에 협박 당했다. 일본군은 이어 평양성을 지키던 조선과

청나라 연합군을 격파했고, 청나라 군대는 을밀대에서 항복했다. 연이어 벌어지는 전투에서 일본은 모두 승리했고, 조선의 지배권을 차지했다.

4) 1895년 을미사변 청일전쟁이 1895년4월 일본의 승리로 종결되자 조선 내에서 일본의 위세는 더욱 더 대단해졌고, 동년 10월8일 일본 낭인들이 경복궁에 난입, 옥호루에 숨어있던 민비(명성황후)를 죽였다.

고종은 선교사의 도움을 받아 러시아 공사관으로 피신했다. 이 사건을 후세 역사책에서는 '아관파천' 이라 부른다. 자신들이 지키던 왕과 왕비를 버리고 도망간 자들. 이런 내용들도 민족주의 역사관에 입각, 자랑스러운 역사만을 중심으로 기록하는 순 엉터리 한국사 교과서에서는 철저히 침묵하고 있다.

5) 1905년 을사늑약 외교권 상실, 1910년 한일합방 조선이 망했다.

하지만 조선 왕족은 일본으로부터 태평양전쟁에서 일본이 패망할 때까지 조선 왕가에 대한 일본의 상당한 대우를 받았다는 그런 내용은 국사 책에서도 찾아볼 수 없다.

6) 1941년 12월7일 일본이 하와이 진주만 공습과 태평양 전쟁발발, 1945년8월6일 히로시마 원폭 투하, 8월9일 나가사키 원폭 투하, 8월15일 일본천황 무조건 항복.

1945~1948년 미 군정시기. 1945년 8월15일 대한민국 정부 수립(초대 대통령 이승만)

1950년 6월25일 북한 김일성 침략 남침전쟁 발발. 9월15일 인천상륙작전성공(멕아더 장군), 1950년 10월19일 중공군 개입, 1953년 7월27일 휴전으로 파란만장한 전쟁이 중단, 지금에 이르고 있다. 당시 김일성의 기습남침으로 300만 명 이상이 목숨을 잃었고, 남북 모두가 잿더미가 됐다. 이래도 정신 못 차리고 공산당이 좋다는 좌파들에 속아 오늘도 좌파들이 우굴 거리는 세상 속에 살아가고 있다.

7) 1953년 10월1일 한미상호방위조약의 체결은 한반도와 그 주변에 미군을 배치한다는 내용이다. 주한미군 세계 최강 대국인 미국의 군대가 주둔한 이후 70년을 맞은 이 기간 동안 무슨 큰 난리가 있었는가? 아니면 없었는가?

판문점 미군 도끼만행사건으로 인한 싸움 일보직전에 미국이 참았던 일을 기억한다. 포항제철, 삼성전자, 현대조선, 경부고속도로 등 한강의 기적을 이룬 박정희 대통령으로 하여금 오늘날 세계 10대 경제 강국으로 우뚝 섰다.

남한은 6 · 25 북한 남침 전쟁 휴전이후 지금의 90세 80세 70세의 사람들은 머나먼 이국 월남에서, 독일에서, 사우디아라비아, 리비아, 쿠에이트 등 사막 곳곳에서 땀 흘려 외화를 벌어들여 나라 경제 발전에 일조했다.

8) 한미상호방위조약은 이승만 박사 외교의 힘으로 만들어졌다.

소련, 중공 군대를 등에 업고 6 · 25전쟁을 일으킨 김일성 북한은 1990년대 고난의 행군을 겪으면서 수백 만 명이 굶어죽은 거지나라, 아시아 최빈국으로 전락되고 말았다.

9) 이재명 후보가 중국 가서 제일 큰 방송국인 관영CCTV와 인터뷰에서 자신이 대통령이 되면 한반도에 배치된 미국 '사드'를 제일 먼저 철수시키겠다고 선언했다. 미친 개소리를 지껄인 것이다. 이재명의 말대로 나라 자존심만 운운하면서 전시작전권을 회수하고 사드를 철수시키고 한미동맹이 무너진다면 어떻게 될까? 북한 핵무기에 대항할 힘도 없이 평화타령만 불러대면 평화가 오는가? 평화가 오라면 오고, 가라면 가는 뉘 집 강아지 이름인가?

10) 과거 노무현 대통령이 돼 미국에 특사를 보낸 적이 있다. 당시 이들이 미군 철수운운 하며 우리가 자주 국방 하겠다고 말했는데, 당시 국방장관이던 럼스펠드가 한마디를 했다.

"자주국방! 그거 참 좋은 말이다. 하지만 우리 미국도 자주국방을 다 하지 못해서 여러 나라들과 동맹을 맺는다. 힘이 부족하면 동맹을 맺고 그 관계를 지켜야 한다. 그게 살 길이다."라고 말했다.

14. 한 · 미 · 일 캠프 데이비드에서 "핵심협력체" 격상강화

2023년 8월18일(현지시간) 캠프 데이비드에서는 한국 윤석열 대통령과 조 바이든 미 대통령, 기시다 후미오 일본 총리가 모여 3국 협력 수준을 새로운 핵심협력체단계로 격상시켰다. 한·미·일이 경제안보를 포함한 거의 모든 분야에서 협력을 강화하면서 인도, 태평양 지역의 전략지형에도 변화가 일고 있다. 인도, 태평양 지역 안보협력에 중점을 둔 쿼드(미국, 일본, 호주, 인도)와 오커스(호주, 영국, 미국)를 넘어선 강력한 한·미·일 협력체가 탄생해 북한, 중국, 러시아와의 대립구도가 더 선명해졌다는 분석이다.

　3국 정상은 특히 한·미·일 협력체가 북한보다 중국을 겨냥한 것임을 분명히 했다. 3국 정상은 공동성명들에서 "역내 규칙기반 국제질서에 부합하지 않는 행동에 대한 우려를 공유한다."고 했다. 또 대만 해협에서의 평화, 안정유지의 중요성을 재확인하면서 양안(兩岸)문제의 평화적 해결을 촉구했다.

　남중국해와 동중국해들에서 필리핀등과 영유권 분쟁을 벌이는 중국을 항행(航行)과 상공 비행의 자유를 보장한 "역내규칙기반 국제질서"를 저해하는 주체로 지목한 것이다. 한·미·일 공동성명에서 중국을 직접 명시한 것은 이번이 처음이다. "해외 정보조작과 감시기술 오용, 허위정보" 대응을 위한 3국 협의를 성명에 명시한 것도 중국과 러시아를 겨냥한 것이라고 전했다.

　한·미·일 3국 협력체가 완성될 경우 미국을 중심으로 한다른 협력체인 오커스(AUKUS 미국, 영국, 호주)와 쿼드(미국, 일본, 인도 호주)를 뛰어넘는 수준이 될 수 있다는 전망이 나온다. 미국 CNN방송은 "3국정상은 순탄치 않은 역사에도 태평양에서 가장 강력한 민주주의 국가인 세 나라간 새로운 협력시대를 예고하는 약속을 했다."고 보도했다. 다만, 중국의 반발과 북한과 중국, 러시아의 밀착은 여전히 숙제로 남아있다. 어쨌든 3국 정상은 기존 한 · 미 · 일 협력을 새로운 차원으로 끌어올렸다. 우선 한 · 미 · 일 정상회의를 매년 한 차례 이상 열기로 공동성명에 명문화했다.

한 · 미 · 일 3자 협력은 역내 가장 포괄적이고 다층적인 협력체로 진화할 것이라며 윤석열 정부 출범이후 급격하게 한일관계가 개선되면서 3국 협력이 비로소 가능해졌다는 평가가 나온다. 인도 태평양지역 내 어떤 일방적 현상변경 시도에도 강하게 반대한다고 밝혔다. 북 · 중 · 러 3국의 반발을 어떻게 풀어낼지 여부는 한 · 미 · 일 3국 "신 협력 시대"의 과제다.

결론적으로 캠프 데이비드 3국 정상회의서 틈새 없는 강력한 안보협력체의 합의와 북핵문제를 넘어 대만문제도 협의 대상으로 "언제든지 무엇이든" 한 · 미 · 일 3국이 새 틀을 짜는 협력체로 "영원히 만들자"라는 사실을 제도화하자는데 강력한 의지가 포함돼 있다. 3국 정상은 100m 오솔길 회담으로 격이 없는 대화를 주고받았다. 바이든 미 대통령이 한일정상의 어깨에 팔을 얹기도 했다. 그 오솔길 100m를 나란히 걷는 장면이 가장 인상적이었다. 윤대통령은 "오늘 우리 세 정상은 새 시대를 향한 3국 협력의 의지와 가능성을 확인하는 새로운 장을 열었다"고 말했다.

15. 우리안보에 일본이 왜 중요한가?

한 · 미 · 일 정상회담에서 "3자 협의 공약"을 채택해 일본과의 안보협력 수준을 한 차원 높인 것은 한반도 유사시 유엔사 7개 후방기지(주일 미군기지)의 역할이 매우 크기 때문이다. 윤석열 대통령이 최근 유엔사와 유엔사 후방기지에 대해 "북한의 남침을 차단하는 최대 억제 요인"이라고 중요성을 강조하고 있는 것도 이 같은 맥락인 것으로 알려졌다.

1950년 6 · 25전쟁 발발 후 창설된 유엔사는 한반도가 유사시 별도의 유엔안전보장이사회 결의 없이 회원국(17개국) 전력을 즉각 제공하게 된다. 미국을 비롯한 회원국들의 병력과 장비 등 전력이 들어오는 통로가 유엔사 후방기지들이다. 이들은 유사시 우리나라의 생명줄과도 같은 존재다.

유엔 대북제재 강화이후 영국, 뉴질랜드, 호주, 캐나다, 독일 등 여러 나라들이 함정과 해상 초계기, 잠수함 등을 한반도 인근에 보내 북한 불법 환적 선박 등을 감시하고 있는데, 이 함정과 항공기들이 유류 등 보급을 받고 있는 곳도 유엔사 후방기지들이다.

이처럼 한반도 유사시에 핵심적인 역할을 하는 유엔사 후방 기지는 미·일협정에 따라 일본의 사전 동의 없이 사실상 통보만으로 전투력의 출입이 가능하다. 다만, 일본영토 내에 있는 만큼 일본이 편의를 제공하지 않으면 100% 기능을 발휘하긴 어렵다. 유엔사 후방기지는 일본 본토에 있는 요코스카(해군) 요코다(공군) 캠프자마(육군) 사세보(해군)를 비롯, 오키나와에 있는 가데나(공군) 화이트비치(해군) 후텐마(해병대)등이다. 요코스카엔 핵 추진 항모를 비롯해 이지스 순양함, 구축함 10여척이 상시 배치돼 48시간 내에 한반도에 긴급 출동할 수 있다.

북한 핵, 미사일 도발 등 한반도 위기고조 때마다 한반도로 출동하는 미 핵추진 항모 로널드 레이건함 등 7함대 소속 함정들이 배치돼 있다. 미 공군사령부이기도 한 요코다 공군기지에는 C130등의 대형 수송기가 배치돼 있다. 한반도에서 비상상황이 발생하면 이 수송기가 병력과 물자를 한반도에 보내고 미국인을 일본 본토로 철수시키는 임무를 수행한다. 사세보 해군기지는 한반도 최근접 군수지원기지로 탄약 580여만t 유류 2억1100만 갤런이 비축 돼 있다. 7함대 소속 함정 70여척이 3개월간 쓰고도 남을 만큼 엄청난 량이다. 우크라이나 전을 통해 탄약 등 보급의 중요성이 새삼 부각되고 있어 사세보기지의 전략적 중요성은 더욱 커졌다는 평가다.

오키나와 가데나 기지는 세계최강 F22 스텔스 전투기 등이 배치돼 있고, 유사시 북한지역까지 1~2시간 내에 출격할 수 있다. 오키나와 함대 지원단이 자리 잡고 있는 화이트비치 해군기지는 한반도 유사시 오키나와에 주둔한 미 해병이 출정하는 곳이다. 오키나와에 배치돼 있는 주일 미 제 3해병기동군은 한반도 유사시에 가장 빨리 투입되는 대규모 증원병력 중의 하나다.

유엔사 후방기지들을 여러 차례 둘러봤던 장광현 전 유엔사 군정위 수석대표는 "유엔사 후방기지가 없으면 한반도 유사시 전쟁수행을 제대로 할 수 없다"고 말했다. 또 한반도 유사시 일본은 유엔사 후방기지 제공 외에 자위대가 한반도로 출동하는 미 함대 호위나 기뢰제거 임무, 북 SLBM(잠수함발사탄도미사일)잠수함작전 등을 수행할 가능성이 높은 것으로 분석된다. 일본의 소해(기뢰 제거) 작전, 대잠수함작전 능력은 세계최고 수준으로 알려져 있다. 평상시엔 북한의 잇단 미사일 도발로 각종 미사일 정보를 확보하는 데에도 일본이 필요하다.

지구 곡면 때문에 북 미사일 탄착(彈着)등 하강 국면 정보 수집은 일본이 우리보다 유리하다. 해상 요격능력도 일본이 우리보다 앞선다. 일본 이지스 함에는 강력한 최신형 SM3 요격 미사일이 배치돼 있다.

한·미·일 3국은 미사일 경보 및 방어훈련을 여러 차례 실시했는데, 요격을 포함한 방어훈련은 우리 능력이 떨어져 미·일위주로 실시돼 왔다. 최신형 SM3 불록2A미사일의 최대 사거리는 2500km, 최대요격 고도는 1500km에 달한다.

16. 한·미·일 위기 시 공동대응, 공급망 3각 연대
3국 협력 새로운 시대 장 열려

한국과 미국, 일본정부 사이 지난 18일 미 워싱턴 캠프 데이비드에서 한·미·일 3국 협력의 새 시대를 선언했다.

한·미·일 동맹을 기반으로 이번 정상회의를 계기로 더 공고한 안보협력체를 지향하면서 과거의 북핵 대응차원을 넘어서 인도, 태평양지역에 새 질서, 준 동맹, '아시아판 나토'라는 평가가 나올 만큼 정상회의 의미는 매우 크다.

사실상 3국의 안보협력을 제도화 한 것으로 향후 3국 협력체가 '준 동맹' 수준으로 나아가는 기반이 될 수 있다는 전망까지 나온다.

한·미·일 정상은 또 반도체와 베터리 공급 망, 기술안보 및 표준, 에너지 등 경제 안보 핵심 분야뿐만 아니라 바이오와 핵심 광물, 제약, 인공지능, 양자컴퓨터 등 첨단산업 분야까지 협력범위를 확대해 나가기로 했다.

이번 한·미·일 정상회의를 계기로 3국이 경제와 안보를 포함한 거의 모든 분야에서 협력을 강화키로 했다는 평가가 나오는 이유다.

한·미·일 정상이 채택한 3자 협의에 대한 공약은 불과 다섯 문장으로 이루어져 있다. 공약은 한·미·일 정상은 우리 공동의 이익과 안보에 영향을 미치는 지역적 도전, 도발, 그리고 위협에 대한 우리 정부의 대응을 조율하기 위해 각국 정부가 3자 차원에서 서로 신속하게 시행하도록 할 것을 공약했다는 내용을 담고 있다. 구체적 협의 대상으로 정보공유, 메시지 동조화, 대응조치 조율을 명시했다. 대통령실 관계자는 "이를 위해 3자간 정기적이고 시의 적절한 커뮤니케이션이 이뤄질 수 있도록 시스템을 개선 할 예정"이라고 설명했다.

전문가들은 이 공약을 통해 마련될 3국간 소통채널의 의미에 주목했다. 박원곤 이화여대 북한학과 교수는 20일 국민일보와의 통화에서 "한반도 문제든 대만해협 문제든, 역내에서 위기가 발생했을 때 해당 사태에 대한 한국의 이해관계와 입장을 설명할 수 있는 최소한의 플랫폼이 마련된 것"이라고 평가했다.

한·미·일 경제와 첨단기술 분야의 협력수준도 크게 높였다. 3국은 특히 공급망 조기경보시스템 연계협력 시범사업을 연내에 출범시키기로 했다. 공급망 조기경보시스템은 그간 한미 양자 차원에서 추진 중이었는데, 이를 3자 차원으로 확대한 것이다. 한일은 미국이 불법 기술유출, 탈취를 막기 위해 운영 중인 '혁신기술타격대'와 협력을 확대해 나가기로 했다. 대통령실 관계자는 "연내 3국 혁신기술 유출방지 등 기술보호 담당기관 간 실무협의에 착수할 것"이라고 밝혔다.

한편 윤대통령은 2023년 9월10일 동남아시아국가연합 G20 정상회의에 참석을 계기로 한·일·중 정상회의를 연내 개최를 위해 한중관계 개선은 물론, 중일 사이의 간극도 조율하는 모습이었다.

윤대통령은 기시다 후미오 일본 총리와 3월 정상회의 이후에도 6차례나 만남을 가진 것에 대해 의미를 부여했다. 하지만 이날 갑작스런 정상회담이 이뤄진 것은 한·일·중 정상회담 연내 개최를 위한 윤 대통령의 의지가 반영된 것이란 분석이 나온다. 한국은 차기 한·일·중 정상회의 의장국이다. 다만 중국이 아직은 소극적이다. 윤대통령은 중국 측 총리와 접촉면을 넓히는 데 주력했다.

윤석열 대통령이 10일 우크라이나를 위해 2024년 3억 달러 (약4,011억원) 2025년 이후 20억 달러 (약 2조6,740억원)를 지원하겠다고 밝혔다. 윤대통령은 또 빈곤퇴치 역할을 해온 다지털개발은행(MDB)의 역할을 기후위기 극복분야 등으로 대폭 확대하고, 디지털 윤리규범을 정립하는 데 국제사회가 동참해 달라고 촉구했다.

윤대통령은 이날 '하나의 미래' 라는 주제로 G20 뉴델리 정상회의 제3 세션에서 "미래를 위한 연대와 협력", "과거 규범에 대한 변화와 개선", "새로운 미래 규범" 등 3가지 메시지를 국제사회에 제시했다.

윤대통령은 "인공지능(AI)과 데이터로 대표되는 디지털 기술 발달로 인류의 삶은 더욱 윤택해지고, 시공간의 제약은 사라지고 있다."면서도 "그러나 동시에 디지털 격차, 사이버 범죄, 가짜 뉴스는 세계시민의 자유를 위협하고 있다."고 진단했다. 그러면서" 대한민국은 이달 말에 '디지털 권리장전'을 발표하고 디지털 향유권을 인간의 보편적 권리로 천명할 것"이라며 "이제 세계 디지털 경제를 주도하는 G20이 새로운 디지털 규범을 정립하는 데 리더십을 발휘해야 한다."고 강조했다.

윤대통령은 이날 나렌드라 모디 인도 총리와 정상회담을 마지막으로 동남아시아국가연합(ASEAN아시안) G20정상회의 일정을 마무리 했다. 2010년 발효된 한·인도 포괄적 경제파트너십협정(CEPA)을 개선하는 데 공감하며 양국간 교역을 증진시키기로 했다. 특히 한국 기업들이 인도에서 투자를 지속, 확대해 나갈 수 있도록 통관 환경을 조성하고 수입제한조치 관련해 각별한 관심을 기울여 달라고 모디 총리에게 요청했다. 아울러 달 탐사선 찬드라 얀 3호가 달의 남극에 성공적으로 착륙하는 등 인도가 우주개발 분야의 강국으로 입지를 굳히는 만큼, 조만간 설립될 우주항공청과도 협력해 나갈 계획이다. 윤대통령과 미국 바이든 대통령과는 3차례나 화담을 가졌으며 바이든이 "귀갓길 우리 집으로 가자"는 농담까지 나눌 정도로 친근감을 표시하며 "제 휴가지에서 함께 시간을 보냈는데 귀갓길에도 저의 집으로 같이 가자"고 농담을 건넸다고 대통령 실은 전했다.

17. 한미동맹 70년 번영을 위한 동행 길
세계가 가장 부러워하는 튼튼한 한미동맹 70년
남침하면 "강철 비"로 응징, 북 미사일기지 샅샅이 꿰고 있다.

"영원한 적도 우방도 없다." 냉엄한 국제사회 현실은 적어도 지금까지 한미동맹에는 그 말이 적용되지 않았다.

1953년 10월1일 한미상호방위조약 체결로 '한미동맹'이 시작된 지 70년. 6·25를 통해 씨를 뿌린 동맹은 역사의 시련을 거치며 성장했고 강해졌다. 베트남, 이라크, 아프가니스탄 등에서 함께 싸웠고, 이젠 우크라이나와 자유의 어깨를 걸고 있다. 미국의 원조로 성장한 한국이 미국에서 가장 많은 투자 프로젝트를 진행하는 나라가 됐고, 미8군 무대를 통해 성장한 음악인들은 K팝의 씨를 뿌렸다.

70년 전 두 나라의 진격은 휴전선에서 멈췄지만, 자유와 번영을 향한 한미동맹의 새로운 진격은 계속되고 있다. 이번 '한미동맹 70주년 번영을 위한 동행'을 통해 한미 동맹의 과거, 현재, 미래를 짚어본다.

북한 김정은이 러시아 국경을 넘던 2023년 9월12일 경기도 동두천에서 주한미군 210야전포병여단이 M270 MLRS(다연장로켓시스템) 훈련을 하고 있었다. 210여단은 한강 이북에 주둔하는 유일한 미군 전투부대다. 일시에 최전방 북한 장사정포 부대를 초토화할 수 있는 MLRS를 수 십대 운영하고 있다. 2차 세계대전, 6·25전쟁, 걸프전쟁 때 참전해 나치독일, 북한, 중공, 이라크 사담 후세인 정권에 맞서 위용을 떨친 명장 부대다.

주한미군은 올해 한미동맹 70주년을 계기로 210여단 부대와 훈련장면을 최초로 공개했다. 6·25전쟁 정전(停戰) 직후 한미 상호방위조약에 따라 주둔해온 주한 미군은 한미동맹의 대표적 상징이다. 주둔하는 그 자체만으로도 북한의 도발을 억지하는 핵심 '전략자산'으로 평가된다. 그 가운데서도 비무장지대(DMZ)철책 앞에 배치된 210여단은 북한이 남침할 경우 가장 먼저 맞닥뜨릴 인계철선(引繼鐵線Tripwire) 부대다. 이날 210여단이 주둔하는 동두천 캠프 케이시(Casey) 기지연병장에서 수십 대의 MLRS발사대, 지휘통제 장갑차량이 굉음을 내며 상호 운용 훈련을 펼쳤다. 북한의 선제공격 상황을 가정해 진행됐다. 군 본부에서 원점타격 지점을 파악해 지휘통제 장갑차량이 굉음을 내며 상호 운용 훈련을 펼친다.

북한의 선제공격 상황을 가정해 진행됐다. 군 본부에서 원점 타격 지점을 파악해 지휘통제차량에 정보를 공유하면 각 지휘차량이 MLRS 발사차량에 타격좌표를 전달해 융단폭격을 가하는 절차를 익히고 있었다. MLRS는 1발당 수백 개의 자탄이 든 227mm로켓탄을 동시에 12발 발사할 수 있어 '강철비'로 불린다.

사거리 300km의 지대지 탄도미사일 에이태킴스(ATACMS)

도 동시에 2발을 쏠 수 있는데, 이는 갱도에 은폐된 북한의 미사일 발사대도 정밀 타격이 가능한 것으로 알려졌다. MLRS 수십 대면 비무장지대에 배치된 북한 240mm 방사포(다연장로켓) 170mm자주포 등 포병부대를 일거에 초토화할 수 있다.

북한은 미군이 22년에 MLRS 사격훈련만 하면 주한미군을 비방하는 성명을 총참모부 명의로 내며 민감한 반응을 보이기도 했다. 2015년 북한의 비무장지대 목함지뢰 사태 당시 우리 군이 대북심리전 방송을 재개하자 북한이 적반하장 식으로 서부전선 포격도발을 벌이며 48시간 내 심리전 중단을 요구했는데, 그때 전면에 나선 부대가 210여단이다. 미군은 210여단이 MLRS 장갑차량을 몰고 경기 파주 통일대교를 통해 최전방으로 이동하는 장면을 의도적으로 언론에 공개했는데, 이를 본 북한은 갑자기 포격을 멈추고 '대화'를 제안하더니 이례적으로 '유감' 표명을 했다.

미 육군 2사단 소속인 브렌던 210여단장은 조선일보와 인터뷰에서 "막강한 미군 화력부대가 한국군과 함께 최전방에 배치된 그 자체만으로도 북한의 무력도발을 억제하는 효과를 낸다."면서 "우리는 한국을 겨눈 북한의 미사일 등 공격지점을 샅샅이 파악하고 있으며, 유사시 즉시 저들의 기지를 초토화할 대비태세를 갖추고 있다."고 했다.

그러면서 "70년전 이 땅의 지유민주주의를 지키기 위해 한미가 피 흘렸고, 그렇게 한미동맹과 그 상징인 주한미군이 탄생했듯이 앞으로도 한미는 어떤 최악의 상황에도 같이 헤쳐 나갈 것"이라고 말했다.

210여단이 주둔하는 캠프 케이시는 한강 이북에 남은 유일한 미군 전투기지다. 과거 의정부 등 전방 여러 지역에 미군기지가 설치돼 있었지만, 평택 험프리스 기지 확장 건설이 결정되면서 전방의 미군 부대들이 모두 험프리스로 옮겨질 뻔했지만, 북한 장사전포 대응 등 임무 중요성 때문에 2014년 동두천에 계속 주둔하는 것으로 계획이 바뀌어 지금까지 최전선을 지키고 있다.

이 기지에는 210여단을 비롯해 미 본토에서 9개월마다 순환 배치되는 부대로 현재 스트라이커여단, 핵 대량살상무기(WMD)에 대비하기 위한 화생방 부대도 배치돼 있다. '신속기동여단'으로 불리는 스트라이커 여단은 수십 대의 스트라이커 장갑차 등을 보유하고 있다.

이날 케이시 캠프에서 210여단의 훈련과 별도로 북한의 생화학 미사일 공격 등 WMD에 대비하는 한미연합훈련도 진행됐다. 미 측에서는 스트라이커 여단, 제23화생방대대, 우리 측에선 국군화생방호사령부, 육군 28사단 등이 참가했다. 생화학전은 최근 우크라이나 전쟁에서 열세에 몰린 러시아가 핵 WMD 사용가능성을 시사하면서 국제사회 대응과제로 급부상했다. 특히 북한은 공개적으로 핵, 미사일 위협을 하는 가운데 뒤로는 생화학 무기를 지속적으로 개발하는 것으로 알려졌다.

이번 쇼트슬리브 화생방대대 59화학 중대장(대위)은 "화학전은 갈수록 그 위험성이 커지고 있다."고 말했다. 쇼트슬리브 중대장은 아프니카스탄 전쟁 등 중동 다수지역에 참전 경험이 있는 전문가라고 한다.

미 랜드연구소와 한국 아산연구정책원의 공동보고서에 따르면, 북한은 현재 2500-5000t의 화학무기를 보유한 것으로 추정된다. 특히 북한은 화학무기를 탑재할 수 있는 야포와 다연장로켓발사대. 박격포, 공중폭발폭탄, 미사일을 갖췄으며 화학무기 공격이 가능한 무인기도 보유한 것으로 추정된다.

한미는 이날 동두천 일대에 북한의 화학폭탄이 떨어진 상황을 가정해 훈련했다. 한미장병들은 실제 제독차량 등을 동원해 오염된 장갑차, 부대원들을 제독하며 안전지대로 이동시키는 연습을 대규모로 펼쳤다.

틀란 210여단장은 "우리는 한국, 그중에서도 전략적 요충지인 동두천의 일원이 돼 한국, 더 나아가 동북아의 안보에 기여하고 있다는 것에 자부심을 느낀다."고 했다. 그러면서 "주한미군은 군 훈련 뿐 아니라 동두천 등 주둔지역에서 독거노인 돌보기, 어린이 영어교실, 등 여러 봉사활동과 대민지원을 하며 잠깐 왔다가는 '손님'이 아니라 같이 힘을 합치는 '친구'가 되려고 노력하고 있다."고 했다. "한미동맹이 안보동맹에서 산업, 경제뿐 아니라 문화, 인적교류 등 여러 면에서 더욱 발전해나가길 바란다."고 말했다.

18. 이젠 과거사의 강을 건너야 할 때가 됐다
윤석열 대통령의 국익위한 과감한 결단

우리나라와 일본이 도쿄에서 열린 한일정상회담 결과에 관계 없이 무조건 민주당이 전방위 공세를 폈다.

"역사인식은 역대 내각의 입장을 계승한다."고 하면서도 기시다 후미오 총리가 일제강점기 강제동원 해법에 대한 일본의 자세인 사죄에는 우리의 입장에선 다소간 아쉬운 감이 없지 않으나, 그렇다고 해도 안보, 경제 부문에서 거둔 상당한 성과까지 폄훼할 일은 아니다. 눈앞에 보이는 성과도 적지 않다. 한일 군사정보보호협정(GSOMIA 지소미아) 정상화, 반도체 핵심소재 수출제한조치 해제, 미래협력기금 창설은 주목할 만한 조치들이다. 과거사에 얽매여 언제까지 한일 관계가 제자리 걸음만 할 수 없는 일이다. 기술 패권을 둘러싼 미·중 갈등, 러시아와 우크라이나 전쟁 장기화 등 여파는 여야가 힘을 합쳐도 헤쳐 나가기 쉽지 않다.

그런데도 민주당은 지난 5년간 한일관계를 최악의 구렁텅이로 만든 것에 대한 반성은커녕 '죽창가'를 부르고 있다. 야당은 과연 무엇이 국익을 위한 길인지? 깊이 생각해야 할 때다.

#이젠 과거사의 강을 건너가야 할 때다

전 외교부 이용준 차관보는 2차 대전까지 대부분 식민지였지만, 아직도 배상을 요구하는 나라는 이 지구상에 한국뿐이다. 이젠 현재와 미래에 집중해야 할 때라고 했다.

어느 나라든 가슴속에 깊이 간직한 아픈 과거사들이 있다. 그것을 표출하는 방식은 저마다 다르다. 비극적 과거사의 강도에 따져 둘째가라면 서러워할 나라가 베트남이다. 그 베트남과 한국 사이에 한국군의 베트남 양민학살의혹이라는 과거사 문제가 20년 전 어느 국내언론 매체에 의해 불거졌다. 공교롭게도 6 · 25전쟁 당시 발생한 미군의 노근리 양민학살 의혹이 국내적으로 떠들썩하던 때였다.

그래서 한국 정부는 문제의 조기 진화를 위해 공동조사 후 사과와 보상을 할 용의가 있다는 매우 전향적인 입장을 베트남에 전했다. 그런데 뜻밖에도 베트남 정부는 "과거사에 대한 어떠한 논의에도 반대하며, 과거를 덮고 미래를 위해 협력하자."는 단호한 입장을 전해왔다.

그 이듬해 한 · 베트남 정상회담을 앞두고 베트남 정부는 회담에서 과거문제를 일절 언급하지 말아달라고 요청해 왔다. 그런데 우리 대통령은 정상회담 때 덕담 차원에서 베트남전쟁 참전에 대한 사과의 뜻을 표명했다. 그러나 베트남 외교부는 강한 불쾌감을 전달해 왔다. 베트남은 한국과 친구가 되려고 하는데 한국 정부는 왜 그리도 과거사에 연연하는지 이해할 수 없다는 것이었다.

한(漢)나라에 정복돼 1000년을 지배받았고, 1945년 이후에만도 프랑스, 일본, 미국, 중국과의 전쟁으로 인구의 10%인 800만 명을 잃은 베트남의 의연한 태도는 숙연하다 못해 두려움마저 느끼게 한다.

세상에는 역사적으로 앙숙인 나라가 많다. 왕정시대부터 수많은 전쟁을 했던 수백 년 숙적 독일과 프랑스, 영국과 프랑스가 대표적이다. 그러나 지금 그들은 나토(북대서양조약기구)와 유럽연합(EU)의 우산 아래 뭉쳐 친밀한 이웃이 됐다. 지구상엔 식민통치를 받은 나라도 수없이 많다. 당시에는 국력을 길러 타국을 침략하고 영토를 빼앗거나 식민지로 만드는 것은 모든 국가의 당연한 권리로 간주됐다. 제2차 세계대전이 끝날 때까지 그 어느 국제법도 침략행위나 식민통치를 불법으로 간주하지 않았다. 군대를 동원해 이웃나라를 정복하는 것도 합법이었고, 총칼 들이대고 서명한 합병조약이나 영토약탈조약 등도 모두 합법이었다. 그 때문에 제2차 대전 이전에는 대다수의 나라가 유럽의 식민지였다.

아시아에서 완전한 독립국이라곤 일본과 태국 정도밖에 없었다. 유럽과 미국대륙을 제외하곤 현존하는 대다수 국가는 2차 대전 이후 비로소 독립국이 됐다. 그러나 그로부터 70년이 지난 지금까지 식민통치에 대한 사과와 보상을 요구하고 이로 인해 현재와 미래를 위한 협력까지 포기하는 나라가 한국 외에 또 있다는 얘기는 듣지 못했다.

독일은 사과는 많이 했으나 일본은 사과에 인색하다는 말도 공허하다. 독일의 사과는 전쟁기간에 발생한 유대인과 외국인 대량학살에 대한 것이었고, 침략행위에 대한 사과에는 지극히 인색했다. 독일의 유럽 침공은 로마제국이나 나폴레옹의 유럽 정복과 마찬가지로 당시로서는 국가의 정당한 주권행위였기 때문이다. 유럽 국가들이 아시아, 중동, 아프리카를 정복하고 식민지로 지배하면서 수천만 명의 현지인이 희생됐으나 영국, 프랑스, 독일, 네덜란드, 스페인 등 어느 나라도 사과하지 않았고, 피해국들도 대개 사과와 보상을 요구하지 않았다는 사실이다.

지금 한국과 일본은 국제협정과 정부 간 합의로 일단락된 사과와 배상에 더해 한국이 추가로 재개한 요구사항들을 둘러싸고 문재인 정부 때 극도로 악화됐다. 그에 따른 한국의 한일 군사보호협정(GSOMIA 지소미아) 폐기로 우리 국가안보의 중추인 한미동맹과 한·미·일 삼각 안보협력까지 심각한 위기로 내몰렸다.

이처럼 끝없는 사과와 배상요구를 통해 우리가 얻고자 하는 것은 무엇이고, 얻을 수 있는 것은 무엇인가? 그것이 정녕 국가안보나 현재와 미래의 경제적 번영보다 더 중요한가? 묻고 싶다. 이제 머지않아서 한일합병 115년, 해방 80년이다. 비록 늦었지만, 이젠 그만 과거사의 강은 건너 미래로 나아가야 할 때다.

윈스턴 처칠이 "역사를 잊은 국가에 미래는 없다."고 했을 때, 그것은 결코 과거사의 '원한'에 매달리라는 의미가 아니었다. 영광스러운 역사에 대한 자긍심을 가지면서, 부끄러운 역사에서는 '교훈'을 얻어 다시는 치욕을 되풀이하지 않을 부강한 나라를 만들어야 한다는 당위를 설파한 것이었다.

이 책을 마감하면서……

앙상하던 한겨울이 지나고, 연분홍 벚꽃이 늘 상 피어있는 새봄 모습 그대로라면 사람들은 벚꽃구경을 가지 않을 것이다. 한 열흘쯤 지나면 아쉬움 속에서 하나 둘 떨어져 버리기에 그 흩날리는 모습이 아쉬워 구경하러 나갈 것이다.

세상사 모두가 영원 그대로라면 무슨 재미로 살까? 사람이 넘쳐 발 디딜 틈도 없이 말 그대로 생지옥일 것이다. 그래서 하나님께서 세상을 만드셨을 때 지구가 돌고 돌아 생동이 넘쳐나게 회전목마처럼 만들어 놨나 보네요.

결국 사람도 나이 들면 늙고 쇠잔해져 흩날리는 낙엽이 됩니다. 그러나 독벌레로 태어나지 않고 인간으로 태어난 것만으로도 진정 감사하며 사셔야지요. 사라져가는 것을 아쉬워 마시고, 한 세상 잘 구경하고 가니 그 얼마나 멋진 일인가요? 꽃도, 시간도, 사랑도, 사람도 결국 다 사라지고 마는 것을…….

사라져가는 것은 또 다른 것들을 잉태하기에 세상은 정말 아름답습니다. 가슴 따뜻했던 '친구와 친지' 그리고 내 곁에 부모형제 사랑 나누며 인생고희(古稀)되었으면 가히 무심이로다.

더 이상 뭘 더 바라리오. 우리 육신 고희를 넘어서면 몸이 제대로 성한대가 없지요. 둥근 돌이 달고 달아져 버렸듯, 지는 낙엽이 아파서 지는 게 아니라 온전 할리 없어 어차피 때가되니 바람에 뒹구는 거겠지요.

늙어보지 않고 삶을 논하지 마소. 세기의 미인 엘리자베스 테일러도, 천하장사 호걸도, 세상을 호령했던 히틀러도 흩날리는 한 잎 낙엽에 불과하지 않던가요? 잠시 잠깐 쉬었다 가는 우리네 인생 하룻밤 여인숙 그 어디에서 날밤 쉬다 가는고? 마지막까지 외롭고, 힘들고 지칠 때 곁에 다가와 따뜻한 차 한 잔 마음 담아주는 그런 친구나 동반자가 당신 곁에 다정히 손잡아주고 있다면 그게 인생 마지막 행복일 겁니다. 인생사 모두가 화무십일홍(花無十日紅)이라지만, 너무 추하게 늙지 말았으면 좋겠네요.

철학자 산티아나가 "뼈아픈 과거를 기억할 줄 모르는 사람은 과거를 되풀이하게 된다. 슬기로운 사람은 경험 속에서 지혜를 배우고 지혜로운 민족은 역사 속에서 교훈을 얻는다."고 했습니다. 고생 많았던 우리민족은 참 위대합니다. 대한민국에 태어난 것이 자랑스럽습니다. 필자가 이 늘그막에 바라고 싶은 심정은 진정 공산주의 세상보다는 자유주의 세상이 수 천 배 인간다운 존엄성을 지켜주는 길임을 알았습니다.

오늘도 헐벗고 굶어 죽어 가는 북한 동포를 생각하면 평화롭게 어서 함께 통일돼 잘살아 가는 날이 오고, 이웃나라 일본과도 진정으로 다정다감하게 손잡고 잘 살아갔으면 참 좋겠습니다.

아직은 건강이 허락하기에 남 잠든 한밤에 돋보기 없이 컴퓨
터로 글 쓰다 보니 그나마 감회를 느끼며 작가라는 명패가 붙
어 있기에 하나님이 지켜주시는 날까지 건강이 허락하면 컴퓨
터를 놓지 않으려는 생각입니다.

며칠 전 동짓날 청평 별장지에 사는 조각가 교수 남정 김상길
아우님의 특별초대를 받고 한양나들이 하는 길에 인터넷 엔카
로사마을 까페를 아직도 운영하시는 신로신(96세) 여사님과
KBS 신성호 PD 후배님과도 함께 만나 서울 종로5가 백제약국
후면 황금열차 가요방을 운영하는 통영 고향 후배 김준현(金俊
鉉)노래방에서 함께 앵콜을 몇 곡 부르고 돌아오는 뒷날 천안
모산 김상돈 선생과 맛있는 점심을 나누며 화기애애한 여행을
마치고 강진에 안착했답니다.

필자가 기억해보니 강진지역 〈강진고을신문〉에 15년이 넘도
록 인생교양칼럼인 '창가에서' 에세이를 지금까지도 매주 화요
일마다 써온 보람도 느껴봅니다. 고을신문홈페이지에서 나의
글을 항상 뵐 수 있습니다. 나를 아껴주시는 전국의 독자님들
께 거듭 거듭 건강하고 행복하시라는 말씀과 감사의 인사를 드
립니다.

저자. 栗原 이 형 문(李 馨 汶) *이형문*

일본은 한국의 적(敵)인가 우방인가

지 은 이	이형문
초판인쇄	2024년 01월 17일
초판발행	2024년 01월 22일

펴 낸 이	최두삼
펴 낸 곳	도서출판 유나미디어
주 소	(04550) 서울특별시 중구 을지로 14길 8
	(을지로3가 315-4) 을지빌딩 본관 602호
전 화	(02)2276-0592
F A X	(02)2276-0598
E-mail	younamedia@hanmail.net
출판등록	1999년 4월 6일 제2-27902

I S B N	978-89-90146-26-7 /03330

값 15,000원